Omissão e Dever de Agir em Direito Civil

Contributo para uma Teoria Geral da Responsabilidade Civil por Omissão

PEDRO PITTA E CUNHA NUNES DE CARVALHO
MESTRE EM DIREITO PELA UNIVERSIDADE CATÓLICA PORTUGUESA

Omissão e Dever de Agir em Direito Civil

Contributo para uma
Teoria Geral da Responsabilidade Civil
por Omissão

LIVRARIA ALMEDINA
COIMBRA — 1999

TÍTULO:	OMISSÃO E DEVER DE AGIR EM DIREITO CIVIL Contributo para uma Teoria Geral da Responsabilidade Civil por Omissão
AUTOR:	PEDRO PITTA E CUNHA NUNES DE CARVALHO
EDITOR:	LIVRARIA ALMEDINA – COIMBRA
DISTRIBUIDORES:	LIVRARIA ALMEDINA ARCO DE ALMEDINA, 15 TELEF. (039) 851900 FAX. (039) 851901 3004-509 COIMBRA – PORTUGAL Livrarialmedina@mail.telepac.pt LIVRARIA ALMEDINA – PORTO R. DE CEUTA, 79 TELEF. (02) 2059773 FAX. (02) 2026510 4050-191 PORTO – PORTUGAL EDIÇÕES GLOBO, LDA. R.S. FILIPE NERY, 37-A (AO RATO) TELEF. (01) 3857619 1250-225 LISBOA – PORTUGAL
EXECUÇÃO GRÁFICA:	G.C. – GRÁFICA DE COIMBRA, LDA. MARÇO, 1999
DEPÓSITO LEGAL:	135379/99 Toda a reprodução desta obra, por fotocópia ou outro qualquer processo, sem prévia autorização escrita do Editor, é ilícita e passível de procedimento judicial contra o infractor.

"Aos meus pais e avós.

Em especial ao meu avô, Professor Doutor Paulo Cunha, com quem vivi até à entrada na Faculdade e que me transmitiu o rigor linguístico e de raciocínio, a ideia de Justiça e a necessidade de trabalho. Com muito respeito e saudade".

NOTA PRÉVIA

O trabalho que agora se publica é, fundamentalmente, aquele que foi discutido na Universidade Católica Portuguesa há já alguns anos.

Foram efectuadas correcções formais, nomeadamente a compressão da parte I, porque se reconheceu, que no contexto global, estava demasiado longa em termos expositivos.

Incluíram-se algumas reflexões efectuadas e informações recolhidas durante a preparação da discussão e resultantes dessa mesma discussão.

Após a conclusão do aperfeiçoamento acima referido, iniciou-se a actualização da bibliografia, tarefa que se nos deparava sucessivamente inacabada, face ao surgimento de novas obras e novas edições. Acabámos por decidir publicar o trabalho com a bibliografia original, sendo certo que as matérias tratadas mantêm toda a actualidade científica e doutrinal.

APRESENTAÇÃO DO TEMA
E PLANO DE EXPOSIÇÃO

A nossa ambição inicial era a de tentar a elaboração de uma teoria geral da responsabilidade civil por omissão. Trata-se sem dúvida de uma tarefa al te, mas extremamente melindrosa, que, confessamos, não conseguimos levar a cabo no período de que dispusemos para a elaboração desta dissertação.

O estudo da omisssão enquanto pressuposto da responsabilidade civil não tem sido alvo de grande atenção pelos civilistas, designadamente pelos civilistas portugueses. Algumas páginas nos manuais do Direito das Obrigações, praticamente a isso se tem resumido a produção da nossa doutrina sobre o tema.

Pelo contrário, no campo do Direito Penal, a omissão tem constituído tema de inúmeras obras, ocupando largas páginas nos manuais desta disciplina, sendo legítimo afirmar que existe uma teoria geral da omissão enquanto pressuposto da responsabilidade criminal.

Pensamos, no entanto, que a omissão, no campo do Direito Civil, terá igualmente inúmeros aspectos merecedores de interesse, alguns comuns aos que se apresentam no campo da responsabilidade criminal, outros específicos, resultantes das particularidades da responsabilidade civil.

Por tudo isto, estamos em crer que se impõe a elaboração de uma teoria geral da responsabilidade civil por omissão, ou se se preferir, uma teoria geral da omissão enquanto pressuposto da responsabilidade civil.

Com pena não seremos nós (pelo menos para já) a tentar elaborá-la. Esperamos, contudo, que este nosso trabalho venha a revelar--se um contributo para essa tarefa.

O que procurámos então realizar nestas páginas?

Uma vez que nos vimos forçados a restringir o objecto do trabalho, resolvemos ocupar-nos de dois aspectos que nos parecem constituir a base de elaboração da teoria da omissão como pressuposto da responsabilidade civil: A conceptualização da figura e o dever jurídico de agir, pressuposto da sua ilicitude.

Contudo, para não nos afastarmos totalmente daquela que era inicialmente a nossa ideia, o estudo destes aspectos foi feito, dentro do possível, no quadro da teoria geral da responsabilidade civil. Isto é, não se estudaram as figuras isoladamente consideradas, mas antes enquanto inseridas no sistema da responsabilidade civil.

Assim, o conceito da omissão surge versado a propósito do pressuposto comportamento humano (tradicionalmente "facto voluntário") e o tema do dever jurídico de agir é tratado no pressuposto "ilicitude". A inserção das figuras nessas categorias tinha, porém, de ser justificada. Assim, fez-se preceder o estudo das mesmas de uma parte geral onde se expõem as nossas opções a respeito dos conceitos de comportamento humano ("facto voluntário") e ilicitude, e as fronteiras relativamente aos restantes pressupostos da responsabilidade civil, uma vez que se trata de matéria em que a doutrina está longe de ter ideias unânimes. Os nossos conceitos de comportamento humano ("facto voluntário") e ilicitude explicam, a nosso ver, que as figuras da omissão e o do dever jurídico de agir sejam tratadas respectivamente a propósito da primeira e da segunda categorias.

Obviamente não tivemos a pretensão de fazer um tratamento exaustivo das figuras da omissão e do dever de agir. Pelo contrário, debruçámo-nos sobre alguns aspectos destas figuras que consideramos fundamentais, tendo sempre como preocupação última tentar "encaixar" a exposição nos quadros gerais da responsabilidade civil.

Pensamos que esta técnica de abordagem do tema, que não tem sido usual no campo do Direito Civil (ao contrário do que sucede no domínio do Direito Penal), tem francas vantagens, pois, por um lado se aproveita uma técnica já desenvolvida e rodada (embora a propósito da acção), por outro lado dá mais realce aos contrastes existentes entre as figuras da acção e da omissão ao nível da responsabilidade civil.

Ao longo de todo o trabalho se fazem várias referências ao Direito Penal. A explicação reside na razão já referida de que a dogmática penal está mais avançada neste campo, aliada ao facto de que a responsabilidade civil e a responsabilidade penal, embora constituam figuras distintas, conservam vários aspectos comuns, que admitem a transposição de conceitos e princípios de uma para outra. Nesta perspectiva, iniciamos este trabalho com uma referência à figura jurídica da responsabilidade, onde procuramos destacar alguns aspectos comuns das responsabilidades civil e penal, que justifiquem a transposição de ideias e princípios, da segunda para a primeira. Pois, conforme nota MENEZES CORDEIRO, "algumas das mais avançadas construções concebidas pelos penalistas podem ser aproveitadas na responsabilidade civil, com probabilidades variadas de sucesso" (*Direito das Obrigações*, 2.º volume, pág. 305).

Pelas razões já aduzidas não nos vamos ocupar, neste trabalho, das particularidades da omissão a nível dos tradicionais pressupostos da culpa e do dano e consequentemente do nexo de causalidade que se estabelece entre este e o facto voluntário.

Estamos, porém, conscientes dos inúmeros pontos de interesse que aqui se podem suscitar: fará sentido admitir a irrelevância da omissão nos casos de negligência como se faz no Direito Penal para as hipóteses de tentativa (havendo mesmo quem entenda que a irrelevância se deve estender aos casos de dolo eventual)?

Ou, pelo menos, permitir a limitação da indemnização, como o nosso legislador prevê para os casos de negligência (artigo 494.º) e propunha VAZ SERRA no seu Anteprojecto?

Será admissível a relevância negativa genérica da causalidade virtual neste domínio (sendo certo que a ideia de causalidade hipotética é essencial para a construção da própria eficácia causal da omissão, conforme veremos adiante)?

Estas e outras questões, sem dúvida mercedoras de atenção, ficarão sem resposta neste trabalho, mas esperamos sinceramente podermo-nos delas ocupar algum dia.

Entretanto, traçados os nossos objectivos, explicadas, embora em termos introdutórios e por isso muito gerais, as nossas opções, aqui se deixa um panorama genérico da nossa exposição:

I. PERSPECTIVA GERAL SOBRE A DOGMÁTICA DA RESPONSABILIDADE CIVIL.
(Começaremos por um capítulo dedicado a noções gerais, onde fundamentalmente traçaremos o quadro básico onde se procurarão enxertar as realidades referidas nas divisões subsequentes).

II. A OMISSÃO ENQUANTO COMPORTAMENTO HUMANO.

III. A ILICITUDE DA OMISSÃO.

I. Perspectiva geral sobre a dogmática da responsabilidade civil

Secção I. Conceito de responsabilidade

1. A expressão "responsável" é captiva de vários sentidos.

Assim, por exemplo, quando se afirma que alguém é responsável emite-se uma opinião positiva acerca de certa pessoa, exprimindo-se a ideia de que se trata de uma pessoa capaz, enfim de uma pessoa "com juízo", na linguagem coloquial.

Mas quando se diz que alguém é responsável pelos actos praticados por alguém, ou pelas consequências nocivas ocasionadas por certa coisa ou certas pessoas que devesse vigiar (de que era responsável no segundo sentido apontado), exprime-se então a ideia de que esse alguém suportará as consequências desfavoráveis que resultaram dos seus actos, dos actos das pessoas "a seu cargo", ou que tenham sido ocasionadas pela coisa que devia vigiar [1].

Podemos, pois, constatar que o alcance de expressão "responsável" varia em função do seu contexto.

2. Ora o sentido que importa reter para a construção de um conceito de responsabilidade jurídica é, fundamentalmente, o último. O conceito de responsabilidade que nos interessa anda, pois,

---

[1] É certo também se pode dizer que alguém é responsável pelos actos valiosos que tenha praticado, pelas "performances" que tenha conseguido. Mas não é comum a utilização da expressão neste sentido. Geralmente utiliza-se a palavra responsável quando se pretendem ligar a certa pessoa, actos e consequências negativas ou desvantajosas.

associado à ideia de desvalor. Quando se afirma que alguém é responsável por ter praticado certo acto, em princípio está-se a acusar essa pessoa da prática de um acto desvalioso, contrário a um determinado sistema normativo [2]. O responsável é, em linguagem corrente, um infractor.

Daí que a ideia de responsabilidade apareça igualmente associada à ideia de sanção. O responsável, porque cometeu um acto desvalioso à luz de determinado complexo normativo (à luz da lei, da moral, das normas de cortesia, etc.), está em princípio sujeito a uma sanção, a um castigo, ou, por outras palavras, sujeito a "ser responsabilizado" [3].

A sanção, ou seja, consequência desfavorável, a desvantagem (responsabilidade) a que fica sujeito o responsável, pode ser da mais

---

[2] O conceito de responsabilidade anda também ligado à ideia de Direito. Quando e fala em "responsabilidade" ou "responsável" ocorre à mente a violação de algum preceito do sistema de normas jurídicas reguladoras da conduta de determinado grupo.

Mas o conceito de responsabilidade projecta-se para além do campo do Direito. É bem corrente a expressão "responsabilidade moral". Aqui, a ideia de responsabilidade anda associada à violação de normas morais.

Da *Grande Enciclopédia Portuguesa e Brasileira* destacamos as seguintes referências:

— "Obrigação de responder pelas acções próprias ou de outros ou por uma coisa confiada".

— "Obrigação de cumprir, de obedecer a certos deveres".

— "Carácter ou estado do que é responsável ou do que está sujeito a responder por certos actos e a sofrer-lhe as consequências".

No *Grand Larousse Encyclopedique* define-se responsabilidade como a "obrigação de responder pelas suas acções ou pelas dos outros, de se assumir como garante".

No *Dicionário de Língua Portuguesa*, por J. Almeida Costa e A. Sampaio Melo, 5.ª edição, Porto Editora, Lda., Porto, define-se responsabilidade como "obrigação de responder por actos próprios ou alheios, ou por uma coisa confiada".

[3] Encontramos esta ideia de responsabilidade como sanção, por exemplo, em Hans Kelsen, *A Teoria Pura do Direito*, tradução de João Baptista Machado, Coimbra, 1979, pág. 177, Adriano de Cupis, *El Daño*, vol. I, trad. espanhola, Barcelona, 1985, pág. 92, José de Oliveira Ascensão, *Teoria Geral do Direito Civil*, vol. III, Lisboa, 1983/84, págs. 11 e 12.

Omissão e Dever de Agir em Direito Civil 15

variada índole. Índole essa que varia, antes de mais, em função do sistema normativo violado.

Assim, por exemplo, a violação de normas religiosas acarreta, no pensamento dos crentes, a aplicação de penas supra-terrenas, e violação de normas éticas acarreta a degradação social, e reprovação colectiva [4], a violação de normas da consciência da origem à sanção íntima pelo conhecimento e pesar de ter praticado actos em contradição com a mesma [5].

Ora a responsabilidade jurídica consiste, nesta óptica, na sanção (tendencial) da violação de normas jurídicas.

O tipo de responsabilidade jurídica por sua vez variará em função da natureza da norma jurídica violada. Assim, se a norma jurídica violada for uma norma de natureza penal (por exemplo "não matarás") [6] a responsabilidade jurídica será uma responsabilida-

---

[4] Neste sentido FERNANDO PIRES DE LIMA e JOÃO ANTUNES VARELA, *Princípios Fundamentais de Direito Civil*, Coimbra, 1961, vol. I, págs. 9 e 10. Quanto a este segundo tipo de normas, assinalam os autores que é a "reacção difusa e inorgânica do corpo social" que permite distingui-las das normas jurídicas, cuja violação pode dar origem ao emprego da força física, em consequência de sanções genéricas e previamente estabelecidas.

[5] *Grande Enciclopédia Portuguesa e Brasileira*. Aí se define, responsabilidade da consciência como "aquela que deriva de factos que só têm a sanção íntima pelo conhecimento e pesar de as ter praticado". A responsabilidade, como é, em rigor, "a sanção íntima pelo pesar". O conhecimento de ter actuado funciona antes como pressuposto deste, "que a sua violação acarreta".

[6] É certo que os Códigos Penais modernos não contêm fundamentalmente normas proibitivas (veja-se neste sentido HANS HEINRICH JESCHECK, *Tratado de Derecho Penal, Parte General*, Barcelona, 1981, vol. I, pág. 828). A técnica hoje em dia mais corrente, consiste na tipificação de condutas às quais se ligam determinadas penas (assim, por exemplo, o artigo 131.º do Código Penal português estabelece que "quem matar outrem será punido com prisão de 8 a 16 anos"). Uma disposição legal deste tipo é analisável em duas componentes: a hipótese ou previsão ("quem matar outrem") ou seja a tipificação da conduta, e a estatuição ("será punido com prisão de 8 a 16 anos"), isto é, a consequência da previsão.

Contudo, das disposições legais assim estabelecidas facilmente se inferem as normas de conduta correspondentes (no caso, "não matarás").

É neste sentido que escrevem FERNANDO PIRES DE LIMA e JOÃO ANTUNES

de criminal, que consiste na aplicação de sanções penais (que são fundamentalmente penas privativas de liberdade), se a norma violada for uma norma de natureza civil, a responsabilidade jurídica será uma responsabilidade civil, consistente numa sanção que se traduz em suportar uma desvantagem de certa índole (em princípio em suportar os prejuízos sofridos por outrem [7-8].

VARELA, nas suas *Noções Fundamentais de Direito Civil.*, pág. 31, que "as disposições legais revestem efectivamente, dentro dos processos da moderna técnica legislativa, um estilo que mais diríamos, de um tratado científico do que de uma compilação de preceitos, ordens ou comandos".

[7] No sentido de que a responsabilidade civil tem uma função sancionatória, embora geralmente a doutrina entenda não ser esta a sua principal finalidade (que será antes reparadora), ver, por exemplo, JOÃO ANTUNES VARELA, *Das Obrigações em Geral*, vol. I, pág. 913, MÁRIO JÚLIO ALMEIDA COSTA, *Direito das Obrigações*, pág. 421 e segs.. Esta ideia também se infere das palavras de INOCÊNCIO GALVÃO TELLES em *Direito das Obrigações*, pág. 419, que escreve a propósito da relevância negativa da causalidade, que "(...) em princípio, não parece razoável que alguém que ilícita e culposamente cause de facto a outrem um prejuízo fique subtraído à sanção consistente no dever de o reparar, só porque mesmo sem a sua conduta, a fatalidade, sob a forma de um acontecimento fortuito, teria infligido à vítima dano igual" (sublinhado nosso).

Vejam-se ainda RUI ALARCÃO, *Direito das Obrigações*, págs 246 e 247 e ANTÓNIO MENEZES CORDEIRO, *Direito das Obrigações*, volume II, pág. 272.

Opinião contrária, exprime FRANCISCO PEREIRA COELHO, no seu *O Nexo da Causalidade na Responsabilidade Civil*, in *Boletim da Faculdade de Direito da Universidade de Coimbra*, suplemento IX, Coimbra, págs. 65 e segs. Escreve Pereira Coelho: "A responsabilidade civil reconduz-se à ideia de que uma pessoa que pratica um facto que causa prejuízos, fica obrigada, por lei, a indemnizar esses prejuízos" (pág. 93). E mais adiante esclarece, a propósito de a lei exigir como pressuposto da responsabilidade civil a existência de um prejuízo (art. 2361.º do Código Civil de 1867) que "isto é a revelação mais clara da função em princípio só reparadora que o direito assinala à responsabilidade civil" (pág. 107). Os "momentos preventivos e repressivos deseja-os à lei como efeito mas não os procura como fim" (pág. 109). Em vários passos da obra o autor insiste nesta ideia da função meramente reparadora da responsabilidade civil. Utilizando como argumento principal o facto de não haver responsabilidade civil sem a existência de prejuízo (por exemplo, págs. 122, 123, 143).

3. Simplesmente a expressão "responsabilidade" também tem sido utilizada com um outro sentido, numa outra perspectiva. Sendo certo que a responsabilidade civil enquanto sanção se traduz na obrigação de indemnizar outrem pelos prejuízos sofridos [9], a doutrina passou a utilizar a expressão "responsabilidade civil" para todos os casos em que alguém é chamado a reparar os prejuízos sofridos por outrem, mesmo que na sua base não exista um acto desvalioso que fundamente uma sanção, surgindo uma nova acepção da expressão responsabilidade.

É o que sucede com a expressão responsabilidade pelo risco e com a expressão responsabilidade por factos lícitos. Nestes casos, o "responsável" não praticou qualquer acto que o Direito olhe

---

Ora, a verdade é também não há responsabilidade civil subjectiva sem a existência da ilicitude e culpa.

No quadro da responsabilidade civil subjectiva, a ilicitude, a culpa pesam tanto como o prejuízo. E tanto pesam que até podem interferir no próprio montante da indemnização (cfr. art. 494.º do Código Civil vigente).

É certo que tais requisitos não existem na responsabilidade objectiva. Mas o que se defende no texto é que a responsabilidade objectiva tem uma natureza bastante diversa da responsabilidade subjectiva, apenas se inclui no género da responsabilidade civil pelo factor comum de ambas visarem a reparação de prejuízos. Mas os fundamentos, e por isso os requisitos e algumas das finalidades de cada uma, são bem diversos (neste sentido RENÉ SAVATIER, citado, aliás, pelo próprio Pereira Coelho na pág. 122).

[8] Obviamente, para que se desencadeiem as sanções referidas, necessário será que que se verifiquem todos os pressupostos legais exigidos para cada tipo de responsabilidade (designadamente o dano, para a responsabilidade civil).

[9] A responsabilidade civil consiste na obrigação de tomar alguém indemne dos prejuízos sofridos, reparando-os.

Conforme decorre da definição dada, a responsabilidade civil não é uma fonte de obrigações, ao contrário do que parece indicar o Código Civil" (regula-se a propósito das fontes das obrigações, embora aí apenas se regulamentem algumas modalidades que pode revestir conforme se referirá *infra*), mas, ela é já uma verdadeira obrigação, que tem por fonte o facto ou factos que a geram.

com desfavor. Não faz pois qualquer sentido falar aqui em aplicação de sanções [10].

Contudo, o legislador impõe ao agente que suporte os prejuízos sofridos por alguém, mas por outros motivos: Ou porque o

---

[10] O seguinte quadro mostra as diversas modalidades que a responsabilidade civil pode revestir, segundo a classificação mais generalizada entre nós:

OBRIGACIONAL – Resulta da violação de direitos de crédito.
- **Contratual** – Resulta da violação de direitos provenientes de contratos.
- **Extra-contratual** – Resulta da violação de direitos provenientes de outras fontes.

EXTRA-OBRIGACIONAL – Resulta da violação de direitos absolutos.
- **Por Factos Ilícitos** – Funda-se na prática de um facto ilícito e culposo.
- **Pelo Risco** – Funda-se no especial risco que nvolvem determinadas situações.
- **Por Factos Lícitos Danosos** – Funda-se na prática de um facto lícito que gera prejuízos a terceiros.

Seguiu-se aqui a terminologia dominante na Escola de Lisboa. A Escola de Coimbra prefere chamar contratual à responsabilidade a que a Escola de Lisboa chama obrigacional e extra-contratual àquela a que a Escola de Lisboa chama extra-obrigacional. Neste sentido, por exemplo, ALMEIDA COSTA em *Direito das Obrigações*, págs. 452 e segs. (veja-se ADRIANO DE CUPIS, *El Daño, Teoria General de la Responsabilidad Civil*, págs. 133 e 134.

Convém referir, contudo, que nem toda a responsabilidade obrigacional é subjectiva. Embora nem sempre a doutrina o refira, existem também casos de responsabilidade obrigacional, que não supõem a prática de factos ilícitos e culposos (v.g. art. 909.º).

Contudo, quando neste trabalho se referir a responsabilidade obrigacional, estar-se-á a referir a responsabilidade obrigacional subjectiva, que é a sua forma mais comum.

Omissão e Dever de Agir em Direito Civil

agente beneficia de uma determinada actividade que envolve riscos para terceiros mas que é admitida por lei pelas suas vantagens sociais [11] (na chamada responsabilidade pelo risco), ou porque o agente tendo cometido um facto que, dado o peculiar contexto em que foi praticado, o legislador considera lícito, mas que causou prejuízo a alguém e em face da reunião de circunstâncias concretas, se justifica que suporte todos ou alguns desses prejuízos (na chamada responsabilidade por factos lícitos danosos).

O certo é que esta utilização da expressão responsabilidade tem alcance diverso do conceito de responsabilidade enquanto sanção, que pressupõe a prática de um acto desvalioso, na terminologia jurídica, a prática de um acto ilícito e culposo, ou seja, um delito, empregando, a expressão num sentido amplo [12-13].

---

[11] Claro que se a actividade for perigosa mas proibida, aquele que causou prejuízos no seu exercício comete um acto ilícito e, em princípio, é obrigado a reparar os prejuízos, mas já nos termos da responsabilidade civil sanção ou subjectiva (responsabilidade civil por factos ilícitos culposos).

[12] Escreve JOSÉ DE OLIVEIRA ASCENSÃO (em *A Teoria do Direito e o Ilícito Civil, in Boletim da Faculdade de Direito da Universidade de Lisboa*, XXVI, 1986, pág. 10) que no domínio das situações chamadas de responsabillidade por factos lícitos "até o recurso à categoria "responsabilidade" tem de ser considerado impróprio, pois não há por natureza a sujeição à sanção que toda a responsabilidade pressupõe". Discordamos de PIROVANO, para quem em matéria civil vinga um certo "neutralismo moral", sendo por isso sancionadas pessoas às quais, em princípio, nada há que reprovar (*Faute Civile et Faute Penale*, Paris, 1966, citado por FERNANDO LUSO SOARES, *A responsabilidade Processual Civil*, Coimbra, 1987, pág. 40). Com efeito, por um lado, a responsabilidade civil independente de reprovação é excepcional (art. 483.º do Código Civil) e por outro lado não nos parece rigoroso falar em sanção para os casos de responsabilidade independente de ilicitude e culpa.

[13] Num sentido restrito, o delito consiste apenas num acto ilícito e culposo que não consista na violação de uma obrigação em sentido técnico, e portanto, apenas pode constituir fonte de responsabilidade civil extra-obrigacional, (veja-se FERNANDO PESSOA JORGE, *Direito das Obrigações*, 1.º volume, pág. 257: "Quando se menciona o delito como fonte de obrigações, considera-se apenas <u>o acto ilícito que consiste na violação de um dever diverso de uma obrigação</u> ou, por outras palavras, considera-se apenas a situação de <u>responsabilidade civil extra-obrigacional</u>").

Parece-nos, contudo, lícito o emprego da expressão num sentido amplo que

Por isso, conforme assinala Menezes Cordeiro, "de um modo geral, a doutrina nacional tem separado os dois tipos de responsabilidade, outro tanto sucedendo no estrangeiro" [14]. Contudo para o autor (e nós concordamos), "o progressivo apagamento da culpa do seio da problemática da responsabilidade tenderá a favorecer, cada vez mais, a teoria geral de toda a responsabilidade civil. Mantém-

---

abranja os actos ilícitos e culposos que consistam numa violação de uma obrigação em sentido técnico, principalmente se se defender um tratamento essencialmente conjunto das responsabilidades civis, obrigacional e extra-obrigacional, conforme o próprio Pessoa Jorge (*Direito das Obrigações*, 1.º volume, pág. 257) e Inocêncio Galvão Telles (*Direito das Obrigações*, págs. 204 e segs.). O que nos parece aconselhável, pois, como nota Pessoa Jorge, "a responsabilidade civil obrigacional e extra-obrigacional têm, fundamentalmente, o mesmo regime" (*o. cit.*, pág. 257), já que, conforme assinala Pereira Coelho, "o não cumprimento de uma obrigação é também um facto ilícito, também é um delito — e que portanto toda a responsabilidade é delitual (Francisco Pereira Coelho, *O Nexo da Causalidade na Responsabilidade Civil*, in *Boletim da Faculdade de Direito de Coimbra*, Suplemento IX, pág. 100). Esta ideia ampla de delito parece-nos ser recebida por Menezes Cordeiro no seu manual de "Direito das Obrigações", fundamentalmente em face do 2.º volume, págs. 301, 304 e 278, que refere aliás a sua opinião no sentido da noção de delito dever ser reanimada no seio da problemática do Direito Civil (2.º volume, pág. 302).

Cite-se ainda Jaime de Gouveia, que refere vários autores e comunga da mesma ideia: "Mas as inexecuções ou a mora na execução das obrigações contratuais, por serem comissões ou omissões ofensivas do preceito do artigo 702.º do Código Civil, que dispõe que "os contratos, legalmente celebrados devem ser pontualmente cumpridos", são também factos ilícitos.

O clássico Chironi sustenta que as violações das obrigações contratuais são actos ilícitos.

Saleilles também escreveu "ser, com efeito, muito legítimo considerar delito civil a violação do direito de propriedade".

Alves Moreira, quase sempre em perfeita concordância com Saleilles, ensinou também que "o não cumprimento da obrigação não pode deixar de considerar-se, visto que a obrigação é um vínculo jurídico, um facto ilícito" (Jaime de Gouveia, *Da Responsabilidade Contratual*, Lisboa, 1933, págs. 43 e 44).

[14] António Menezes Cordeiro, *Direito das Obrigações*, 1.º volume, págs. 496 e 497.

-se, no entanto, uma ponderosa razão teórica em prol dum mínimo de separação entre as duas responsabilidades. A responsabilidade civil subjectiva pressupõe o aparecimento de delitos, isto é, de determinados actos ilícitos. Daí que o seu normativo tenha natureza sancionatória. Pelo contrário, a responsabilidade objectiva visa, simplesmente, a eliminação de danos estranhos à ideia de normas jurídicas"[15].

Em sentido semelhante escreve PESSOA JORGE: "A palavra responsabilidade corresponde à ideia geral de responder ou prestar contas pelos próprios actos, a qual por sua vez, pode assumir duas tonalidades distintas: A susceptibilidade de imputar, dum ponto de vista ético, determinado acto e as suas consequências ao agente, e a possibilidade, vista numa perspectiva de facto, de fazer sujeitar alguém ou alguma coisa às consequências de certo comportamento (...). A responsabilidade no primeiro sentido arrasta a responsabilidade no segundo"[16].

"Pode porém suceder que uma pessoa venha a suportar os prejuízos de um acto pelo qual não é responsável no primeiro sentido (...). Fala-se ainda de responsabilidade (no segundo sentido), sendo corrente denominá-la, para mostrar que não se trata de responsabilidade baseada na imputação moral do acto ao responsável, responsabilidade objectiva."

"Diz-se também, por exemplo, que o proprietário é responsável pelos prejuízos casuais sofridos pela coisa de que é dono; é ainda a ideia correspondente ao segundo dos sentidos da palavra responsabilidade.

"Entendemos ser de evitar o emprego da palavra responsabilidade nestes últimos casos, reservando-se o termo para designar a situação em que alguém se encontre de suportar certas consequências danosas ou certas sanções por ter praticado um acto que lhe é imputável de um ponto de vista ético-jurídico.

---

[15] ANTÓNIO MENEZES CORDEIRO, *o. cit.*, pág. 272.

[16] FERNANDO PESSOA JORGE, *Direito das Obrigações*, 1.º volume, págs. 496 e 497.

"Portanto, quando, se agora em diante, falarmos de responsabilidade, reportar-nos-emos apenas àquela que resulta de se causar culposamente prejuízos a outrem. A chamada responsabilidade objectiva será estudada mais adiante sob a denominação "teoria do risco" [17].

Verificamos, assim, que a responsabilidade civil por factos lícitos e culposos (responsabilidade civil-sanção ou delitual, em sentido amplo) tem, por um lado, afinidades com a responsabilidade penal, na medida em que pressupõe a prática de um acto ilícito e culposo [18] e na medida em que configura uma reacção sancionatória da ordem jurídica (embora na responsabilidade civil apareça em segundo plano) e, por outro lado, com os casos de responsabilidade por actos legitimados na medida em que implica a reparação de prejuízos sofridos por outrem.

Assim, quando se fala por exemplo de responsabilidade extra-obrigacional por factos ilícitos, que é responsabilidade civil delitual, está a utilizar-se a expressão responsabilidade em dois sentidos: no sentido de que é uma sanção pela prática de um acto desvalioso (ilícito e culposo) e, no sentido de que importa a reparação de prejuízos sofridos por outrem.

Ora é o conceito de responsabilidade jurídica enquanto sanção que fundamentalmente interessa para o nosso tema.

A matéria das omissões vem regulada na nossa lei a propósito da responsabilidade civil extra-obrigacional por factos ilícitos e é geralmente estudada pela doutrina nesta sede. Trata-se pois de um caso de responsabilidade jurídica-sanção, que pressupõe a prática de um facto (neste caso omisso) ilícito e culposo.

Acontece porém, que, conforme a doutrina assinala, a omissão até surge com mais frequência como pressuposto da responsabilidade civil obrigacional [19], uma vez que a maioria da prestações são positi-

---

[17] FERNANDO PESSOA JORGE, *ob. cit.*, págs. 497 e 498.

[18] Sobre os conceitos de ilicitude e culpa, veja-se *infra*, págs. 67 e segs.

[19] Neste sentido, Mário Júlio de Almeida Costa, *Direito das Obrigações*, pág. 336.

vas (da coisa ou do facto positivo), traduzindo-se o incumprimento normalmente na omissão da realização da prestação [20].

E a responsabilidade civil obrigacional é em regra, conforme vimos, responsabilidade civil delitual, pois, conforme assinala PEREIRA COELHO e foi referido, "o não cumprimento de uma obrigação também é um facto ilícito, também é um delito — e que portanto toda a responsabilidade é delitual" [21].

Para concluir refira-se que o facto da responsabilidade civil delitual (tomada a expressão num sentido amplo, abrangente das responsabilidades civis, obrigacional e extra-obrigacional, que pressuponham a prática de factos ilícitos e culposos) pressupor a prática de um facto ilícito e culposo, tal como a responsabilidade criminal legitima, quanto a nós, o aproveitamento de certos princípios e ensinamentos formulados por este último para a teoria geral da primeira. Estamos inteiramente com o Professor MENEZES CORDEIRO quando afirma que "algumas das mais avançadas construções concebidas pelos penalistas podem ser aproveitadas na responsabilidade civil, com probabilidades vastas de sucesso" e que "é possível e, ao que pensamos, desejável, realizar um mínimo de controlo sobre o aparente imobilismo da responsabilidade civil, à luz dos ensinamentos de alguns cultores do Direito Penal" [22].

Neste nosso trabalho frequentemente recorremos a esta técnica de aproveitamento da informação fornecida pelo Direito Penal, pois a matéria da omissão como pressuposto da responsabilidade encontra-se muito mais desenvolvida neste sector do Direito. Teremos,

---

[20] Contudo, o incumprimento deste tipo de prestações pode resultar da conduta positiva do devedor. Isso acontece nos casos de cumprimento defeituoso, que cabem ainda no conceito amplo de incumprimento, por força do princípio da pontualidade, extraído do art. 406.º do Código Civil.

[21] FRANCISCO PEREIRA COELHO, *O Nexo da Causalidade na Responsabilidade Civil, in Boletim da Faculdade de Direito de Coimbra*, Suplemento IX, Universidade de Coimbra, pág. 100. Veja-se a nota 13, p. 16.

[22] ANTÓNIO MENEZES CORDEIRO, *Direito das Obrigações*, 2.º volume, págs. 305 e 306.

contudo, sempre presente que a função sancionatória é meramente secundária na responsabilidade civil, pelo que a transposição desses ensinamentos será feita sempre com essa perspectiva e com as adaptações que assim se revelarem convenientes.

Secção II. Os pressupostos da responsabilidade civil

1. O objecto específico deste trabalho não é a arrumação dos pressupostos da responsabilidade civil.

Contudo, do nosso ponto de vista, a problemática da omissão como pressuposto da responsabilidade civil não poderia ser satisfatoriamente analisada sem o enquadramento na teoria geral da responsabilidade, ou, pelo menos, pensámos ser este o método mais aconselhável para o seu estudo.

Cabe por isso, antes de abordar a problemática específica da omissão, traçar o quadro em que a figura da omissão vai ser "encaixada", isto é, por outras palavras, proceder à análise dos pressupostos da responsabilidade civil (delitual, em sentido amplo, conforme já se referiu) [23].

2. No domínio da responsabilidade civil, é ainda dominante em Portugal a corrente que distingue os seguintes pressupostos:

1.º – O facto voluntário;
2.º – A ilicitude do facto;
3.º – A culpa do autor do facto;
4.º – O dano;
5.º – O nexo de causalidade.

Perfilham esta arrumação nomeadamente Dr. ALMEIDA COSTA [24], ANTUNES VARELA [25], INOCÊNCIO GALVÃO TELLES [26] e RUI DE ALARCÃO [27].

---

[23] Veja-se *supra*, p. 13 e segs..
[24] MÁRIO JÚLIO ALMEIDA COSTA, *Direito das Obrigações*, pág. 364.
[25] JOÃO ANTUNES VARELA, *Das Obrigações em Geral*, vol. I, págs. 494 a 496.
[26] INOCÊNCIO GALVÃO TELLES, *Direito das Obrigações*, págs. 304 a 306.
[27] RUI DE ALARCÃO, *Direito das Obrigações*, pág. 238.

Contudo, conforme nota Almeida Costa, "sobre a enumeração destes pressupostos se verificam divergências maiores ou menores entre os autores"[28].

Assim, entre nós e no campo da responsabilidade civil, encontramos autores que, como GOMES DA SILVA[29], e MENEZES CORDEIRO[30], seguem arrumações e enumerações diversas.

Estes autores, que contrariam a arrumação que passaremos a designar de arrumação tradicional, deixaram-se influenciar, em maior ou menor grau, pela chamada doutrina finalista da acção, que surgiu na Alemanha nos anos 30, no domínio da responsabilidade criminal com HANS WELZEL[31], o que veio a ser importada para a responsabilidade civil por NIPPERDEY, em 1960[32].

Nós vamos seguir uma arrumação fundamentalmente próxima da tradicional que nos parece ter sido a que esteve na base da regulamentação de matérias no Código Civil[33]. Nas páginas que se

---

[28] MÁRIO JÚLIO ALMEIDA COSTA, *Direito das Obrigações*, pág. 365. Veja-se também JOÃO ANTUNES VARELA, *Das Obrigações em Geral*, vol. I, pág. 495, nota (2). A mesma observação encontramos em ANTÓNIO MENEZES CORDEIRO, *Direito das Obrigações*, págs. 278 e segs., e FERNANDO LUSO SOARES, *A Responsabilidade Processual Civil*, págs. 215 e 217.

[29] MANUEL GOMES DA SILVA, *O Dever de Prestar e o Dever de Indemnizar*, págs. 63 e 64.

[30] ANTÓNIO MENEZES CORDEIRO, *Direito das Obrigações*, 2.º vol., págs. 280 a 282.

[31] HANS WELZEL, *Derecho Penal. Parte Genérica*, págs. 39 e 40, em especial. O tema será desenvolvido adiante, pág.

[32] LUDWIG ENNECCERUS e HANS CARL NIPPERDEY, *Allgemeiner Teil des Bugerlichen Rechts*, 2.º vol., 15.ª edição, Tübingen, 1960, págs. 860 e 861 (§ 137.I).

[33] Vejam-se os artigos 483.º, 488.º e 494.º.
Quanto ao Código Penal vigente (de 1982), o legislador não se terá propositadamente comprometido com nenhuma tendência. Conforme nota FIGUEIREDO DIAS, "o novo Código Penal se orientou propositadamente num sentido aberto e não conflitual, onde não fica espaço para correntes doutrinárias vencedoras e vencidas; a tal ponto que, por exemplo, nas três grandes questões dogmáticas em aberto que a título exemplificativo acima citei − pró ou contra um conceito geral de acção, uma construção tripartida do crime, uma culpa

Omissão e Dever de Agir em Direito Civil   27

seguem vamos deixar uma nota, o mais breve possível, daquilo que entendemos acerca de cada um dos pressupostos da responsabilidade civil, pois parece-nos indispensável este esclarecimento prévio, para que, quando a propósito da omissão nos referimos a algum dos pressupostos da responsabilidade civil, não surjam dúvidas acerca da realidade que pretendemos designar.

3. Refira-se desde já que estamos com PEREIRA COELHO quando afirma que a distinção que alguns autores fazem entre "elementos" ou "pressupostos" e "condições legais" para o surgimento de obrigação de indemnização "é coisa puramente arbitrária", pois "é a própria lei que exige que todos eles se cumulem para ter lugar o fenómeno da responsabilidade civil" [34-35].

---

integralmente normativizada –, nenhuma das possíveis soluções se encontra prejudicada pelo texto do novo Código Penal" (*Pressupostos da Punição e Causas que Excluem a Ilicitude e a Culpa, in* "Jornadas de Direito Criminal", pág. 45). "O tratamento a que o Código submete esta matéria não é em definitivo incompatível com qualquer das concepções sobre a localização sistemática do dolo e da negligência" (*ob. cit.,* pág. 57). Em resumo "a dogmática implicada ou pressuposta pelo novo Código Penal é, também ela, muito mais uma dogmática de consenso do que uma dogmática de conflito" (*ob. cit.,* pág. 45).

[34] FRANCISCO PEREIRA COELHO, *O Nexo de Causalidade na Responsabilidade Civil,* pág. 124.

PEREIRA COELHO refere designadamente dois autores que utilizam esta dicotomia: CHIRONI, segundo quem o facto ilícito seria o único verdadeiro elemento da responsabilidade civil, consistindo o dano em mera condição legal da mesma, e MANUEL GOMES DA SILVA, para quem só o dano e a relação deste com o responsável seriam elementos, a violação do direito, o facto danoso e o nexo de causalidade merecendo a qualificação de meras condições para o surgimento de indemnização.

Convenhamos que a primeira posição (de CHIRONI) deve ter impressionado particularmente o ilustre professor, dada a sua conceptualização da responsabilidade civil como instituto de função meramente reparadora.

[35] Repara-se que o próprio Professor Pereira Coelho reconhece que "é a própria lei que exige que todos eles (elementos) se cumulem – para ter lugar o fenómeno da responsabilidade civil". Ora, um desses elementos é a culpa, que passa assim, no seguimento desta afirmação, a ocupar posição idêntica à do

Assim qualificamos como elementos, pressupostos ou requisitos da responsabilidade civil (subjectiva, delitual), indistintamente, as seguintes realidades: o comportamento, a ilicitude, a culpa, o dano e o nexo de causalidade.

---

prejuízo no quadro da responsabilidade civil (subjectiva). Se tem peso idêntico não será mais lógico admitir que a responsabilidade civil tem, ao lado da função reparadora, também uma função punitiva e repressiva? (veja-se *supra*).

1. *O comportamento humano*

O primeiro pressuposto da responsabilidade civil é, na posição que seguimos, o comportamento humano (na terminologia civilista mais generalizada, "facto voluntário") [36]. E dizemos que é o primeiro pressuposto porque, conforme refere JUAN DEL ROSAL, "o estudo da conduta [no sentido de facto] é propriamente o exame do ponto no qual o homem entra em contacto com o ordenamento". Neste sentido é legítimo afirmar-se que o facto é o elemento básico da responsabilidade, na medida em que é o ponto de partida de qualquer operação destinada a responsabilizar alguém.

O comportamento humano, enquanto pressuposto da responsabilidade, consiste fundamentalmente numa acção humana, razão pela qual na doutrina este pressuposto aparece designado pela expressão "acção". No que consiste a acção humana como pressuposto da responsabilidade é que é ponto em relação ao qual as opiniões se dividem [37].

---

[36] Adiante pronunciar-nos-emos sobre a razão da nossa preferência pela expressão "comportamento humano" (p. 36 e segs.).

[37] A fórmula "acção" é utilizada entre nós e no campo da responsabilidade civil por OLIVEIRA ASCENSÃO (veja-se, por exemplo, *Teoria Geral do Direito Civil*, vol. III, págs. 10 a 12) e MENEZES CORDEIRO (*Direito das Obrigações*, 2.º vol., págs. 324 a 326), muito possivelmente influenciados pela linguagem utilizada pelos penalistas, *maxime* os de orientação finalista que usam preferencialmente esta terminologia (e OLIVEIRA ASCENSÃO e MENEZES CORDEIRO são, como já se referiu, finalistas — veja-se *supra*). Outras expressões são utilizadas pela doutrina para designar este pressuposto da responsabilidade, tais como "conduta" e "comportamento", mas o verdadeiro problema não é o da escolha da palavra, mas o do sentido do pressuposto.

Escreve RODRIGUEZ DEVESA, no âmbito do Direito Penal: "A palavra "acção". como tantos outros termos jurídicos, é multívoca. Encontramo-la (...) oposta

Nas páginas seguintes vamos expor aquilo que entendemos por comportamento humano enquanto pressuposto da responsabilidade civil, plenamente conscientes de que o conceito que se perfilhar neste ponto tem repercussões ao nível da enunciação e arrumação dos pressupostos da responsabilidade [39]. Conforme nota JUAN DEL ROSAL, no campo da responsabilidade criminal, "do critério seguido [na definição do comportamento humano] depende, em consequência, o acoplamento das peças constitutivas do crime [40]. Substitua-se a palavra "crime" pela expressão "delito civil" e teremos feito a transposição da ideia para o campo da responsabilidade civil.

1.1. *O facto jurídico*

1. A tarefa da definição de comportamento humano enquanto pressuposto da responsabilidade civil, deve começar pela definição de facto jurídico em geral.

Ora, surge com frequência na doutrina, a definição de facto jurídico como acontecimento produtor de efeitos jurídicos, isto é, acontecimento jurígena [41].

à omissão. Num sentido amplo compreende mesmo uma e outra, isto é, qualquer comportamento humano. Emprega-se também para designar o movimento corporal por oposição ao resultado."

"(...) Mantenho a nomenclatura tradicional porque facilita o manejo da enorme literatura que existe em torno da problemática da acção. A não ser assim, talvez fosse preferível falar em comportamento humano, idiomaticamente mais neutral. Porém, as questões terminológicas, uma vez postos de acordo sobre o alcance do vocábulo, devem ficar relegadas para segundo plano." (JOSÉ MARIA RODRIGUEZ DEVESA, "Derecho Penal Español. Parte General", págs. 347 e 348).

[39] Veja-se *supra*, págs. 25 e segs.

[40] JUAN DEL ROSAL, *Tratado de Derecho Penal Español. Parte General*. vol. I, pág. 568.

[41] CARLOS ALBERTO DA MOTA PINTO, *Teoria Geral do Direito Civil*, pág. 182; INOCÊNCIO GALVÃO TELLES, *Dos Contratos em Geral*, pág. 9; MANUEL DE ANDRADE, *Teoria Geral da Relação Jurídica*, vol. I, pág. 1.

No entender de Castro Mendes esta ideia não é absolutamente rigorosa. Nota este autor que, se é certo que a maioria dos factos jurídicos é composta por acontecimentos produtores de efeitos jurídicos, também existem factos juridicamente relevantes que não produzem efeitos jurídicos, e que portanto não podem deixar de ser considerados factos jurídicos. Castro Mendes dá o exemplo do acto nulo, que não produz efeitos de Direito. O acto não deixa de ser juridicamente relevante, apesar da sua insusceptibilidade de produção de efeitos de Direito [42].

Em nosso entender a observação é interessante, mas não estamos certos de que seja correcta. E isto porque a própria insusceptibilidade de produção de efeitos jurídicos do acto nulo também pode ser encarada ela própria como um efeito jurídico (ou, se se quiser, como um "contra-efeito"). Por outro lado, não é rigoroso que o acto nulo não produza efeitos de Direito, pois a lei admite ainda que produza os chamados efeitos reflexos ou secundários (artigos 292.º – redução, e 293.º – conversão do Código Civil). A absoluta não produção de efeitos jurídicos só é verificável nos actos existentes [43]. E ainda aí se pode dizer que a própria inexistência é um efeito jurídico, consistente na aplicação da estatuição normativa.

De toda a maneira, e como refere o próprio Castro Mendes, a categoria fundamental do facto jurídico será sempre o facto jurígena [44].

2. A adopção deste conceito impõe a conclusão de que não constituem factos jurídicos os factos juridicamente irrelevantes ou

---

[42] João de Castro Mendes, *Teoria Geral do Direito Civil*, vol. II, pág. 7.

[43] Quanto à admissibilidade da inexistência como valor negativo genérico no nosso ordenamento jurídico, a doutrina divide-se, havendo quem se pronuncie pela afirmativa (por exemplo Mota Pinto, *Teoria Geral do Direito Civil*, págs. 491 a 493) e quem se pronuncie pela negativa (Inocêncio Galvão Telles, *Manual dos Contratos em Geral*, págs. 330 e 331, argumentação dirigida à luz do Código Civil de 1867 mas aproveitável para a lei actual, António Menezes Cordeiro, *Teoria Geral do Direito Civil*, 2.º vol., págs. 348 a 350).

[44] João de Castro Mendes, *ob. cit.*, pág. 7.

indiferentes, ou seja, aqueles factos a que a doutrina designa de factos ajurídicos.

Ora, chegados a este ponto, cabe fornecer um critério que permita concluir se, perante cada facto que se nos depara, estamos perante um facto relevante para o Direito, ou antes perante um acontecimento juridicamente indiferente.

A primeira questão que se deve pôr para a determinação desse critério é a de saber se a relevância jurídica de um facto deve ser apreciada em abstracto ou em concreto.

MANUEL DE ANDRADE refere alguns exemplos de pretensos factos juridicamente irrelevantes, como sejam a cor dos olhos de uma pessoa, um indivíduo dar um passeio depois de jantar [45].

Ora se é certo que a relevância jurídica destes factos (e de factos análogos) é, em geral, duvidosa, é possível conjecturar hipóteses em que estes factos tenham *indiscutível relevância jurídica*. Pense-se que *X* deixa a *B*, nascituro, na condição de este ter olhos de uma determinada cor. Ou que *C* convida *D* para um passeio depois de jantar a fim de o agredir. Nestes casos os factos referidos por Manuel de Andrade, ou seja a cor dos olhos de uma pessoa, um passeio depois de jantar, que são em regra de relevância jurídica duvidosa, ganham indiscutível interesse para o Direito.

Do exposto parece que devemos, então, concluir que a relevância jurídica de um facto deve ser apreciada em concreto e não em abstracto.

3. É corrente afirmar-se que os factos são juridicamente relevantes, pelo facto de a sua ocorrência ser relevante para o efeito da aplicação de uma estatuição normativa. Assim, por exemplo, *A* não foi jantar a casa de *B*. O acto é lícito. Mas se tivesse ido, também. O acto é irrelevante para o efeito da estatuição normativa.

Simplesmente, concluir que determinado acontecimento releva para o efeito da aplicação de uma dada estatuição normativa, já

---

[45] MANUEL DE ANDRADE, *Teoria Geral da Relação Jurídica*, vol. II, pág. 1.

pressupõe uma série de etapas de análise e qualificação resolvidas. No domínio da responsabilidade civil pressupõe a realização da operação de qualificação do acto como lícito ou ilícito.

Parece-nos, pois, que tal conceito jurídico de facto não é aquele com que o jurista trabalha, designadamente em sede de pressuposto da responsabilidade civil. Tal conceito de facto, é o produto de todo um trabalho de análise que começou por um conceito básico diferente. Mas esse conceito é já um conceito jurídico, e é esse que interessa reter, designadamente como pressuposto autónomo da responsabilidade civil, pois consiste na "matéria-prima" sobre a qual vai trabalhar o jurista, verificando *subsequentemente* a existência ou inexistência de uma série de características, que no fim o habilitem a dizer então, se o "produto acabado" é ou não um facto cuja ocorrência releva para o efeito da aplicação de uma dada estatuição normativa.

O conceito jurídico de facto, "matéria-prima" ou base de trabalho do jurista (e por isso jurídico) é o conceito de facto enquanto acontecimento socialmente relevante. É porque um determinado facto tem reflexos sociais, que "desperta a atenção" do Direito, e é por isso que o jurista se debruça sobre essa ocorrência, analisando-a e qualificando-a, para, depois, emitir o juízo de que não é relevante para a aplicação de determinada estatuição legal (não é funcional) ou de que o é (e então ou é funcional ou é disfuncional) [46].

Já atrás referimos a posição segundo a qual o critério de relevância de um facto para o Direito seria o da sua verificação relevar para o efeito da aplicação de uma dada estatuição normativa [47]. Dentro dos factos socialmente relevantes, o Direito seleccionaria uns, desconsideraria outros.

---

[46] Aproveitamos aqui a terminologia de Menezes Cordeiro que, na esteira de Talcott Parsons (*The Social System and the Evolution of Action Theory*, Nova Iorque, Londres, 1977), distingue entre comportamentos funcionais (conformes com o sistema), disfuncionais (desconformes com o sistema), não funcionais, consistindo estes últimos em "comportamentos" que não importando para o sistema, seriam para o Direito indiferentes" (*Da Boa-Fé no Direito Civil*, vol. II, pág. 880).

[47] Assim, António Menezes Cordeiro define acto jurídico como "realidade

Não duvidamos da legitimidade desta acepção do termo "facto jurídico" mas, conforme já afirmámos, não nos parece ser esse o conceito de facto jurídico com que o jurista basicamente trabalha, pelo que opinamos pela admissibilidade dos dois conceitos de facto jurídico, um mais amplo e abrangente que o outro.

Propendemos basicamente para a definição de facto *jurídico*, como acontecimento socialmente relevante [48].

Na base do cepticismo com que tem sido recebida esta concepção de facto estará uma certa ideia de que o Direito serve para regular a crise das relações sociais. Mas o Direito consiste num sistema de normas que se destinam a regular a vida social e não apenas a crise da vida social.

Com efeito, o facto de o Direito só se fazer notar quando os seus preceitos são violados, não significa que não exista e não se aplique quando os seus preceitos estão a ser observados. Escrevem PIRES DE LIMA e ANTUNES VARELA, referindo CALAMANDREI: "O facto de a existência do direito se revelar visivelmente aos olhos do leigo só no momento em que é necessário recorrer aos tribunais para fazê-lo valer contra o ilícito (torto) deve-se, no dizer de Calamandrei, a um fenómeno comparável àquele pelo qual o corpo humano não se apercebe do seu estado de saúde enquanto ele é perfeito, para apenas sentir a sua falta quando a doença o põe em perigo. Pensar que o direito existe somente onde surge a necessidade de forçar o particular a observá-lo, diz o mesmo autor, equivale a ignorar que, na maioria dos casos, o direito funciona porque lhe é dada observância espontânea, e porque ele se impõe ao respei-

---

apta a, integrando uma previsão normativa, desencadeia a sua estatuição normativa" (*Teoria Geral do Direito Civil*, pág. 29).

[48] Neste ponto acompanhamos os defensores da doutrina social da acção. Escreve RODRIGUEZ DEVESA: "O Direito é um conjunto de normas que tratam de tornar possível a convivência e por isso interessa-se exclusivamente por aqueles actos do homem que afectam essa convivência enquanto têm relevância social" (JOSÉ MARÍA RODRIGUEZ DEVESA, *Derecho Penal Español, Parte General*, pág. 352).

to dos particulares e plasma por si a vida social, sem necessidade de recorrer à coação" [49].

4. Há que assinalar que a expressão "facto jurídico" pode servir para designar duas realidades distintas:

— O acontecimento, realidade dinâmica;
— O estado de facto, realidade estática.

Assim, por exemplo, escrever numa folha de papel é um facto no primeiro sentido. O facto de a folha estar escrita é também um facto, mas no segundo sentido.

Já se vê que o sentido usual da expressão é o primeiro. Quando se fala em facto jurídico normalmente pretende-se designar um acontecimento, um troço do suceder ou do dever, e não um mero estado de facto, troço do ser ou do existir. Será esse o sentido com que normalmente empregaremos a expressão neste trabalho. Para obviar a confusões, EMILIO BETTI distingue mesmo entre "factos propriamente ditos" e simples "estados de facto" [50-51].

---

[49] FERNANDO PIRES DE LIMA e JOÃO ANTUNES VARELA, *Noções Fundamentais de Direito Civil*, vol. I, pág. 3.

[50] EMILIO BETTI, *Teoria Geral do Negócio Jurídico*, tradução de Fernando de Miranda, tomo I, pág. 17, nota (12).

[51] A questão de saber se, num dado preceito legal, a expressão "facto" é utilizada no sentido estático ou no sentido dinâmico, pode revestir grande interesse prático. Pense-se no seguinte caso: *A* pretende constituir judicialmente servidão legal de passagem sobre o terreno de *B*. Para tal, nos termos do artigo 341.º do Código Civil, terá de provar o facto constitutivo do seu direito. Ora o facto constitutivo pode ser uma de duas realidades, consoante a interpretação que se faça da expressão "facto" no artigo 341.º do Código Civil: pode ser a situação de encrave, se se interpretar a expressão no seu sentido estático, ou o acontecimento que colocou *A* nessa situação, se se interpretar a expressão no seu sentido dinâmico. CASTRO MENDES inclina-se para a primeira solução (*Teoria Geral do Direito Civil*, vol. II, pág. 3).

1.2. O "facto voluntário" como pressuposto da responsabilidade civil

O primeiro pressuposto da responsabilidade civil é habitualmente designado pelos doutrinadores como "facto voluntário". Trata-se, porém, de uma expressão restritiva, pois, como os mesmos doutrinadores admitem, o facto não tem necessariamente que ser voluntário, mas apenas dominável pela vontade. Daí a nossa preferência pela fórmula "comportamento humano".

Assinala ALMEIDA COSTA, "esta qualificação de conduta do agente tem apenas o sentido de excluir os factos naturais produtores de danos, ou seja, os que não dependem da vontade humana e se apresentam por ela objectivamente incontroláveis, como sucede quando os danos procedem de causas de força maior ou de circunstâncias fortuitas invencíveis (um ciclone, inundações, uma faísca, etc.) [52]. Portanto, em contrapartida, não se exige que se trate de factos humanos intencionais, quer dizer, de comportamentos cujos resultados se hajam de antemão representado e desejado" [53].

Na mesma linha afirma ANTUNES VARELA "que quando se alude ao facto voluntário não se pretende restringir os factos humanos relevantes em matéria de responsabilidade aos factos queridos, isto

---

[52] Trata-se das figuras do caso fortuito e do caso de força maior.

ALMEIDA COSTA distingue-as nos seguintes termos: "O primeiro consiste em qualquer risco inerente ao funcionamento das coisas ou maquinismos que o agente utiliza (...); pelo segundo, entende-se uma força da natureza estranha a essas coisas ou maquinismos" (*Direito das Obrigações*, citado, pág. 419).

Trata-se de uma concepção objectivista das figuras. Outros autores, contudo, têm defendido conceitos subjectivistas de caso fortuito e de caso de força maior (definindo, por exemplo, caso de força maior como factor causador de dano que não podia ser evitado mesmo com a diligência elevada ao máximo limite nacional) ou mistos (caso de força maior é, segundo ENNECERUS e NIPPERDEY, o acontecimento não cognoscível, imprevisível, que não deriva da actividade em questão e cujo efeito danoso não pode evitar-se com as medidas que racionalmente eram de esperar). Ver por todos, ADRIANO VAZ SERRA, *O Fundamento da Responsabilidade Civil*, in BMJ, n.º 90, XI, 1959, págs. 154 e segs..

[53] MÁRIO JÚLIO ALMEIDA COSTA, *Direito das Obrigações*, pág. 365.

é, àqueles casos em que o agente tenha prefigurado mentalmente os efeitos do acto e tenha agido em vista deles. Há, pelo contrário, inúmeros casos (a começar pela negligência inconsciente) em que não existe semelhante representação mental e, todavia, ninguém contesta a obrigação de indemnizar (...). Por isso, facto voluntário significa apenas, no caso presente, facto objectivamente controlável ou dominável pela vontade (...). Fora do domínio da responsabilidade civil ficam apenas os danos causados por causas de força maior ou pela actuação irressistível de circunstâncias fortuitas" [54].

No campo do Direito Penal é muito clara a explicação de EDUARDO CORREIA.

Para Eduardo Correia, a acção penal é apenas integrada por comportamentos humanos, de indivíduos [55], e que não constituem "puros actos reflexos" ou "cometidos em estado de inconsciência" ou "movimentos corpóreos que não estão ainda sob o domínio consciente, mas antes têm o seu centro excitante em zonas subcorticais", ou ainda em "movimentos praticados sob o impulso de forças irresistíveis como é o caso da "vis absoluta" [56].

Também no âmbito do Direito Penal, CAVALEIRO DE FERREIRA, depois de indicar o facto voluntário como elemento de estrutura do crime escreve que "o facto enquanto voluntário, não abrange nem um acontecimento natural nem os actos dos animais, nem os actos do homem desde que oriundos das camadas inferiores da personalidade e que se prendam com a vida vegetativa ou sensitiva, como são os actos reflexos, os movimentos em estado de inconsciência, etc." [57]. E mais à frente acrescenta que "a vontade é racional e livre (Código Penal, art. 26.°) e por isso também não é compatível com a violência, o constrangimento físico estranho e irresistível (Código Penal, art. 44.°, n.° 1)".

---

[54] JOÃO ANTUNES VARELA, *Das Obrigações em Geral*, vol. I, págs. 498 e 499.

[55] A restrição só faz sentido no âmbito do Direito Penal, onde as pessoas colectivas não são responsabilizadas, ao contrário do que acontece no campo do Direito Civil (art. 165.° C. Civil).

[56] EDUARDO CORREIA, *Direito Criminal*, págs. 236 e 237.

Sintetizando, dir-se-á com GIUSEPPE PONZ DE LEON que o comportamento surge como a "vontade realizada, superando aquela realidade naturalística mecânica que não permite o surgimento de qualquer juízo (...) e penetra, ao invés, na realidade humana e social, podendo por isso ser objecto de valoração moral ou social ou jurídica" [58].

1.3. *O comportamento humano como tema de Direito Civil*

O comportamento humano é uma figura fundamental da teoria do Direito em geral e da Teoria Geral do Direito Civil em particular, referenciada pela doutrina, segundo múltipla terminologia, sendo corrente a designação "acção" [59].

Esta designação, porém, e conforme nota RODRIGUEZ DEVESA, "como tantos outros termos jurídicos, é multívoca. Encontramo-la (...) oposta à omissão. Num sentido amplo compreende mesmo uma e outra, isto é, qualquer comportamento humano. Emprega-se também para designar o movimento corporal por oposição ao resultado" [60].

Preferimos, por isso, a expressão "comportamento humano", ou, simplesmente, "comportamento", menos equívoca, sem dúvida abrangente de acções (comportamentos activos) e omissões (comportamentos omissivos). Propomos reservar a expressão "conduta" para designar a actividade corporal, por oposição ao resultado, pois, conforme desenvolveremos adiante, consideramos o comportamento humano uma realidade complexa, que abarca a conduta e o evento ou resultado, ligados por um nexo jurídico de causalidade.

---

[57] MANUEL CAVALEIRO DE FERREIRA, *Direito Penal Português*, *Parte Geral I*, 1981, pág. 197. Trata-se de artigos do Código Penal de 1886.

[58] GIUSEPPE PONZ DE LEON, *La Causalità de l'Omissione nell Sistema Penale*, págs. 14 e 15.

[59] Fala-se também, por exemplo, em "conduta", "facto voluntário".

[60] JOSÉ MARÍA RODRIGUEZ DEVESA, *Derecho Penal Español. Parte General*, Madrid, 1981, págs. 347 e 348.

Usaremos por vezes, e para não repetir demais a expressão "comportamento humano", a palavra "acção" como sinónimo, até porque está bastante enraizado na doutrina essa utilização. Insistimos, no entanto, e pelas razões já referidas, na nossa preferência pela fórmula "comportamento humano".

O estudo do comportamento não tem sido alvo da atenção merecida por parte dos civilistas. Aliás, em regra, a figura aparece tratada pela doutrina não em sede de Teoria Geral do Direito Civil, que nos parece ser o seu local próprio, mas o Direito das Obrigações, a propósito da responsabilidade civil. Ora, o estudo do comportamento não interessa apenas para a responsabilidade civil, onde surge como manifestação patológica (ilícita e culposa), antes interessa ao Direito Civil em geral que tanto pode ser são como patológico. Pense-se na declaração de vontade, que é tipicamente um comportamento humano finalista, em geral, lícito [61].

Recebemos, pois, com franco aplauso, as palavras de MENEZES CORDEIRO, segundo quem "o tema da acção [62] tem escapado à sua sede natural: a Teoria Geral do Direito Civil. Relegada para o Direito das Obrigações, a propósito da responsabilidade civil e aprofundada no Direito Penal, a acção tem vindo a ser estudada quando assume feição patológica.

Há aqui, um grave desvio metodológico, que deve ser referido: a acção humana, na grande generalidade dos casos, é conforme com o direito e interessa, sobretudo, ao Direito Civil" [63-64].

---

[61] Veja-se adiante, p. 91, nota 161.

[62] O autor emprega a expressão no sentido mais amplo, como sinónimo de qualquer comportamento humano, activo ou omissivo.

[63] ANTÓNIO MACHADO MENEZES, *Teoria Geral do Direito Civil*, 1.º vol., pág. 468.

[64] Conforme se referiu nas páginas anteriores, a chamada de atenção para o papel da acção em sede de Teoria Geral do Direito Civil, deve-se fundamentalmente entre nós aos Professores OLIVEIRA ASCENSÃO e MENEZES CORDEIRO, durante as respectivas regências na cadeira na Faculdade de Direito da Universidade de Lisboa.

Conforme nota Menezes Cordeiro, é no campo do Direito Penal (onde significativamente a acção apresenta a sua força patológica mais intensa) que a teoria da acção tem sido alvo de tratamento mais aprofundado. Será, pois, por aí que iremos começar a construção do nosso conceito de comportamento humano em Direito Civil, conceito que procuraremos que seja suficientemente abrangente por forma a abarcar tanto os comportamentos ilícitos como os lícitos.

1.4. *O estudo do comportamento humano no Direito Penal*

1. O sistema clássico, que se deve fundamentalmente a VON LISZT [65] e VON BELING [66], e que foi também defendido por RADBRUCH [67], propugnava uma análise da infracção criminal baseada na acção do homem, apreciada numa perspectiva naturalista ou mecanicista. A acção, como primeiro pressuposto da responsabilidade penal, consistia, nesta perspectiva, num movimento corporal (voluntário) causador de uma determinada alteração no mundo exterior.

Este sistema foi, contudo, alvo de inúmeras críticas, a mais importante das quais terá porventura sido a de não dar cobertura aos crimes omissivos (nos quais não existe, por definição, qualquer movimento corporal).

É celebre também a definição de injúria de RADBRUCH, citado por vários críticos do sistema clássico com alguma ironia: "ondas sonoras que têm origem no cérebro do agente e se dirigem ao aparelho auditivo do ofendido" [68]. Esta noção de injúria reflecte os defeitos da concepção meramente mecanicista de comportamento, não contendo o elemento mais relevante e característico da injúria,

---

[65] FRANZ VON LISZT, *Tratado de Derecho Penal*, tradução de Luis Jimenes de Asuá, da 18.ª Edição, Madrid, S.D..

[66] ERNST VON BELING, *Die Lehre Von Verbrechen*, Tubingen, 1906.

[67] GUSTAV RADBRUCH, *Der Handlungsbegriff in Seiner Bedeutung für des Strafrechtssistem*, Berlim, 1904.

[68] Referido por FIGUEIREDO DIAS, *Direito Penal*, Coimbra, 1973, pág. 123.

que é a potencialidade de afectação social da honra ou consideração de alguém.

Pensamos, porém, que a crítica de fundo que deve ser dirigida a esta concepção é a de que é essencialmente incoerente.

Os factos no mundo físico não se apresentam isolados e distinguíveis, pelo contrário, surgem confundidos e baralhados num caos natural. É o jurista, enquanto ser pensante, que destaca desse caos uma série de elementos, que unifica e qualifica. Assim, por exemplo, quando se afirma que *A* matou *B* com um tiro, já se está a fazer uma afirmação com base numa operação mental de selecção e unificação dos acontecimentos naturais. O acto de *A* dar um tiro a *B*, matando-o, é analisável numa série de acontecimentos, físicos e psicológicos, como a decisão de *A* pegar na arma, o acto de pegar na mesma, apontá-la, carregar no gatilho, a saída da bala da câmara, a penetração da bala no corpo de *B*, a paragem dos órgãos vitais de *B*, enfim, numa série de acontecimentos por sua vez subanalisáveis. Contudo, estas análises intermináveis não interessam ao Direito e ao jurista, e, portanto, este não considera senão uma síntese de acontecimentos físicos e psicológicos, síntese esta que obedece já a uma certa ideia, a uma certa valoração, mas que, em qualquer caso, extravasa já o simples acontecer fáctico.

Com efeito, qualquer facto é sempre naturalisticamente analisável em subfactos. CASTRO MENDES dá o seguinte exemplo: "Uma declaração unilateral é em regra formada por várias palavras, sendo certo que a pronúncia ou grafia de cada uma das quais se poderia ver como elemento separado. Esta separação não tem, contudo, em regra, interesse para o Direito: A declaração vale juridicamente como um todo [69].

Cabe, portanto, ao jurista destacar do caos naturalístico os acontecimentos que lhe interessam para a análise que pretende realizar, e unificá-los, definindo e individualizando um facto jurídico (no sentido dinâmico).

---

[69] JOÃO DE CASTRO MENDES, *Teoria Geral do Direito Civil*, Vol. III, pág. 10.

Conforme nota OLIVEIRA ASCENSÃO, "objectivamente só encontramos uma corrente ininterrupta"[70]. Ou EDUARDO CORREIA: "Apenas um montão ou caos num cosmos articulado e ordenado. A realidade objectiva é já síntese categorial das percepções sensoriais"[71]. "A unidade correspondente à natureza das coisas (...) é uma unidade cujos limites são apontados pelos ensinamentos da vida diária"[72]. Ou ainda CAVALEIRO DE FERREIRA: "A acção enquanto exteriorização dessa vida, não tem limites definidos. Essa delimitação é realizada consoante os fins que a inteligência se propõe ao fazer a análise"[73].

Tal demonstra que o conceito puramente mecanicista de acção jurídica é uma impossibilidade lógica. O conceito jurídico de acção jurídica só é possível com recurso a critérios não rigorosamente fácticos, o que se traduz num repúdio da ideia mecanicista de comportamento. Que critérios são esses, é assunto de que nos ocuparemos adiante.

2. O sistema neo-clássico surgiu para superar as deficiências desta visão meramente naturalista defendida pela escola clássica. Nesta perspectiva, a acção, como pressuposto da responsabilidade criminal, é, não já um movimento corpóreo que produz alteração do mundo exterior, mas um comportamento voluntário do homem que se traduz numa negação de valores.

Entre nós esta posição é seguida por EDUARDO CORREIA. Escreve Eduardo Correia que "o ponto de partida de toda a elaboração do Direito Criminal é a conduta, o comportamento humano, a acção em sentido lato como juízo teleológico, como negação de valores ou interesses pelo homem[74].

---

[70] JOSÉ DE OLIVEIRA ASCENSÃO, *Acção Finalista e Nexo Causal*, dissertação de pós-graduação não publicada, pág. 63.

[71] EDUARDO CORREIA, *Unidade e Pluralidade de Infracções*, pág. 69.

[72] EDUARDO CORREIA, *Unidade e Pluralidade de Infracções*, pág. 31.

[73] MANUEL CAVALEIRO DE FERREIRA, *Da Participação Criminosa*, pág. 72.

[74] EDUARDO CORREIA, *Direito Criminal*, vol. I, Coimbra, 1971, pág. 131.

Trata-se já de um conceito valorativo. Resta precisar que interesses são esses que podem ser negados pelo Homem. Apenas interesses jurídicos? Ou interesses de outra índole?

Cremos, contudo, que com a tese neo-clássica foi dado um passo decisivo no sentido de uma adequada concepção jurídica do comportamento humano. Com efeito, o comportamento humano é uma realidade que pode ser perspectivada segundo vários prismas. Ora, o prisma que interessa ao Direito é o prisma ou aspecto valorativo.

Repare-se, porém, que esta definição apenas cobre as hipóteses de comportamento patológico, desconforme com determinado código de valores (ao que não será estranho o facto de ao Direito Criminal interessar primordialmente a acção criminosa, necessariamente ilícita e culposa). Cremos que se deve ir mais longe no conceito de acção [75].

3. O finalismo veio dizer que o ponto de partida da teoria da infracção é uma acção, sim, mas uma acção final, no sentido de que se dirige sempre a uma finalidade. A acção consiste, pois, numa conduta do agente dirigida a um fim. Por isso, ao actuar, o agente, com base no seu conhecimento da realidade, utiliza os meios de que dispõe para atingir um resultado que prefigurou.

Na visão de WELZEL a acção é analisável em três momentos essenciais:

1.º – Antecipação mental do fim pretendido;
2.º – Selecção dos meios necessários para a sua concretização;
3.º – Realização da vontade no mundo do suceder real [76].

---

[75] Mesmo no Direito Penal tem relevância o comportamento lícito (pense--se, por exemplo, no chamado comportamento lícito alternativo). Veja-se sobre este tema, JOÃO CURADO NEVES, *Comportamento Lícito Alternativo*, Lisboa, 1990.

[76] HANS WELZEL, *Derecho Penal. Parte General*, Buenos Aires, 1956, págs. 39 e segs.

Isto significa que, para que se fale em acção, não é suficiente que a conduta seja voluntária, tem de ser voluntário o próprio resultado (fim) da conduta. E sendo assim, o dolo, e também a negligência, tradicionalmente entendidos como formas de culpa, passam a constituir elemento da própria acção. A culpa, assim despida dos elementos psicológicos do dolo e da negligência, é puramente normativa, consistindo na censurabilidade do facto, o que pressupõe que o agente tenha capacidade de se determinar de acordo com os preceitos legais.

A análise finalista de infracção, que, como referimos, foi introduzida por WELZEL, foi ganhando adeptos na Alemanha e depois também noutros países. Entre nós foi acolhida por JOSÉ SOUSA BRITO e TERESA BELEZA [77].

No Direito Civil o finalismo foi introduzido por NIPPERDEY em 1960 [78] e é actualmente defendido em Portugal por OLIVEIRA ASCENSÃO [79] e MENEZES CORDEIRO [80], tendo sido já defendido, em construção própria, por GOMES DA SILVA no seu *Dever de Prestar e o Dever de Indemnizar* [81].

O finalismo tem, contudo, sido alvo de variadas críticas, de entre as quais se destacam algumas que julgamos serem relevantes.

Em primeiro lugar, acusa-se o finalismo de não explicar as condutas negligentes, pois nestas hipóteses o agente, por definição, não quis o resultado. Os finalistas tentaram ultrapassar esta objecção,

---

[77] Veja-se, respectivamente, *Estudos para a Dogmática do Crime Omissivo*, e *Direito Penal*, Vol. I, Lisboa, 1980.

[78] HANS KARL NIPPERDEY e LYUDWIG ENNECCERUS, *Allgemeine Teil des Burgerlichen Rechts*, 2.º vol., Tübigen, 1960, págs. 860 e 861.

[79] Veja-se JOSÉ DE OLIVEIRA ASCENSÃO, *Teoria Geral do Direito Civil*, Vol. III, Lisboa, 1983/84, págs. 10 e segs. e *Teoria Finalista e o Lícito Civil*, in *Revista da Faculdade de Direito da Universidade de Lisboa*, vol. XXVI, págs. 9 e segs.

[80] ANTÓNIO MENEZES CORDEIRO, *Teoria Geral do Direito Civil*, 1.º vol., págs. 468 e segs. e *Direito das Obrigações*, 2.º vol., Lisboa, 1986, págs. 322 e segs..

[81] MANUEL GOMES DA SILVA, *O Dever de Prestar e o Dever de Indemnizar*, Lisboa, 1944.

Omissão e Dever de Agir em Direito Civil   45

respondendo que mesmo nas acções negligentes existe um fim — a violação do dever de cuidado.

Contudo, a resposta não afasta a crítica, pois o certo é que na acção negligente o agente, mesmo que admita ter querido violar o dever de cuidado, nunca quis o resultado da acção. O fim "violar o dever de cuidado", não identifica o comportamento, pois é comum a todos os comportamentos negligentes.

O inverso sucede nos casos de tentativa, em que a acção efectivamente praticada não coincide com a acção e o resultado queridos pelo agente [82].

Igualmente se tem objectado que a teoria finalista não explica as condutas omissivas, pois nestas não existiria a sobredeterminação do processo causal característico da acção final. Pensamos porém que esta objecção pode ser afastada [83].

Tais críticas demonstram, pois, que o que seja a acção penal é algo que deve ser definido "de fora" e não pode ficar dependente do fim do agente.

Actualmente a doutrina não discute o carácter finalístico da acção, enquanto realidade ontológica.

Pergunta FILIPO GRISPIGNY: "Ora bem, que coisa ensinam todos os manuais de psicologia acerca da acção voluntária, se não que essa é caracterizada pelo fim ou escopo para o qual vai dirigido o movimento corpóreo de uma pessoa?". Depois de referir a locução "omnes ens intelligens agit propter finem", pergunta: "Já existiu algum determinista que tentasse negar que o homem se propõe escopos, para cuja concretização realiza movimentos corpóreos diri-

---

[82] Os excessos do finalismo levaram a admitirem que a tentativa seria a forma paradigmática do facto (por exemplo, ZIELINSCKY, *Handslungs-und Erfolgsunwert im Umrechtsbegriff*, Berlim, 1973, págs. 128 e segs.

[83] Referindo outras críticas ao finalismo podem-se citar, entre nós, EDUARDO CORREIA, *Direito Criminal*; Vol. I, págs. 242 e segs., no campo do Direito Civil: JOÃO ANTUNES VARELA, *Das Obrigaçõs em Geral*, Vol. I, 7.ª edição, Coimbra, 1991, págs. 575 e segs., crítica que, no entender do Professor MENEZES CORDEIRO se limita "a aspectos periféricos não essenciais" (*Direito das Obrigações*, 2.º vol., pág. 326 nota 13.

gidos justamente a realizar tais escopos?"[84]. O que se discute, é se, na realidade, esta estrutura ontológica da acção vincula ou não o legislador, questão a que os finalistas respondem afirmativamente e os não finalistas negativamente.

Com efeito nada impede que, reconhecendo-se embora a natureza finalista da acção enquanto realidade ontológica, o legislador opte por um conceito jurídico de comportamento (isto é, aquele com que o Direito trabalha e que se encontra adaptado às suas finalidades específicas) que prescinda de elementos de natureza subjectiva, satisfazendo-se com o impulso voluntarístico inicial.

O legislador não está vinculado à estrutura ontológica da acção. Assim, nada impede que, para o legislador, a consciência e voluntariedade do resultado ou evento pertençam geralmente à culpa, consistindo no seu substrato fundamental.

Escreve RODRIGUEZ MORULLO: "A polémica entre finalistas e não finalistas não afecta hoje, na realidade, a essência da acção — cuja estrutura final é por todos reconhecida —, mas o conteúdo dos juízos de antijuridicidade e culpabilidade"[85].

Assinala, porém, que "a lei é livre para fixar o objecto dos juízos de antijuridicidade e culpabilidade[86]. E assim a questão de saber se o conteúdo da vontade final condiciona a antijuridicidade da acção ou deve considerar-se para efeitos de culpabilidade, deve resolver-se em vista da concreta disposição legal"[87].

4. RODRIGUEZ MORULLO enquadra-se num conceito de acção, introduzido na Alemanha por EBERHARD SCHMIDT[88], e defendido

---

[84] FILIPO GRISPIGNY, *La Nuova Dottrina Tedesca*, in *Scritti Giuridici in Onore di Francesco Carnelutti*, vol. IV, Pádua, 1950, págs. 403 e segs.

[85] GONZALO RODRIGUEZ MORULLO, *Derecho Penal. Parte General*, Madrid, 1970, pág. 217.

[86] Autor e obra citada, pág. 218.

[87] Autor e obra citada, pág. 219.

[88] EBERHARD SCHMIDT, *Soziale Handlungslehere*, in *Direito Penal. Parte Geral*, trad. portuguesa, Porto Alegre, 1976, págs. 16 e segs.

por JOHANNES WESSELS [89] e HANS HEINRICH JESCHECK [90], hoje fortemente implantada em Espanha — a chamada teoria social da acção [91].

A ideia da doutrina social da acção está claramente expressa nas palavras de RODRIGUEZ DEVESA: "Pode-se falar então num conceito ontológico de acção. Mas a pretensão de subordinação a conceitos pré-jurídicos ou metafísicos da acção conduz a dificuldades sistemáticas sem conta e é inviável, porque o elenco dos modelos legais está imbuído de arbitrariedade pondo, umas vezes o acento nos comportamentos causais, outros nos finais" [92]. A ideia é, pois, esta: Não se pode falar num conceito causal ou final de acção como figura genérica com consagração legal. Umas vezes a ligação psicológica entre o agente e o resultado encontra-se ao nível da própria acção, outras vezes ao nível da culpa. Contudo, todos os casos de acção previstos na lei têm algo de comum: São acções socialmente relevantes. Assim é possível falar-se num conceito jurídico e geral de acção, como comportamento socialmente relevante. Só será, pois, juridicamente relevante o "comportamento quando afecte a relação do indivíduo com o seu mundo circundante e projecte nele as suas consequências" [93].

Cremos válidas muitas das afirmações proferidas pelos adeptos desta teoria.

No entanto, e quanto à pretensa arbitrariedade na descrição dos comportamentos nos modelos legais, colocando acento tónico umas vezes em condutas finais outras vezes em condutas causais, ainda que fosse verdadeira para o Direito Penal, do nosso ponto de vista não

---

[89] HANS HEINRICH RODRIGUEZ DEVESA, *Derecho Penal Español. Parte General*, Barcdelona, 1981, págs. 290 e segs.

[90] HANS HEINRICH JESCHECK, *Tratado de Derecho Penal. Parte General*, Barcelona, 1981, págs. 290 e segs.

[91] *Vide* JOSÉ MARÍA RODRIGUEZ DEVESA, *Derecho Penal Español. Parte General*, págs. 347 e segs. e JUAN DEL ROSAL, *Tratado de Derecho Español*, Madrid, 1978, vol. I, pág. 593.

[92] Autor e obra citada, pág. 349.

[93] HANS HEINRICH JESCHECK, *o. cit.*, pág. 297.

terá razão de ser no campo do Direito Civil, pois aqui não se descrevem por regra os comportamentos ilícitos, pois não vigora no seu domínio o princípio da tipicidade expresso no brocardo "nullum crimen sine lege". Parece-nos, que o legislador, não se sentindo vinculado ao esquema ontológico da acção, terá optado no Código Civil português por um conceito de acção fundamentalmente despido de elementos subjectivos, reservando-os para a sede da culpa.

1.5. *Tomada de posição*

1. Em nossa opinião o conceito de comportamento deve partir do evento ou acontecimento socialmente relevante.

É o evento socialmente relevante que "chama a atenção" do Direito. É porque tem implicações sociais que um determinado acontecimento tem relevância jurídica [94].

Normalmente há uma alteração física da realidade. Mas não é isso que importa para o Direito, mas o impacto social. Pense-se na injúria, figura a que já nos referimos atrás [95-96]. Ninguém negará que são factos diversos um sujeito rir-se enquanto assiste a um filme cómico, ou durante uma recepção oficial rir-se na cara do Ministro da Defesa de um país estrangeiro no momento em que lamenta ter perdido uma guerra. O critério distintivo é um critério social.

---

[94] Escreve OLIVEIRA ASCENSÃO referindo-se à acção jurídica: "Há sempre no seu termo um acontecimento com projecção social a que o agente se dirige" (*Acção Finalista e Nexo Causal*, dissertação de pós-graduação não publicada, pág. 74. Sublinhado nosso). Das palavras do autor também ressalta a sua inclinação para o finalismo, já referido (ver *supra*, p. 44).

[95] Ver *supra*, p. 40.

[96] Escreve OLIVEIRA ASCENSÃO: "Vimos já, porém, que a referência naturalística ao movimento corpóreo e à inércia não forma o fundo de uma conduta centrada na vida social" (*Acção Finalista e Nexo causal*, pág. 99. Sublinhado nosso). Com efeito, a ser assim "a acção deixava de ser uma projecção da vida para se tornar uma brincadeira de escola" (*ob. cit.*, pág. 101).

A relevância social e jurídica não se verifica apenas quando o evento é contrário à ordem jurídica, isto é, ilícito. Basta pensar nos actos de cumprimento das obrigações, que são lícitos e que têm indiscutível relevância jurídica.

A ideia de que um acontecimento tem relevância quando é contrário à ordem jurídica, assenta na perspectiva de que o Direito serve simplesmente para regular a crise das relações sociais. Mas o Direito consiste num sistema de normas que se destinam a regular a vida social e não apenas a crise da vida social.

Com efeito, o facto de o Direito só se fazer notar quando os seus preceitos são violados, não significa que não exista e não se aplique quando os seus factos estão a ser observados. O mesmo sucede com a saúde, só nos apercebemos dela quando adoecemos. Mas a saúde existe principalmente quando não há doença[97].

2. Verificado um acontecimento (evento) socialmente relevante há que ligá-lo, como consequência a determinada causa, natural ou humana.

Daqui resulta que, para nós, o conceito de comportamento parte do evento socialmente relevante: É do acontecimento socialmente relevante que o jurista parte para a actividade, ligando estas duas realidades por uma relação de causa-efeito. Embora, no plano cronológico, a ordem seja justamente a inversa.

3. A doutrina tradicional só costuma tratar do problema do nexo da causalidade na teoria da responsabilidade civil a propósito da ligação entre o facto e o dano[98].

---

[97] Já atrás se assinalou este aspecto (p. 39).

[98] Assim, João Antunes Varela, *Das Obrigações em Geral*, vol. I, págs. 611 e segs. e 879 e segs.; Mário Júlio Almeida Costa, *Direito das Obrigações*, 5.ª edição, Coimbra, 1991, págs. 487 e 628 e segs.; Inocêncio Galvão Telles, *Direito das Obrigações*, 6.ª edição, Lisboa, 1989, págs. 372 e segs.; Rui Alarcão, *Direito das Obrigações*, Coimbra, 1973, págs. 278 e segs.; Adriano Vaz Serra, *Obrigação de Indemnizar*, in *BMJ*, n.º 84, III, 1959, págs. 21 e segs.

Julgamos, contudo, que o problema se coloca em primeiro lugar ao nível do facto, pois sendo certo que este abrange não apenas a conduta, mas também o resultado, este só pode ser determinado enquanto tal (resultado, isto é, que resulta de) depois de estabelecido o nexo causal. O nexo causal é, pois, um problema que se levanta desde logo ao nível do comportamento humano e, na teoria da responsabilidade civil, a propósito do pressuposto comportamento humano, ou na terminologia tradicional "facto voluntário".

Isto não significa que o problema do nexo da causalidade se não suscite também para se estabelecer a ligação entre o facto e o dano ou prejuízo, como defende a doutrina tradicional. Mas, o que defendemos é que o problema do nexo de causalidade, ao nível da responsabilidade civil, se suscita em duas etapas do processo de responsabilização: ao nível da ligação conduta-evento e ao nível da ligação facto-dano. Trata-se, pois, de uma especialidade da responsabilidade civil relativamente à responsabilidade criminal, que resulta do facto da primeira ter como requisito ou pressuposto indispensável o dano [99].

Este aspecto não terá passado despercebido, entre nós, a GOMES DA SILVA, que a ele se refere. embora talvez de forma não inequivocamente expressa, no seu *O Dever de Prestar e o dever de Indemnizar* (1944). Chama Gomes da Silva a atenção para o facto de que "o dano pode resultar directamente da violação dum direito e confundir-se materialmente com ele, como no caso do homicídio, em que a violação do direito consiste na própria ofensa da integridade física de uma pessoa. Mas nem sempre é assim: Os artigos 707.º e 2361.º do Código Civil [100] separam cuidadosamente as duas noções, mostrando que **os danos são a consequência da violação do direito, consequência que pode faltar**" [101].

---

[99] Aqui se revela a função essencialmente reparadora da responsabilidade civil, função que, contudo não é a única desta responsabilidade (veja-se *supra*, p. 16, nota 7).

[100] Os artigos pertencem, naturalmente, (a obra é de 1944) ao Código Civil de 1867.

[101] MANUEL GOMES DA SILVA, obra referida, pág. 65. Os sublinhados são nossos.

Esta concepção é defendida já há alguns anos, designadamente na Alemanha e em Itália, por importação para o campo da responsabilidade civil da dogmática penalista do evento [102].

Certos autores falam em tripartição dos momentos da responsabilidade civil (conduta, evento e dano) e em duplo nexo de causalidade [103]. Mais rigorosamente se deverá falar em "extensão" ou "prolongamento do nexo de causalidade".

Do nosso ponto de vista esta é a construção que mais rigorosamente reflecte o raciocínio da responsabilidade. E só ela explica capazmente o conceito de acção lícita (não danosa, mas com evento).

---

[102] Conforme já se assinalou neste trabalho, a doutrina penalista dominantemente analisa o comportamento nos elementos conduta, evento, e nexo causal. É praticamente infindável a lista de autores que adoptam esta construção. Refiram-se alguns:

– Em Espanha, José María Rodriguez Devesa, Derecho Penal Español, págs. 347 e segs., Juan del Rosal, Tratado de Derecho Penal Español, vol. I, págs. 626 e segs.

– Em Itália, Vincenzo Cavallo, Diritto Penale. Parte Generale, vol. II, pág. 139; Vincenzo Manzini, Instituzioni di Diritto Penal Italiano, vol. I, pág. 133; Silvio Rainieri, Manuale di Diritto Penale. Parte Generale, págs. 222 e 223; Francesco Antolisei, Manuale di Diritto Penale. Parte General, págs. 169 e 170; Giovani Fiandaca/Enzo Musco, Diritto Penale. Parte Generale, págs. 91 e segs.

No campo da responsabilidade civil, e no sentido do duplo nexo de causalidade, veja-se na doutrina alemã Karl Larenz, Lehrbuch des Schuldrechts, vol. I, págs. 402 e segs.; Esser, Schuldrecht, págs. 519 e segs., e na doutrina italiana veja--se Vincenzo Car-bonne, Il Fatto Dannoso nela Responsabilitá Civil, in Publicazioni della Facultà Giurid. dell'Università de Napoli, XCVII, 1959, págs. 281 e segs. que referem inúmera bibliografia sobre a questão, para além da já transcrita, vindo, porém, a tomar posição negativa.

[103] Assim, por exemplo, em Itália, a doutrina e a própria jurisprudência têm--se pronunciado ora num ora no outro sentido. A questão gira à volta do artigo 1233.º do Código Civil italiano, onde se estabelecem os prejuízos indemnizáveis.

Encontramos decisões no sentido de um único nexo, como a da Cassação de 24 de Agosto de 1962 e no sentido de um duplo nexo, como a da Cassação de 4 de Dezembro de 1957 (citada por Vincenzo Carbonne, referida na nota anterior).

4. O critério de determinação do nexo de causalidade é ponto relativamente ao qual existe amplo consenso na doutrina nacional sobre responsabilidade civil [104]. As formulações estão, contudo, feitas a propósito do vínculo facto-dano e não a propósito da ligação facto-evento, pois, como já referimos, não penetrou entre nós a referida tripartição dos momentos da responsabilidade.

Formulados embora a propósito da ligação facto-dano, os ensinamentos são válidos para a ligação facto-evento. Nem poderia deixar de ser assim sob pena de incoerência: Não faria qualquer sentido defender um dado critério para o estabelecimento do nexo de causalidade entre o facto e o dano e um outro para estabelecer o vínculo causal entre o facto e o evento.

5. Os autores portugueses têm geralmente seguido a técnica de partir da teoria da equivalência das condições, também chamada teoria da "condictio sine qua non", para depois a afastarem, perfilhando a teoria da causalidade adequada. Segundo aquela teoria é causa de um dano toda e qualquer circunstância que tiver concorrido para a sua produção, de modo que se tivesse faltado essa circunstância (condição) o dano não se teria produzido. Daí a fórmula "condictio sine qua non", isto é condição sem a qual não (se teria produzido o resultado). É também por este motivo que esta teoria surge designada por teoria da equivalência das condições, pois na medida em que é causa toda a circunstância que tenha concorrido para a produção do facto, todas essas circunstâncias se equivalem. Trata-se de um conceito filosófico ou naturalista, cujo mais famoso representante terá sido JOHN STUART MILL [105] e que foi introduzido

---

[104] Com posição própria no quadro da nossa doutrina ANTÓNIO MENEZES CORDEIRO, *Direito das Obrigações*, 2.º vol. citado, págs. 333 e segs.

[105] Veja-se, JOHN STUART MILL, *A System of Logic Ratiocinative and Indutive*, Londres/Nova Iorque, 1983, págs. 211 e segs. e também MAX WERWOM, *Causalismo e Condicionalismo. Duas concepções do Universo*, tradução de Mário de Cair, Lisboa, 1940.

no Direito por VON BURI, próximo daquele que é utilizado para as ciências da natureza [106].

Conforme ANTUNES VARELA, "esta equiparação de causa (jurídica) a toda a condição s.q.n. do dano, representa já, sem dúvida, um progresso na selecção dos danos sobrevindos ao facto constitutivo da responsabilidade. É um avanço sobre o critério puramente empírico "post hoc ergo propeter hoc". Limitando a obrigação de indemnizar aos danos em cujo processo de causalidade interfere esse facto e, dentre esses, àqueles que não se verificariam sem tal facto, a noção de causa assente sobre a equivalência das condições do dano afasta já, no âmbito da indemnização, muitos dos prejuízos temporalmente sobrevindos ao lesado, que seria injusto pôr a cargo de outrem [107].

Ora o Direito, embora beba noções de outros ramos do saber, adapta-as aos seus fins específicos. Daí que este conceito naturalista de causalidade deva, segundo a generalidade dos autores, ser "reabilitado" para efeito do seu aproveitamento pelo Direito. Escreve Galvão Telles no seu *Direito das Obrigações*: "Está desaconselhado fazer a mera importação do conceito naturalista da causa na órbita do Direito. A cada passo este utiliza noções trazidas de outros ramos do saber mas não raro submete-as a uma reelaboração ao introduzi-las nos seus quadros. Adapta-as ou amolda-as aos seus fins próprios. É o que sucede designadamente com a ideia de causalidade" [108-109].

---

[106] INOCÊNCIO GALVÃO TELLES, *Direito das Obrigações*, pág. 398.

[107] JOÃO ANTUNES VARELA, *Das Obrigações em Geral*, vol. I, págs. 880 e 881.

[108] Já à luz do Código Civil anterior, GOMES DA SILVA afastava a teoria da equivalência das condições, começando embora por verificar a existência no Código de Seabra de "alguns preceitos que se poderiam, à primeira vista, julgar fundados nesta doutrina". Citava como "exemplo característico o artigo 1731.º (do Código Civil de 1867, obviamente. A referência encontra-se no já citado *O Dever de Prestar e o Dever de Indemnizar*, pág. 92), que responsabilizava todo aquele que intervém em negócio de outrem contra a sua vontade declarada por todas as perdas e danos, ainda acidentais, se não se mostrar que teriam acontecido igualmente, se tal intervenção não houvesse". Gomes da Silva referia ainda os exemplos dos artigos 496.º (sobre a situação do possuidor de má-fé), 1436.º,

6. Várias têm sido as razões apontadas para justificar a rejeição da teoria. Aqui se deixam algumas:

Afirma-se que a aplicação da teoria da equivalência das condições conduziria a responsabilizar pessoas por determinado dano mesmo

---

n.° 2 (referente ao depósito) e 1397.° (referente à empreitada) do Código de Seabra.

Mas interpreta-os como preceitos de carácter excepcional, que não deveriam portanto ser vistos como consagração de um princípio geral, que na sua óptica seria inaceitável dada a regra expressa pelo clássico brocardo "res perit domino" segundo o qual os prejuízos devem, em princípio, ser suportados pelo próprio titular do bem (Gomes da Silva fazia em seguida a exposição de várias teses sobre o nexo de causalidade, seguindo-as de uma crítica para finalmente tomar a sua posição, referindo-se, entre outras, a tese da condição última, a tese dos factores dinâmicos e a tese da causalidade adequada nas suas múltiplas variantes (VON KRIES, THON, TRAGUER, RÜMELIN) — pág. 93 e segs. do seu "O Dever de Prestar e o Dever de Indemnizar").

Os preceitos básicos sobre a questão, no Código de 1867, eram os do artigo 707.°, onde se dispunha que "só podem ser tomados em conta de perdas e danos, as perdas e danos que necessariamente resultem da falta de cumprimento do contrato", e o artigo 2393.°, que tornava extensiva a primeira norma à responsabilidade extra-contratual.

A utilização da expressão "necessariamente" no artigo 707.° era já interpretada por autores renomados como a consagração da teoria da causalidade adequada (na mesma linha em que à luz do Código Civil vigente a utilização da expressão "provavelmente" é interpretada como a consagração da teoria da causalidade adequada — ver *infra*, p. 59).

Assim, por exemplo, escrevia MANUEL DE ANDRADE, a respeito do legislador de então, que "(...) a sua ideia geral foi certamente, tal como a do Código francês, a de restringir a latitude excessiva da teoria condicionada. Até porque, de certo modo, bem pouco significaria aquele "necessariamente". E acrescentava mais à frente que "(...) o legislador quis seguir no problema um certo termo médio. Qual? Isto é o que a letra da lei não esclarece inteiramente. Mas julgamos difícil encontrar qualquer termo médio razoável, e capaz de dar um conteúdo apreciável ao tal "necessariamente", que não esteja na linha fundamental da teoria da causalidade adequada" (MANUEL DE ANDRADE, *Teoria Geral das Obigações*, 3.ª edição, Coimbra, 1966, pág. 367).

Afinando pelo mesmo diapasão, escrevia GALVÃO TELLES que "a necessidade postulada pelo artigo 707.° deve entender-se segundo um juízo de probabilidade,

Omissão e Dever de Agir em Direito Civil

quando entre o seu facto e o dano as coisas se tivessem passado de forma totalmente imprevisível, anormal ou atípica, apenas pela razão de que essa pessoa não tivesse cometido esse facto o dano não se teria verificado.

Esta ideia pode ser ilustrada com o clássico exemplo de *A* que atropela culposamente *B*, partindo-lhe com isso a perna. *B* é então levado de ambulância para o hospital, mas no caminho, a ambulância despista-se e *B* morre no acidente.

Ora, nesta hipótese, a aplicação pura e simples da teoria da "conditio sine qua non" levaria à responsabilização de *A* pelo dano morte de *B*, uma vez que sem o seu facto ilícito e culposo (o atropelamento), *B* não teria sido transportado na ambulância e não teria, portanto, morrido de acidente. Ora tal responsabilização repugna, uma vez que resulta de circunstâncias anómalas e imprevisíveis para *A*, no momento do atropelamento. Seria como que deixar a responsabilização das pessoas ao sabor do acaso [110].

---

fundado nas regras da experiência. Um dano é, juridicamente, quase certo, que tal conduta o determinaria, ou seja, quando esta se mostre causa adequada à sua produção, com vista das circunstâncias conhecidas ou cognoscíveis" (INOCÊNCIO GALVÃO TELLES, *Manual de Direito das Obrigações*, 1957, n.º 230, citado por ADRIANO VAZ SERRA, *Obrigação de Indemnização*, in *BMJ*, n.º 84, 1959, pág. 35).

[109] INOCÊNCIO GALVÃO TELLES, *Direito das Obrigações*, pág. 901.

Diga-se que o mesmo sucede conceitos como os de ausência e falência, que têm um sentido específico enquanto conceitos jurídicos, embora esse sentido não ande longe do seu significado comum ou coloquial.

Na mesma linha escreve ANTUNES VARELA a propósito do conceito de causalidade ditado pela teoria da equivalência das condições: "Trata-se, porém, de um conceito manifestamente usado nos moldes das ciências naturais, ao gosto da velha escola positivista, sem audiência das finalidades específicas do Direito, em geral, e do instituto da responsabilidade, em particular. Por isso mesmo não surpreende que conduza a resultados práticos que nenhum autor hesita em repudiar" (*Das Obrigações em Geral*, vol. I, pág. 853).

[110] Outro exemplo de escola é o caso do hemofílico. A hipótese é a seguinte: Alguém provoca um pequeno arranhão noutra pessoa, por brincadeira até (brincadeira de mau gosto, já se vê), leve arranhão, que numa pessoa normal a faria sangrar um bocadinho. Simplesmente como a vítima é um hemofílico, o que

Com efeito, a aplicação da teoria da "conditio sine qua non" alargaria excessivamente o campo dos responsáveis. Levaria, por exemplo, a responsabilizar o operário que fabricou a arma utilizada para agredir ou matar, e os pais que geraram o lesante. Levando a teoria ao extremo chegaríamos mesmo a Adão e Eva [111].

Cremos que o cerne da questão não está sequer na responsabilização, solução que poderia ser corrigida por outras vias (fazendo intervir a ideia de culpa, por exemplo).

A verdade é que nos casos referidos **não faz sequer sentido dizer que o sujeito matou o outro, que lhe causou** a morte [112].

A causa não deve ser confundida com qualquer circunstância. A causa é uma circunstância qualificada.

A chamada teoria da causalidade adequada, da causa adequada [113], ou da adequação, surge assim como uma tentativa de correcção da teoria da equivalência das condições.

7. Esta teoria da adequação comporta inúmeras variantes (consistindo em tentativas de limitação dos excessos da teoria da equivalência das condições).

---

o agente desconhece, vem a morrer de hemorragia. Ora, também nesta hipótese repugnaria responsabilizar o agente pela morte da vítima.

[111] No campo penal a responsabilidade de Adão e Eva não levantaria, contudo, problemas, uma vez que a responsabilidade penal cessa com a morte.

[112] Em sentido semelhante, JOSÉ DE OLIVEIRA ASCENSÃO (*"Acção Finalista e Nexo Causal"*, págs. 148 e 149): "Assim, se alguém pensa matar outro, e quando o encontra agarra numa arma e isto basta para o outro morrer de susto, há simultaneamente causalidade e desejo, mas de modo algum acção de homicídio, porque as suas actividades foram totalmente inadequadas em relação ao evento." Esclareça-se que o autor se refere a uma "causalidade" estritamente naturalística.

[113] Trata-se da fórmula geralmente consagrada. A expressão não é muito correcta, pois a circunstância a que se chama de"causa adequada" é, afinal, apenas aquela que deve ser tida por causa. Não há causas inadequadas. Ou são causas (por serem circunstâncias adequadas à produção do dano) ou não são causas. É por isso mais rigorosa a designação de teoria da adequação.

A versão mais corrente entre nós, será aquela segundo a qual deve ser tida como causa do dano aquela circunstância que, dadas as regras da experiência e o circunstancialismo concreto em que se encontrava inserido o agente (tendo em atenção as circunstâncias conhecidas ou cognoscíveis pelo agente), se mostrava como apta, idónea ou adequada a agravar o risco de produção desse dano.

Não constituem pois, causas de dano, nesta perspectiva, todas as circunstâncias que concorram para a sua produção, mas apenas, de entre estas, aquelas que revestem certas características. Assim, para efeito de responsabilizar alguém, há que verificar se o seu facto é ou não uma circunstância que integra as características que a permitam qualificar como causa.

É então necessário que o facto seja adequado à produção do dano, isto é, que o facto tenha tornado mais provável a verificação do prejuízo, ou seja, tenha agravado o risco da sua verificação.

O critério para apuramento do aumento do risco é um critério empírico, fornecido portanto pelos dados de experiência. Exige-se, ao juiz (ou a quem aprecia a situação) que faça apelo à sua experiência da vida para emitir a decisão sobre a adequação (ou não) do facto para provocar o prejuízo.

O critério é no fundo social, não meramente naturalístico, o que vem confirmar a nossa ideia de que o Direito como ciência social deve trabalhar com conceitos deste tipo [114].

Mas exige-se ainda algo mais. Exige-se ainda ao juiz que se coloque na situação concreta do agente para emissão da sua decisão, levando em contas as circunstâncias que ele (agente) conhecia, e aquelas pessoas que uma pessoa normal, colocada nessa situação, conheceria. Trata-se de uma operação a que a doutrina designa por prognose póstuma [115].

---

[114] Vejam-se págs. 33 e segs., por exemplo.

[115] ANTUNES VARELA fala em prognose anterior (*Das Obrigações em Geral*. vol. I, pág. 862). ALMEIDA COSTA fala em juízo ou prognóstico "a posteriori" (*Direito das Obrigações*, pág. 519). Encontramos expressões similares em toda a doutrina nacional estrangeira sobre o assunto (J. W. HEDEMANN utiliza a fórmula

A fórmula não é incorrecta, pois o que se trata aqui é de, depois da ocorrência do dano (póstumo), colocar-se o julgador ficticiamente na posição ("na pele") do agente e realizar a tal operação de prognose, tendo em conta as circunstâncias dele (agente) conhecidas ou cognoscíveis por uma pessoa normal.

O que esta teoria pretende alcançar é, enfim, não responsabilizar o agente por danos que se produziram em consequência de um conjunto de circunstâncias atípicas, anormais e imprevisíveis, que não conhecesse nem pudesse conhecer [116]. Por outras palavras, o agente só será responsável pelos danos que previu ou que deveria prever.

Daí que certos autores já tenham afirmado que "o requisito que se adita ao citado critério da condicionalidade, mostra que a causalidade adequada é, no fundo, como já se tem observado, não tanto uma teoria da causalidade, como uma teoria de imputação" [117]. Diríamos, talvez, que a causalidade jurídica se confunde com a imputação.

Esta parece ser a teoria que o nosso legislador quis consagrar no artigo 563.º, sobre a epígrafe "nexo de causalidade", ao estabelecer que "a obrigação da indemnização só existe em relação aos danos que o lesado *provavelmente* não teria sofrido se não fora a lesão [118].

"prognóstico precedente", *Tratado de Direito Civil*, vol. III, *Derecho de Obligaciones*, tradução de Jaime Santos Briz, pág. 115). No campo da responsabilidade criminal, e entre nós, utilizam a fórmula referida no texto de EDUARDO CORREIA (*Direito Criminal*, vol. I, pág. 258) e TEREZA BELEZA (*Direito Penal*, 2.º vol., tomo I, pág. 251).

[116] ENNECERUS e LEHMAN falam em "circunstâncias extraordinárias" [*Derecho de Obligaciones*, tomo II, vol. I, pág. 68 (parágrafo 11.2)].

[117] JOÃO ANTUNES VARELA, *Das Obrigações em Geral*, 5.ª Edição, vol. I, 1989, pág. 860, nota 1. Na perspectiva do Direito Penal, MEZGER: "A teoria da causalidade adequada é já uma teoria da responsabilidade" (*Tratado de Derecho Penal*, pág. 236, citado por EDUARDO CORREIA, *Direito Criminal*, vol. I, Coimbra, 1971, pág. 63).

[118] Sublinhado nosso.

Escreve INOCÊNCIO GALVÃO TELLES: "A orientação dominante, pelo menos em certos países, consiste em só considerar como causa jurídica do prejuízo a condição que, pela sua natureza e em face das circunstâncias de cada caso, se mostra apropriada para o gerar. (...) Como causa adequada deve considerar-se, em princípio, toda e qualquer condição do prejuízo. Mas uma condição deixará de ser causa adequada, tornando-se pois juridicamente indiferente, desde que seja irrelevante para a produção do dano, segundo as regras da experiência, dada a sua natureza e atentas as circunstâncias conhecidas do agente ou susceptíveis de serem conhecidas por uma pessoa normal no momento da prática de acção. E dir-se-á que existe aquela irrelevância quando, dentro deste condicionalismo, a acção não se apresente de molde a agravar o risco da verificação do dano" [119].

"Numa palavra (...) a acção que é condição ou pressuposto de um dano deixa de ser e só deixa de ser, sua causa, sob o prisma do Direito, quando com ela concorre, para a produção desse dano, uma circunstância anómala ou extraordinária, sem a qual não haveria o risco, mais do que o comum, de o prejuízo se verificar. Mas circunstância anómala ou extraordinária que o agente ignora ou não tenha de conhecer, à data da acção. Porque, se a conhece ou ela é susceptível de ser conhecida a esse tempo, então existe adequação que imprime relevância ao nexo entre o facto e o dano como um nexo de causalidade jurídica" [120].

Para Galvão Telles é esta a posição legal, consagrada no artigo 563.º do Código Civil.

A inclusão da expressão "provavelmente" traduz a intenção do legislador em consagrar a teoria da causalidade adequada. Repare-se que o texto do artigo, desfalcado desta expressão, traduziria facilmente a teoria da equivalência das condições. A inclusão da expressão visou derrogar esta teoria. "Ora a lei reconduz assim a questão da causalidade a uma questão de probabilidade, o que significa aderir

---

[119] INOCÊNCIO GALVÃO TELLES, *Direito das Obrigações*, págs. 404 e 405.
[120] INOCÊNCIO GALVÃO TELLES, *Direito das Obrigações*, pág. 406.

à tese da causa adequada, pois esta tese tem este significado. Causa adequada, é justamente aquela que, agravando o risco de produção do prejuízo, o torna mais provável" [121].

É igualmente esta a posição de ALMEIDA COSTA. Escreve este autor que "predomina, sem dúvida, a doutrina da causalidade adequada, que tem recebido várias formulações. A ideia fulcral é a seguinte: considera-se causa de um prejuízo a condição que, em abstracto, se mostra adequada a produzi-lo.

Os adeptos desta construção ainda partem, as mais das vezes, da equivalência das condições, quer dizer, sustentam que, em princípio, toda a condição "sine qua non" de um evento danoso deve ser considerada como a sua causa. Mas essa correspondência entre condicionalidade e causalidade deixará de verificar-se sempre que, de acordo com a lição da experiência comum e dadas as circunstâncias do caso não se possa afirmar, em termos de probabilidade, que o facto originaria normalmente o dano" [122].

Em idêntico sentido escreve Antunes Varela que "a doutrina mais acertada é a que entende que na tal prognose confiada ao julgador, ou no juízo abstracto de adequação, se devem tomar em consideração apenas as circunstâncias reconhecíveis à data do facto por um observador experiente; mas, além disso, devem ainda ser incluídas as circunstâncias efectivamente conhecidas do lesante na mesma data, posto que ignoradas das outras pessoas [123].

---

[121] INOCÊNCIO GALVÃO TELLES, *Direito das Obrigações*, pág. 409. Este autor acrescenta, contudo, que a formulação legal "não é inteiramente feliz", explicando que "pode acontecer que, mesmo sem a lesão houvesse fortes probabilidades do dano se produzir. Mas se a lesão aumentou essas probabilidades (em termos, claro está, não praticamente insignificantes ou dispicientes), a lesão terá sido causa juridica do dano, que está então sujeito a reparação". Galvão Telles acaba por afirmar que o legislador teria sido mais rigoroso se utilizasse a fórmula "os danos, que sem a lesão, haveria menos probabilidade de o lesado sofrer".

[122] MÁRIO JÚLIO ALMEIDA COSTA, Direito das Obrigações, *pág. 631.*

[123] JOÃO ANTUNES VARELA, *Das Obrigações em Geral*, vol. I, págs. 890 e 891.

A confirmar o amplo consenso da doutrina neste campo, entre nós, alinha na mesma direcção RUI DE ALARCÃO, para quem "de lege data" o problema está resolvido no artigo 563.°" [124-125].

---

[124] RUI DE ALARCÃO, *Direito das Obrigações*, pág. 280.

[125] A teoria da causalidade adequada comporta, como já se disse, variantes. Assim, por exemplo, ENNECCERUS e LEHMANN escrevem que "o dano não pode ser considerado em sentido jurídico como consequência do facto em questão, quando este, dada a sua natureza geral fosse totalmente indiferente para o nascimento de um tal dano, e só se tornou condição dele em virtude de certas circunstâncias extraordinárias, isto é, quando era inadequado para produzir o dano [ENNECCERUS e LEHMANN, *Derecho de Obligaciones*, tomo II, vol. I, pág. 68 (parágrafo 11.2)]. Verifica-se que, para estes autores, a condição só não constitui causa do dano quando, dada a sua natureza, for de todo indiferente para a respectiva produção. Trata-se, pois, de um conceito amplo de causa adequada.

Já encontramos uma noção com menos amplitude em TRAEGER. Escreve este autor que, para que um acto seja tido como causa de um dano, é necessário que o acto que se revele como condição do resultado seja, em geral, uma circunstância que favoreça um resultado da espécie do produzido, isto é, que eleve, de um modo que não careça de importância, e em geral, a possibilidade de um resultado da índole do que se produziu" [citado por ENNECCERUS, pág. 70, nota 8 (parágrafo 11.2)].

Trata-se, portanto, de um conceito mais restritivo, uma vez que nem todas as condições que não sejam totalmente indiferentes para a verificação do resultado são qualificáveis como causa do mesmo, pois exige-se ainda que favoreçam o resultado da espécie do produzido, em geral.

Para HEDEMANN, haverá nexo de causalidade "se a ocorrência do dano era de esperar na esfera do curso normal dos acontecimentos". Mas "se, pelo contrário, cair fora deste possível cálculo", já o facto não consistirá em causa do dano (J. W. Hedemann, *Tratado de Derecho Civil*, vol. III, *Derecho das Obligaciones*, tradução de Jaime Santos Briz, pág. 115). Trata-se, portanto, de uma noção próxima da de TRAEGER.

A diferença fundamental resulta principalmente da formulação. Na primeira versão define-se a causa adequada pela negativa, enquanto que na segunda pela positiva. Resulta então que pela primeira tese, a regra é a condição ser causa, e portanto, o agente responder, enquanto que pela segunda, a regra é a condição não ser causa, e por isso, os prejuízos serem suportados pelo lesado.

A doutrina tem proposto a utilização da noção mais ampla da causalidade

8. Recentemente tem sido tentada uma outra via, através da chamada tese do escopo da norma jurídica, que procura determinar os danos consequência do comportamento em função do objectivo da norma jurídica violada.

adequada para a responsabilidade assente em factos ilícitos e culposos, (responsabilidade obrigacional e extra-obrigacional por fatos ilícitos) e a utilização da noção mas restritiva da causalidade para a responsabilidade pelo risco e a reponsabilidade por factos lícitos.

Cremos que esta disparidade de tratamento tem razão de ser. Com efeito se alguém agindo consciente e voluntariamente, ou violando o dever de cuidado, criar uma condição que concorra para a produção de danos na esfera jurídica de outrem (portanto ilícita e culposamente), compreende-se que seja chamada à responsabilidade se a sua actuação não for "totalmente indiferente" à verificação desses danos, — totalmente indiferente no sentido de ter concorrido para a produção desse prejuízos apenas em "virtude de outras circunstâncias extraordinárias" (fórmula de ENNECCERUS e LEHMANN).

Conforme nota ANTUNES VARELA, os danos devem, "em princípio ser suportados pelo portador ou titular dos interesses afectados (JOÃO ANTUNES VARELA, *Das Obrigações em Geral*, vol. I, pág. 891). No mesmo sentido, MANUEL GOMES DA SILVA: "... a solução jurídica geral para o problema dos prejuízos sofridos pelos homens na sua pessoa ou património é a de lançar a perda que eles representam sobre a própria pessoa lesada; a imputação do prejuízo a terceiros é excepcional: a regra fundamental é a que exprime o clássico "res perit domino". — *O Dever de Prestar e o Dever de Indemnizar*, pág. 93).

"(...) Mas dado que o devedor ou o lesante praticou um facto ilícito, e este actuou como condição de certo dado, compreende-se inversão do sentido natural dos acontecimentos. Já se justifica que o prejuízo (...) recaia, em princípio, não sobre o titular do interesse atingido, mas sobre quem, agindo ilicitamete, criou a condição de dano (ANTUNES VARELA, *Das Obrigações em Geral*, vol. I, pág. 892. No mesmo sentido MÁRIO JÚLIO ALMEIDA COSTA, *Direito das Obrigações*, pág. 632).

O exemplo clássico (citado por JOÃO ANTUNES VARELA, *Das Obrigações em Geral*, vol. I, pág. 861, e MÁRIO JÚLIO ALMEIDA COSTA) é o do indivíduo que dispara sobre outro com a intenção de matar, mas a uma distância que em condições normais não poderia acertar, mas que acaba mesmo por atingir mortalmente a vítima. Parece poder dizer-se que neste caso a conduta do agente não é totalmente indiferente ao dano causado pelo que, em aplicação da tese mais amplexiva da teoria da causalidade adequada, o agente deverá ser considerado causador desse resultado.

A disparidade de tratamento encontrará algum apoio, na nossa ordem

Assim, por exemplo, determinada lei impõe que postes eléctricos sejam instalados a determinada altura mínima do chão para evitar que camiões os atinjam. Uma criança sobe a um poste instalado abaixo dessa altura e cai. O dano não seria internizável por não dever ser tido como consequência do comportamento, já que o objectivo ou função da norma não é evitar este tipo de acidentes [126].

Não nos parece feliz esta solução, que reconduz a causalidade jurídica à causalidade legal, com a agravante de transportar para o tema da causalidade a problemática da interpretação da lei. Esta concepção é extremamente limitativa em termos de imputação, pois parece-nos razoável e justo que sejam imputados todos os danos em concreto previstos ou previsíveis.

Eventualmente, admite-se que o fim da norma possa ser utilizado como um dos critérios para aferir a previsibilidade, em si mais abrangente.

9. Adoptamos, pois, a teoria da causalidade adequada ou da adequação, geralmente perfilhada pelos nossos civilistas para estabelecer a relação causa-efeito entre os pressupostos facto e dano, em sede de responsabilidade civil.

Pensamos, contudo, que esta ideia de causalidade adequada deve ser importada para a sede geral do comportamento e não reservá-la apenas para a sede patológica da responsabilidade civil. Isto é, não deve servir apenas para estabelecer a ligação entre a conduta humana e o dano, mas também para estabelecer a ligação entre a conduta humana e todo e qualquer acontecimento socialmente marcante, quer se trate de acontecimento danoso, apenas ilícito e não danoso, ou até simplesmente lícito mas juridicamente relevante.

---

jurídica, na função sancionatória da responsabilidade civil delitual (argumento traduzido por João Antunes Varela, *Das Obrigações em Geral*, vol. I, pág. 893, e Mário Júlio de Almeida Costa, *Direito das Obrigações*, pág. 632).

[126] Ver João Antunes Varela, "Das Obrigações em geral", vol. I, 5.ª ed., págs. 510 e 511 e 871 e 872.

Também adiante, págs. 71 e segs. e 203.

Tal concepção permite-nos chegar à categoria do comportamento, em sentido jurídico. Mas a uma categoria suficientemente ampla de modo a abarcar não apenas acções danosas, mas também acções ilícitas não danosas e acções lícitas. Na acção danosa há um evento danoso consequência de uma conduta humana, nas acções meramente ilícitas há um evento ilícito não danoso consequência da conduta humana, nas acções lícitas há um evento lícito mas juridicamente relevante, consequência de uma conduta humana.

Se essa causa for humana, encontramos a conduta.

A conduta é a actividade física humana ou a inactividade para a hipótese de omissão.

A conduta, enquanto actividade física humana, nenhum significado jurídico tem de "per si". Por exemplo, levantar o braço de punho cerrado, em si, nada significa para o Direito. Mas levantar o braço de punho cerrado numa manifestação política já terá relevância jurídica. Porquê? Porque estar de braço levantado numa manifestação política consiste num evento socialmente relevante, resultante (juridicamente) da actividade de uma pessoa.

Se o sujeito levantar o braço numa assembleia geral, o mesmo movimento terá ainda relevância jurídica, uma relevância jurídica diferente, porventura de acto de votar.

E se se levantar o braço de punho cerrado e se acertar na cara de alguém, também, a actividade terá necessariamente relevância jurídica. Porquê? Porque há um evento socialmente relevante (agressão) juridicamente tido como consequência da actividade de alguém.

Repare-se que nestas hipóteses a actividade é exactamente idêntica à actividade da hipótese anterior, mas ninguém hesitará em considerar que se trata de comportamentos diversos. Além uma saudação, depois uma votação, aqui uma agressão. Porquê? Porque os eventos têm significados sociais distintos.

Tal nos permite concluir que é o evento que dá relevância social à conduta (actividade física), em si juridicamente neutra, pela sua vinculação, enquanto resultado, a este.

Se *A*, estrangeiro, dirige algumas palavras a *B*, com a intenção de o insultar, mas as palavras, ao contrário do que ele pensa, por dominar mal o idioma de *B*, não são injuriosas, este facto não configurará um insulto, mesmo que *B* se tenha ofendido por ser uma pessoa extremamente susceptível, por exemplo.

MENEZES CORDEIRO parece reconhecer implicitamente esta perspectiva, ao afirmar que "o dano faz parte integrante do comportamento" [127]. E é neste sentido que CARNELUTTI afirma que o evento é a situação jurídica final que fecha o ciclo em que consiste o facto jurídico [128].

Deve aproximar-se esta ideia daquela atrás referida de que os factos não surgem isolados no mundo, produzem-se num dado contexto, essencial para a respectiva valoração. Ninguém contestará que constituem factos diversos *A* rir-se enquanto assiste a um filme cómico e *A*, durante uma recepção, rir-se na cara do Ministro da Defesa de um país estrangeiro no momento em que se lamenta de ter perdido certa guerra. O segundo caso configurará, pelo menos, um insulto ou uma provocação.

Concluindo, acção ou comportamento humano em sentido jurídico, será toda a conduta que causa (juridicamente) um evento socialmente e juridicamente relevante.

É, pois, logicamente analisável em três elementos:

— Conduta.
— Evento [129].
— Nexo de causalidade.

---

[127] ANTÓNIO MENEZES CORDEIRO, *Direito das Obrigações*, 2.º vol., pág. 338.

[128] Para este autor o evento faz parte do facto jurídico que é por sua vez constituído por uma série de situações jurídicas. CARNELUTTI utiliza a metáfora, equiparando o facto a um filme e as situações jurídicas que o integram às fotografias que compõem o filme (FRANCESCO CARNELUTTI, *Teoria General del Derecho*, trad. de Carlos Posada, págs. 1 a 43).

[129] É profusa a literatura penal sobre a questão. Aqui se deixam indicados alguns textos sobre o assunto que nos parecem esclarecedores. Em Espanha. JUAN DEL ROSAL, *Tratado de Derecho Penal Español*, vol. I, págs. 628 e segs.; LUIZ

RODRIGUEZ RAMOS, *Compendio de Derecho Penal (Parte General*, págs. 159 e segs.. Em Itália, VINCENZO CAVALLO, *Diritto Penale*. Parte Generale, vol. II, págs. 211 e segs.; ALFREDO MARISCO, *Diritto Penale. Parte Generale*, pág. 74 e segs.; FILIPPO GRISPIGNY, *L'Evento come Elemento Costitutivo del Reato*, in *Annali di Diritto e Procedura Penale*, 3, 1934, págs. 857 e segs..

O problema da concepção do resultado ou evento tem sido amplamente tratado ao nível do Direito Penal. Aí há que considerar fundamentalmente as seguintes teorias:

- Teoria naturalística. Segundo os defensores desta teoria, o resultado ou evento consiste numa modificação do mundo exterior.
- Teoria normativista. Nesta perspectiva o evento ou resultado consiste na situação criada contrária à norma penal.

A questão, contudo, tem ao nível do Direito Penal, uma configuração específica. Esta especificidade resulta do facto de, no campo do Direito Penal, existirem crimes formais ou de mera actividade, como é o caso da injúria, que segundo a concepção corrente, se têm por consumados pela mera verificação da conduta do agente.

Ora, a verificação legal dos crimes de mera actividade parece pôr em causa a análise da acção ou facto criminal em conduta, evento e nexo de causalidade (uma vez que os crimes de mera actividade na concepção corrente, não exigem qualquer resultado para a sua consumação).

Não cremos, porém, que assim seja. A ideia resulta de se partir de uma definição menos rigorosa mas formal.

É vulgar encontrar-se a definição de crime formal ou mera actividade como aquele em que não existe resultado, isto por se ter consumado com a mera actuação do agente, (vejam-se, por exemplo, EDUADO CORREIA, *Direito Criminal*, vol. I, págs. 286 e segs.; TERESA BELEZA, 2.º vol., tomo I, págs. 217 e segs., FILIPPO GRISPANNI, *L'Evento come Elemento Costitutivo del Reato* in *Annali di Diritto e Procedura Penale*, tomo III, 1934 — XIII págs. 862 e segs.).

Cremos ser pouco rigorosa esta ideia, pois mesmo nos crimes formais se exige a verificação de um dado resultado. Examinemos o exemplo clássico de envenamento, que actualmente constitui tipo criminal autónomo se tiver por base a intenção de ofender corporalmente a vítima (art. 146.º do Código Penal). Trata-se de crime formal, na medida em que se tem por consumado muito embora se não verifique o resultado ofensa corporal da vítima. Mas exige sempre a lei a verificação de um resultado: a administração de substâncias venenosas (cfr.

2. *A ilicitude*

1. O segundo pressuposto da responsabilidade civil é, na construção que seguimos, a ilicitude.

---

art. 146.º do Código Penal). Em sentido semelhante, MANUEL CAVALEIRO FERREIRA, *Direito Penal. Parte Geral*, vol. I, 1986, pág. 68. Sobre o Crime de envenamento em especial, ver JOÃO CURADO NEVES, *Intenção e Dolo no Envenamento*). Não cabe aqui, porém, desenvolver esta problemática específica do Direito Penal, pois cremos que o problema não tem interesse no campo da responsabilidade civil. E isto porque não existem delitos civis que fundamentem indemnização pela mera actividade do seu autor. Exige-se sempre a existência de um prejuízo, o que pressupõe sempre a verificação de um resultado destacado da conduta, que consista na violação de um direito ou interesse de outrem.

Assim, por exemplo, no caso de *A* injuriar *B*, para que *A* tenha de indemnizar *B* este terá sempre de ter sofrido um prejuízo qualquer em resultado da injúria. Ora para que *B*, tenha sofrido um prejuízo em consequência da injúria (conduta) de *A*, é necessário, que essa conduta tenha produzido qualquer resultado, resultado que pode consistir no prejuízo ou não coincidir com este. Será, por exemplo, necessário que *B* se tenha ofendido (prejuízo não patrimonial), caso em que o resultado é o próprio prejuízo, ou que *B* tenha sido despedido em consequência da injúria (caso em que o prejuízo será, pelo menos, o reflexo patrimonial da perda do emprego com a consequente perda de vencimento), etc..

Verifica-se assim que, uma vez que para que haja responsabilidade civil, tem sempre de se verificar um prejuízo e que o prejuízo consiste num resultado ou pelo menos pressupõe sempre um resultado com as características indicadas acima, não tem interesse prático neste campo o conceito de delito de mera actividade, nem a questão de saber se existem condutas sem resultado.

Refira-se para concluir que o facto de considerarmos que o resultado consiste numa realidade fáctica, não significa que este tenha de ser sempre um facto perceptível pelos sentidos: poderá consistir em qualquer alteração do mundo externo de natureza material ou psicológica (como pode acontecer no caso da injúria).

A ilicitude é uma característica do facto, que consiste fundamentalmente na contrariedade ao Direito. "Numa primeira aproximação, ilícito é aquilo que está em oposição à ordem jurídica", conforme escreve RUI DE ALARCÃO [130]. Nas palavras de ANTUNES VARELA, consiste "na reprovação das condutas do agente no plano geral e abstracto" [131].

A primeira observação a fazer é a de que a ilicitude é desde logo uma característica (negativa) do facto e não do dano: A ilicitude reporta-se desde logo ao facto que é a causa, e não ao dano, que é o efeito, conforme nota ANTUNES VARELA [132].

Estamos com OLIVEIRA ASCENSÃO quando afirma que a ilicitude civil se refere essencialmente ao facto, mesmo na responsabilidade civil, embora esta se dirija à reparação de danos, pois sendo certo "que no Direito Penal o ilícito é inegavelmente uma qualificação da acção", entender que o ilícito se refere na responsabilidade civil ao dano seria arrastar "fatalmente a quebra da unidade do conceito de ilicitude" [133].

---

[130] RUI DE ALARCÃO, *Direito das Obrigações*, pág. 241.

[131] JOÃO ANTUNES VARELA, *Das Obrigações em Geral*, vol. I, pág. 513. O autor refere que a ilicitude consiste numa reprovação no plano geral e abstracto para estabelecer a contraposição entre a ilicitude e a culpa, que consiste na reprovação da conduta do plano concreto. Veja-se *infra*.

[132] JOÃO ANTUNES VARELA, *Das Obrigações em Geral*, vol. I, pág. 502. Escreve este autor: "A ilicitude reporta-se ao facto do agente, à sua actuação não ao efeito (danoso) que dela promana, embora a ilicitude do facto possa provir (e provenha até as mais das vezes) do resultado (lesão ou ameaça de lesão de certos valores tutelados pelo direito) que ele produz" (obra e local referidos).

Em sentido semelhante escreve SIDÓNIO PEREIRA RITO, à luz do Código Civil de 1867: "(...) quer-se precisamente saber quando é civilmente ilícito o dano causado, e para isso a indagação vai no sentido de apurar, primeiramente se é ou não civilmente lícita a conduta que o causou, porque nos parece contraditório que uma conduta lícita possa levar a um resultado ilícito" (*Elementos da Responsabilidade Civil Delitual*, pág. 27).

[133] JOSÉ DE OLIVEIRA ASCENSÃO, *A Teoria Finalista e o Ilícito Civil*, in *Boletim da Faculdade de Direito da Universidade de Lisboa*, vol. XXVII, págs. 10 e 11.

2. Passamos a fazer uma referência à tradicional distinção entre ilicitude formal e ilicitude material.

Trata-se fundamentalmente de duas perspectivas de encarar o fenómeno ilicitude: pela perspectiva da violação da norma jurídica, no primeiro caso, pela perspectiva da violação do direito ou interesse juridicamente protegido, no segundo caso.

Por vezes sucede que o legislador estabelece casos de ilicitude meramente formal, isto é, casos em que o facto do agente é qualificável como ilícito independentemente de ter provocado a lesão de qualquer bem jurídico, bastando a prática do facto para que lhe seja atribuída essa qualificação. Encontramos casos de ilicitude meramente formal, por exemplo, no campo do Direito Penal nos chamados crimes formais, que são justamente crimes que se têm por consumados muito embora o resultado da conduta não consista na violação do bem jurídico que a norma jurídico-penal pretende em última análise proteger [134].

O conceito de ilicitude formal não nos parece, contudo, ter grande interesse para a teoria da responsabilidade civil. Sendo certo que o dano é pressuposto da obrigação de indemnização, não existindo pois responsabilidade civil se não se verificar um dano, há-de existir sempre, pelo menos, a violação de um direito subjectivo ou de um interesse juridicamente protegido de outrem. E assim, a ilicitude terá sempre de ser material.

Claro que o exposto não significa que no âmbito da responsabilidade civil se adopte um conceito diverso de ilicitude. Isso nem seria conforme com o princípio da unidade da ordem jurídica. O que se constata é que a ilicitude que fundamenta a responsabilidade civil é sempre uma ilicitude material, e que, portanto, no domínio da responsabilidade civil é possível trabalhar apenas com recurso a este conceito.

3. A nossa doutrina dominante costuma apontar três hipóteses fundamentais de revelação da ilicitude:

1.º – Violação do direito de outrem.

---

[134] Veja-se *supra*, p. 66 e segs..

2.º – Violação do preceito da lei tendente à protecção de interesses alheios.

3.º – O abuso do direito [135-136].

As duas primeiras hipóteses vêm expressas no artigo 483.º, n.º 1, do Código Civil.

Na fórmula violação de direito de outrem, segundo ALMEIDA COSTA, "incluem-se, especialmente, as ofensas de direitos absolutos, de que constituem exemplo os direitos reais (arts. 1251.º e segs.) e os direitos de personalidade (arts. 70.º e segs.".

Pela expressão violação de disposições legais destinadas a proteger interesses alheios, tem-se em vista "a ofensa de deveres impostos por lei que visem a defesa de interesses particulares, mas sem que se confira, correspectivamente, quaisquer direitos subjectivos" [137].

---

[135] É esta a técnica utilizada por ANTUNES VARELA (*Das Obrigações em Geral*, vol. I, págs. 503 a 518), ALMEIDA COSTA (*Direito das Obrigações*, págs. 368 a 370), e RUI DE ALARCÃO (*Direito das Obrigações*, págs. 241 e 244).

[136] O Código Civil de 1867 identificava a ilicitude com a violação de direito subjectivo alheio. Com efeito, o art. 2361.º deste diploma estabelecia que "todo aquele que viola ou ofende os direitos de outrem constitui-se na obrigação de indemnizar o lesado (...)".

Contudo o conceito legal de ilicitude sofreu alteração com a publicação do Decreto n.º 32 171, de 29.VII.1942 (que definia em termos especiais a responsabilidade civil dos médicos). Este diploma utilizava a expressão "dano injusto", à semelhança do Código Civil Italiano de 1942. A utilização desta fórmula inédita entre nós, pressupunha com efeito o reconhecimento de que o conceito de ilicitude utilizado pelo Código Civil era demasiado restrito, por existirem interesses cuja lesão justifica a respectiva indemnização apesar do respectivo titular não ser sujeito de direitos subjectivos.

Contudo, a fórmula, se bem que tivesse o mérito de evidenciar a estreiteza do conceito do Codigo Civil, era contudo imprecisa, pecando principalmente por colocar o acento tónico da ilicitude no dano e não no facto, quando é certo que a ilicitude se reporta desde logo ao facto (causa) e não ao dano (efeito), conforme se viu, *supra*, págs. 93 e 94.

[137] MÁRIO JÚLIO DE ALMEIDA COSTA, *Direito das Obrigações*, págs. 368 a 370. Almeida Costa refere ainda "alguns casos especiais de ilicitude que não se enquadram

ALMEIDA COSTA faz depender a evocação deste fundamento de alguns requisitos. São eles:

1.º — Que à violação dos interesses dos particulares corresponda à ofensa de uma norma legal, (entendendo-se, embora, esta expressão em termos amplos — pode ser, por exemplo, um regulamento de polícia).

2.º — Que se trate de interesses alheios legítimos ou juridicamente protegidos por essa norma e não de simples interesses reflexos ou por ela apenas reflexamente protegidos, enquanto tutela interesses gerais indiscriminados.

3.º — Que a lesão se efective no próprio bem jurídico ou interesse privado que a lei tutela [138].

Note-se contudo que, em rigor, não há qualquer diferença entre o segundo e o terceiro requisito. Antes nos parece que se encara a mesma realidade de perspectivas diversas. No segundo requisito o autor define o objecto da norma pela via negativa, no terceiro pela via positiva. O autor terá certamente tido a preocupação de bem identificar o objecto da norma, para o que se socorreu desta técnica.

ANTUNES VARELA assinala a importância que reveste neste campo a determinação do fim da norma. Com efeito, só a determinação do fim da norma [139] nos pode indicar quais os interesses directamente por ela protegidos (que sendo violados são indemnizáveis [140]) e,

---

nessa previsão genérica (do art. 483.º, n.º 1), pelo menos a salvo de quaisquer hesitações" (pág. 370).

[138] MÁRIO JÚLIO ALMEIDA COSTA, ob. cit., págs. 369 e 370.

[139] ANTUNES VARELA cita ESSER como autor que acentua a importância da tarefa interpretativa de fixação do fim da norma ("normzweck"). Veja-se JOSEF ESSER, Schuldrecht, vol. I, págs. 535 e segs.

[140] Assim, por exemplo, A, comerciante, é lesado na sua clientela porque B, também comerciante, praticou concorrência desleal (exemplo referido por ANTUNES VARELA, ob. cit., pág. 428).

por exclusão de partes, os interesses apenas reflexamente protegidos (que, uma vez violados, não são indemnizáveis) [141].

Este autores referem-se ao conceito de ilicitude que decorre do artigo 483.º do Código Civil, preceito que se encontra em sede de responsabilidade civil extra-obrigacional. Assim se compreende, que, por exemplo, ALMEIDA COSTA restrinja a expressão "violação do direito de outrem" à violação de direitos absolutos porque é esse o sentido que tem no quadro do artigo 483.º. Parece-nos, porém, que este artigo fornece dados para a construção de um conceito global de ilicitude. Mas, então, teremos que interpretar a expressão "violar o direito de outrem" em sentido amplo, por forma a abarcar também os direitos relativos para assim abranger a responsabilidade civil obrigacional (artigos 798.º e segs.) [142].

---

[141] É paradigmático o caso da criança que trepa por um poste de linha férrea eléctrica, colocado sobre a via pública a altura inferior à que é imposta por lei, e que cai sofrendo danos físicos. Neste caso, a empresa de electricidade não deve ser chamada à responsabilidade, uma vez que a imposição da instalação dos postes de linha eléctrica a uma altura mínima visa evitar que as coisas transportadas por veículos circulando ao nível do solo contactem com as linhas eléctricas e não evitar a escalada dos postes.

Esta técnica da determinação do fim da norma ou da esfera de protecção da norma, perde contudo grande parte do seu interesse, uma vez que em Portugal, em matéria de determinação do nexo de causalidade, é dominante a teoria da causalidade adequada. Ora, esta tese, que fundamentalmente tem em vista excluir da responsabilização do agente os danos que não se consideram previsíveis (ver *supra*, p. 62 e segs.), resolve por si este tipo de problemas. Neste caso, por exemplo, a tese da causalidade adequada negaria a previsibilidade do dano com base na experiência comum (neste sentido, TERESA BELEZA, *Direito Penal*, 2.º vol., tomo I, pág. 273 nota 67B). Contudo, a determinação da esfera da protecção da norma poderá ter interesse como auxiliar da fixação do que é e do que não é previsível. É claro que esta técnica terá muito maior alcance se se adoptar a teoria da equivalência das condições. Servirá então como método de correcção dos excessos a que pode conduzir esta teoria da "conditio sine qua non".

[142] Neste sentido, ANTÓNIO MENEZES CORDEIRO: "Nenhuma razão encontramos, por isso, para limitar o dispositivo do art. 483.º-1 aos direitos absolutos (*Direito das Obrigações*, 2.º vol., pág. 364. Também *Teoria Geral...*, 1.º vol., pág. 425).

A figura do abuso do direito, finalmente, vem consagrada no artigo 334.º do Código Civil, que determina a sua "ilegitimidade", entendendo em geral a doutrina que a expressão legal "ilegítimo" (artigo 334.º) tem o significado de "ilícito" [143].

4. Parece-nos não ser necessária esta tripartição.

Conforme já afirmámos atrás, cremos que a teoria da responsabilidade civil dispensa o conceito meramente formal de ilicitude, bastando-lhe trabalhar com o conceito de ilicitude material [144].

Ora parece-nos que o artigo 483.º, n.º 1, contém os elementos suficientes para se construir o conceito de ilicitude que interessa à responsabilidade civil. Recorde-se o preceito do artigo:

"Aquele que com dolo ou mera culpa violar ilicitamente o direito de outrem ou qualquer disposição legal destinada a proteger os interesses alheios fica obrigado a indemnizar o lesado pelos danos resultantes da violação."

Ora, é a parte do preceito que se refere à violação ilícita do direito de outrem ou qualquer disposição legal destinada a proteger interesses alheios, que interessa para a construção do conceito de ilicitude.

Observe-se desde já que o legislador não terá sido muito feliz. Em primeiro lugar porque ao procurar definir as duas formas essenciais de ilicitude, fê-lo com recurso a critérios diversos: fala em violação de direito subjectivo, utilizando o critério da violação do bem (ilicitude material), mas depois fala em violação da norma legal destinada a proteger interesses, utilizando o critério da violação da norma (ilicitude formal). Na nossa óptica o que se deve concluir do

---

Já PAULO CUNHA afirmava: "Sabemos já que o não cumprimento de uma obrigação, quando imputado ao devedor, é um facto ilícito" (*Direito das Obrigações*, pág. 232).

[143] Veja-se *infra*, p. 216 e segs..

[144] Veja-se *supra*, p. 69.

que o legislador estabeleceu é que existem duas formas básicas de ilicitude: violação de direitos e violação de interesses juridicamente protegidos.

Em segundo lugar, o legislador não terá sido muito feliz porque fala em "violar ilicitamente o direito de outrem", o que se traduz sem dúvida numa duplicação: a ideia de ilicitude aparece como um dos elementos do próprio conceito de ilicitude, surgindo assim o definido na definição. Ora, o que o legislador pretendeu estabelecer foi que a violação de direitos só é ilícita se não existir uma causa de justificação. Estamos por isso em crer que o legislador deveria ter utilizado preferencialmente a expressão "injustificada" e não "ilícita", pois que a expressão "ilícita" deve ser reservada para a categoria (ilicitude) e não ser usada para designar um elemento da mesma.

Feitos estes reparos de ordem formal, podemos contudo afirmar que o legislador indicou os elementos fundamentais para a construção de um conceito de ilicitude que sirva satisfatoriamente à teoria da responsabilidade civil. Os elementos são os seguintes:

1.º – A violação de direitos e interesses juridicamente protegidos de outrem;

2.º – A ausência de causas de justificação.

Diremos então que a ilicitude consistirá na violação *injustificada* de direitos ou interesses juridicamente protegidos de outrem.

A figura do abuso do direito deixa assim de ser considerada como uma das formas fundamentais da ilicitude, e tem a ver com a matéria das causas de justificação. Conforme vimos, a violação de direitos ou de interesses juridicamente protegidos de outrem é, em princípio, ilícita. Mas pode acontecer que essa violação se verifique numa situação em que funcione uma causa de justificação. Ora, a causa de justificação por excelência é o exercício do direito. Mas o exercício normal do direito. O abuso do direito, como modo anormal do seu exercício, não contempla uma causa de justificação. Assim, o abuso do direito deixa de ser considerado uma forma fundamental de ilicitude: essas são apenas as duas referidas. A figura releva ao nível das causas de justificação, justamente para firmar a sua inexistência, quando a actuação for abusiva.

5. Considerando o que atrás se defendeu quanto ao conceito de comportamento humano, somos forçados a admitir um conceito subjectivo de ilicitude: se o comportamento humano pressupõe a previsão ou previsibilidade do evento, e o evento se traduz na violação de direitos ou interesses alheios, existirá desde logo pelo menos um dos elementos psicológicos tradicionalmente referidos em sede de culpa, o dolo ou, pelo menos, a negligência.

Nesta medida somos forçados a reconhecer que a nossa perspectiva se aproxima da visão da escola finalista, não se reconduzindo, porém, dada a rejeição básica da tese de que todos os comportamentos humanos são finais [145].

De todo o modo, tal constatação poderia conduzir-nos a transportar a temática da negligência e do dolo para a sede da ilicitude, conforme propõe a generalidade da escola finalista.

Na pureza dos conceitos essa seria a consequência lógica.

Mas os conceitos são fundamentalmente operacionais: Destinam-se a tornar a realidade operacional, a facilitar a sua apreensão, compreensão e laboração. Segundo certos autores, esta função legitima a análise dos elementos psicológicos, apesar de tudo, em etapa posterior.

Assim, EDUARDO NOVOA MONREAL, catedrático de Direito Penal na Universidade de Bogotá, opina que, os seus mais de 30 anos de experiência no ensino da cadeira, o levam a concluir que os alunos assimilam melhor a teoria da infracção quando versada segundo o esquema clássico.

Conclui, assim, que é vantajoso apresentar uma figura complexa, como é o delito, "numa explanação lógica simplificada e facilmente apreensível"[146], como é a exposição clássica. A explanação

---

[145] Veja-se *supra*, pág. 45.
[146] EDUARDO NOVOA MONREAL, *Causalismo e Finalismo*, Bogotá, 1982, pág. 36.

deve traduzir-se na "decomposição intelectual de um conceito difícil e complexo como é o delito, com o fim de permitir uma análise abstracta dos seus diversos aspectos que conduza a separá-los, ordená-los e sistematizá-los de uma forma lógica, para torná-los compreensíveis" [147]. Para tal, autonomiza-se o aspecto intelectual porque "é preferível analisá-lo numa etapa sistematicamente posterior" [148].

Não iremos aprofundar este tema, sendo certo que, na presente dissertação, não iremos aprofundar os temas da negligência e do dolo, tradicionalmente estudados a propósito da culpa, ao nível da omissão.

---

[147] Autor e ob. cit., pág. 46.
[148] Autor e ob. cit., pág. 47.

3. *Referência sumária aos restantes pressupostos da responsabilidade civil*

Seria talvez dispensável, no quadro de abordagem que traçámos, a referência aos restantes pressupostos da responsabilidade civil. Não quisemos, porém, deixar passar totalmente em branco os assuntos.

3.1. *A culpa*

Da exposição antecedente decorre que o conceito de culpa fica limitado ao juízo de censurabilidade do comportamento adoptado. Pressupõe, portanto, o dolo ou a negligência, mas não se confunde com estas realidades.

Tal implica que, na prática, a culpa, enquanto juízo de censura, seja detectada pela verificação negativa das causas de exculpação, tal como propõe a escola finalista.

Acontece, que, conforme já se verificou, que a generalidade da nossa doutrina civilística, concebe a culpa não apenas como juízo de censura, mas como o próprio nexo psicológico que o fundamenta, tratando o dolo e a negligência nesta sede.

A mesma perspectiva seguiu o legislador (em especial, o artigo 487.º do Código Civil).

Assim, considerando o enquadramento geralmente perfilhado pela nossa doutrina e pelo nosso legislador para o dolo e para a negligência, por razões práticas não nos iremos afastar desta perspectiva nas referências incidentais que lhes fizermos. O que não nos preocupa, pois já nas páginas anteriores desmistificámos a questão da arrumação desta figuras no quadro da teoria da responsabilidade [148a]

[148 a] Para ALMEIDA COSTA a culpa "consiste precisamente na imputação do

facto ao agente". Ela define "um nexo de ligação do facto ilícito com uma pessoa", que "se traduz numa determinada posição ou situação psicológica do agente para com o facto". Ao contrapô-la à figura da ilicitude, afirma este autor que "a ilicitude encara o comportamento do autor do facto sob um ângulo objectivo, enquanto violação de valores defendidos pela ordem jurídica (juízo de censura sobre o próprio facto); ao passo que a culpa pondera o lado subjectivo desses comportamentos, ou seja, as circunstâncias individuais concretas que o envolveram (o juízo de censura sobre o agente em concreto" (MÁRIO JÚLIO DE ALMEIDA COSTA, *Direito das Obrigações*, pág. 380).

Distingue, depois, o autor as modalidades de culpa: A negligência e o dolo. "Aquela consiste no simples desleixo, imprudência ou inaptidão. Portanto o resultado ilícito deve-se somente a falta de cuidado, imprevidência ou imperícia. No dolo, ao invés, o agente tem a representação do resultado danoso, sendo o acto praticado com a intenção malévola de produzi-lo, ou apenas aceitando reflexamente esse efeito, ou ainda tão-só, correndo-se o risco de que se produza" (MÁRIO JÚLIO ALMEIDA COSTA, *Direito das Obrigações*, pág. 380).

Repare-se, desde já, que o autor caracteriza a culpa como uma determinada posição ou situação psicológica do agente para com o facto" (ver *supra*), portanto, como uma ligação psicológica que se estabelece entre dois termos: o agente, por um lado, o facto, por outro. Mas quando caracteriza o dolo, como modalidade de culpa, refere que aí "o agente tem a representação do resultado danoso" (autor e *ob. cit.*, pág. 382). O nexo aparece agora estabelecido entre o agente e o resultado danoso e não entre o agente e o facto. Cremos que se suscitam aqui algumas hesitações que legitimam a colocação da seguinte questão: "Entre que termos se estabelece o nexo psicológico em que se consubstancia a culpa? Entre o agente e o facto ou entre o agente e o resultado danoso?

As mesmas dúvidas resultam das palavras de ANTUNES VARELA. Escreve Antunes Varela que "agir com culpa significa actuar em termos de a conduta do agente merecer a reprovação ou censura do Direito: o lesante, pela sua capacidade e em face das circunstâncias concretas da situação, podia e devia ter agido de outro modo" (JOÃO ANTUNES VARELA, "Das Obrigações em Geral", pág. 381). E mais adiante esclarece que para que o facto possa ser imputado ao agente "é necessário que ele tenha agido com culpa, que haja certo nexo psicológico entre o facto e a vontade do lesante" (JOÃO ANTUNES VARELA, *Das Obrigações em Geral*, vol. I, pág. 535). Portanto, Antunes Varela entende que a culpa consiste na tal ligação psicológica entre o facto e o lesante.

Mas ao caracterizar, por exemplo, o dolo directo, Antunes Varela escreve que nele se incluem os casos "em que o agente representa ou prefigura no seu espírito determinado efeito da sua conduta e quer esse efeito como fim da sua actuação apesar de conhecer a ilicitude dele" [João Antunes Varela, *ob. cit.*, pág. 539. Nota-se que Antunes Varela parece defender que o dolo exige, não apenas a prefiguração do resultado ilícito, mas também a própria ilicitude do facto ("apesar de conhecer a ilicitude dele")]. Como se verifica, o nexo aparece já estabelecido não entre o agente e o facto globalmente considerado, conforme afirma o autor ao dar a noção de culpa, mas entre o agente e o efeito, ou seja, entre o agente e o resultado, o que nos parece mais rigoroso.

A posição resulta, contudo, menos clara a partir do momento em que o autor afirma que "a culpa exprime um juízo de responsabilidade pessoal da conduta do agente" e que "é um juízo que assenta no nexo existente entre o facto e a vontade do autor, e pode revestir duas formas distintas: o dolo (...) e a negligência (...)" (João Antunes Varela, *ob. cit.*, pág. 535).

Parece que o autor designa indistintamente por culpa a tal ligação psicológica entre o facto e o lesante e o juízo de censura que lhe corresponde. A última frase é sintomática: aí o autor afirma que a culpa "é um juízo" que "assenta no nexo existente entre o facto e a vontade do autor" e que "pode revestir duas formas distintas: o dolo e a negligência (...)". É claro que não é o juízo que pode revestir as formas do dolo e negligência, mas a sua posição psicológica face ao facto. Convirá, pois, definir posições: ou se entende que a culpa consiste na ligação psicológica entre o agente e o facto, ou se entende que a culpa consiste no juízo de reprovação que lhe é inerente, ou ainda se considera que a culpa abrange estas duas realidades.

A mesma dúvida se levanta em face da posição de Inocêncio Galvão Telles. Com efeito, este autor define culpa como "a imputação do acto ilícito ao seu autor" (Inocêncio Galvão Telles, *Direito das Obrigações*, págs. 316 e 317). Mas noutro passo, afirma já que "a culpa representa um juízo de reprovação", uma "censura ético-jurídica", ou seja, uma censura jurídica que se apoia em princípios éticos (Inocêncio Galvão Telles, *Direito das Obrigações*, pág. 316). Parece, pois, poder afirmar-se que Inocêncio Galvão Telles utiliza indistintamente a expressão "culpa" para designar o nexo psicológico entre o facto ilícito e o agente e o juízo de censura a que o agente fica sujeito.

No campo do Direito Penal Cavaleiro de Ferreira pronuncia-se na utilização das expressões "culpabilidade" e "culpa" (Manuel Cavaleiro de Ferreira, *Direito Penal Português. Parte Geral*, vol. I, 1986, pág. 175). Escreve o autor: "A culpabilidade é o conceito genérico compreensivo do dolo ou intenção criminosa e da culpa (No sentido da negligência), isto é, a vontade culpável ou culpa em sentido lato" (MANUEL CAVALEIRO DE FERREIRA, *ob. cit.*, 1981, pág. 410). E a culpabilidade consiste na "vontade referida ao facto ilícito" (MANUEL CAVALEIRO DE FERREIRA, *ob. cit.*, 1981, pág. 414), portanto no tal nexo psicológico entre o agente e o facto, e não no juízo de censura dele decorrente.

Com efeito, Cavaleiro de Ferreira é categórico ao afirmar que a culpabilidade "não pode consistir essencialmente em um juízo de censura exterior, mas numa realidade, e é essa realidade que em si mesma é um desvalor". "Definir a culpabilidade como reprovação ou censura é render preito ao nominalismo; esvaziando o conceito de conteúdo material, permite incluir sob a designação de culpabilidade tanto a perigosidade criminal como uma deficiente formação da vontade por motivação considerada anormal; esvai-se assim a culpa pelos próprios actos para se diluir numa culpa indefinida, de maneira confessa, ao carácter" (MANUEL CAVALEIRO DE FERREIRA, *ob. cit.*, 1981, pág. 414). E um pouco mais à frente afirma que a reprovação ou censura como essência da culpabilidade não fundamenta a responsabilidade, porque equivale ela mesma à responsabilidade. Utilizando a terminologia de ARTUR KAUFMANN, afirma que a culpabilidade "é um substantivo, enquanto responsabilidade é um predicado, um juízo é sempre declarativo, reconhece a existência do que é e não constitui a sua própria matéria" (MANUEL CAVALEIRO DE FERREIRA, *ob. cit.*, pág. 415).

No Direto estrangeiro, no mesmo sentido, ALBERTO TRABUCCHI, (*Istituzione di Diritto Civile*, pág. 210). Escreve o autor que a culpa é "um processo volitivo reprovado pela ordem jurídica" e vem prevista como pressuposto da responsabilidade no artigo 2043.º do Código Civil Italiano, que se refere ao facto doloso ou culposo. E acrescenta Trabucci: "(...) enquanto a ilicitude se refere objectivamente ao facto como lesiva do Direito, a culpabilidade olha o sujeito que pratica o acto, isto é, o conteúdo subjectivo" (pág. 210 da obra citada).

No campo do Direito Penal, pronunciam-se no sentido de um conceito objectivo de ilicitude EDMUND MEZGER, *Die Subjektiven Unrechtselemente*, in *Der Gerichtsaal*, 1924, págs. 242, 244 e segs., e FRIEDRICH NOWAKOWSKI, *Zur Lehre von der Rechtswidrigkeit*, in *Zeitschrift für die gesamte Stafrechtswissenschaft*, 63, 1951, pp. 288 e segs., citados por JOÃO CURADO NEVES, *Comportamento Lícito Alternativo. Concurso de Riscos*, pág. 26.

3.2. O *dano*

Escreve GALVÃO TELLES que "o prejuízo ou dano consiste em sofrer um sacrifício, tenha ou não conteúdo económico" [149]. Galvão Telles reduz assim a noção de dano à ideia de sacrifício, discriminando um pouco adiante as várias hipóteses em que esse sacrifício se pode traduzir, ou seja: "privação a encargos" ou "frustração da aquisição ou acréscimo de valores" [150]. As duas primeiras hipóteses, no campo dos bens patrimoniais, consistem naquilo a que a doutrina chama de danos emergentes, ou seja, diminuições do património do lesado, enquanto que a terceira hipótese se reconduz à ideia de lucro cessante, ou seja, frustração de uma valorização do património do lesado [151].

---

[149] INOCÊNCIO GALVÃO TELLES, *Direito das Obrigações*, pág. 346.

[150] INOCÊNCIO GALVÃO TELLES, *Direito das Obrigações*, pág. 347.

[151] INOCÊNCIO GALVÃO TELLES, *Direito das Obrigações*, pág. 346. São inúmeras as classificações doutrinais acerca da noção de dano. Passo a referir algumas:

1.º – **Dano concreto e dano abstracto**

O dano concreto consiste no prejuízo efectivamente sofrido. O dano abstracto consiste na avaliação pecuniária do dano concreto.

Desta classificação resultam duas formas de reparação:

A reparação natural, que visa recolocar o lesado na situação em que efectivamente estaria se não se tivesse verificado o facto lesivo, e a reparação poe sucedâneo, que consiste numa compensação económica pelo prejuízo sofrido, que resulta da avaliação pecuniária deste.

A reparação natural é a regra, funcionando a reparação por sucedâneo quando a primeira não é possível, ou não repara integralmente os prejuízos, ou é excessivamente onerosa para o responsável (art. 566.º, n.º 1).

2.º – **Danos emergentes e lucros cessantes**

Os danos emergentes correspondem à perda ou diminuição do gozo de um bem ou numa sujeição a encargos, enquanto que os lucros cessantes constituem na frustração de ganhos. Ambos são indemnizáveis (art. 564.º, n.º 1).

3.º – **Dano objectivo e dano subjectivo**

Trata-se de uma classificação que tem interesse nos casos de reparação por equivalente. Quando se estabelece o montante de indemnização pecuniária, põe-se o problema de saber se se compensa o lesado pelo valor que a coisa danificada tem objectivamente (assim se indemnizaria o dano objectivo) ou pelo valor que

Uma enumeração bastante detalhada das várias hipóteses que o dano pode revestir, é a que encontramos na obra de MANUEL GOMES DA SILVA, *O Dever de Prestar e o Dever de Indemnizar*.

Depois de definir o dano, por transcrição da noção fornecida por FISCHER em *Los Daños Civiles y su Reparación* (tradução de W. Roces, Madrid, Editorial da *Revista do Derecho Privado*, 1928, pág. 1), segundo a qual "o dano é todo o prejuízo que o indivíduo, sujeito de direito, sofra na sua pessoa e bens jurídicos com a ressalva dos causados pelo próprio prejudicado" (fazendo contudo algumas reservas a este "último pormenor, que é discutível") [152-153], enumera quatro classes de danos [154].

> 1.ª – "Dano que consiste na perda ou deterioração de um bem existente no património do ofendido, quando verificada independentemente da vontade deste.
>
> 2.ª – Gastos extraordinários que em virtude da lesão dum direito, o ofendido é forçado a fazer, por exemplo, as despesas feitas com tratamentos médicos, despesas de transporte motivados pela lesão; são danos em certa medida volun-

---

tem para o próprio lesado (assim se determinaria o dano subjectivo). Assim, se *A* ficou privado do seu automóvel durante determinado período em virtude de acidente provocado por *B*, colocar-se-á a questão de saber se *A* deve ser indemnizado por *B* pelo prejuízo que esse facto lhe causa a si (pode acontecer que *A* dependa muito da utilização do automóvel, existindo assim grande prejuízo) ou pelo prejuízo que resulta para a generalidade das pessoas da falta de automóvel.

É o dano subjectivo que releva, pois é ele que corresponde ao prejuízo realmente sofrido pelo lesado.

4.º – **Danos patrimoniais e danos não patrimoniais**

Os danos patrimoniais são os danos avaliáveis em dinheiro, os danos não patrimoniais são aqueles que não o são por respeitarem a realidades de carácter imaterial, como a integridade física, a saúde, a honra.

[152] MANUEL GOMES DA SILVA, *O Dever de Prestar e o Dever de Indemnizar*, pág. 6.

[153] Quer-nos parecer que é mais esclarecedora a utilização da expressão "sacrifício" (como faz GALVÃO TELLES) que a utilização da expressão "prejuízo" (como faz FISCHER).

[154] MANUEL GOMES DA SILVA, *ob. cit.*, págs. 74 e 75.

tários, o que depõe contra a opinião de Fischer, por nós já citada, segundo a qual não se incluiriam na noção de danos os prejuízos causados pelo próprio prejudicado.

3.ª — Dano consistente no desaproveitamento de despesas já feitas, v.g. a inutilização de gastos motivados pela proposta dum contrato que, por culpa do proponente, não chega a celebrar-se ou é viciado de nulidade, o desaproveitamento dum bilhete de comboio, por o respectivo proprietário ser ilicitamente impedido de se utilizar dele, etc..

4.ª — Danos conhecidos pelo nome de lucros cessantes que consistem em não entrarem no património do ofendido valores que nele deveriam ingressar se não se tivesse dado a lesão.''

Pensamos que esta análise é extremamente esclarecedora, e cremos que são dispensáveis mais considerações sobre a figura, no quadro do tema deste trabalho e dos objectivos que nos propusemos.

3.3. *O nexo de causalidade. Remissão.*

O último pressuposto que a doutrina tradicional aponta para a responsabilidade civil, é o nexo de causalidade entre o facto e o dano.

Já escrevemos sobre o nexo de causalidade, quando, a propósito do conceito de comportamento humano, estabelecemos a ligação conduta-evento [155]. Limitamo-nos agora a remeter para o que então dispusemos, nomeadamente para a referência à extensão ou prolongamento do nexo de causalidade ao dano (fenómeno designado frequentemente como "duplo nexo de causalidade") [156].

---

[155] Veja-se *supra*, p. 49 e seg..

Conforme anteriormente se assinalou, a doutrina civilista nacional não costuma levantar a questão do nexo de causalidade no âmbito do pressuposto "facto voluntário" ou "comportamento humano".

[156] Veja-se *supra*, pág 51.

II. A omissão enquanto comportamento humano

1. *A primeira imagem de omissão*

A omissão é uma figura que só faz sentido com referência a determinada realidade. "Omitir" é um verbo transitivo, omite-se sempre alguma coisa.

A primeira imagem de omissão é a falta ou abstenção de algo. Embora a ideia de omissão possa ser utilizada com referência a outras realidades (pode falar-se em omissão de chuva, de sol, de dinheiro), em geral exprime a abstenção de uma dada acção, aparecendo, pois, em regra, associada à ideia de comportamento. Nesta perspectiva é usual dizer-se que a omissão consiste na negação da acção, no seu contrário ou contraditório [157].

---

[157] Pareceu-nos que não seria má técnica, no sentido de fixar uma noção de omissão, começar por verificar o que se estabelece a propósito destas expressões em algumas das principais enciclopédias da língua latina, para assim se captar a imagem corrente da figura.

A escolha que fizemos recaiu sobre a *Grande Enciclopédia Portuguesa-Brasileira*, no que respeita à língua portuguesa em especial, e no *Grand Larousse Encyclopédique*, obras geralmente recomendadas pelos cultores da língua latina, que gozam de ampla credibilidade e aceitação.

A indagação realizada permitiu-nos verificar que a expressão "omissão" anda associada a expressões como "abstenção", "oposição", "oposto", "contrário", "contraditório", "adverso", expressões que se esclarecem reciprocamente.

Vejamos então o que aí se diz sobre as diversas expressões conotadas com "omissão".

1 – **Abstenção**
A grande *Enciclopédia Portuguesa-Brasileira* define abstenção como "acção ou efeito de se abster no exercício da uma função ou um direito".

No *Grand Larousse Encyclopédique* estabelece-se que a abstenção consiste na "recusa voluntária de participar a uma discussão, a uma votação e, de uma maneira mais geral, à responsabilidade de uma decisão". Referem-se ainda os significados político, criminal ("a abstenção de praticar alguns actos impostos pela lei pode constituir uma infracção penal punível") e processual (corresponde à figura da denegação de justiça).

2 – Negação

O *Grand Larousse Encyclopédique* depois de referir que a origem etimológica da palavra (que derivou da expressão latina "negatio") define negação como "a acção de negar". É esta a ideia que nos ocorre intuitivamente quando pensamos na expressão "negação", mas cremos que esta definição não serve para a construção do conceito de omissão. Pois que se se define negação como uma *acção* (diz o *Grand Larousse Encyclopédique*, "acção de negar") não pode essa definição servir para a omissão.

O *Grand Larousse Encyclopédique* distingue ainda entre negação simples em que o advérbio contém só a ideia negativa (em francês, "ne... pas", em português simplesmente "não", a negação composta, em que o advérbio de negação se encontra ligado a uma ideia de tempo, lugar, etc. (em francês, por exemplo, "ne... jamais", em português "nunca").

O *Grand Larousse Encyclopédique* refere também o sentido lógico da negação como "passagem de um juízo ao seu contrário".

Refira-se, ainda, a título de curiosidade, o alcance psiquiátrico da expressão: delírio no qual o sujeito recusa a realidade das pressões e do mundo (também chamado delírio de Cotard 1880).

Na *Grande Enciclopédia Portuguesa-Brasileira*, destaque-se a seguinte noção: "ausência, falta, carência de uma coisa, de um sentimento, de uma qualidade". Referem-se os significados filosófico, gramatical e psicológico (o já referido delírio de Cotard).

3 – Oposição

"Oposição" vem definida no *Grand Larousse Encyclopédique* como "posição de uma coisa em face de outra", ou como "contraste de dois sentimentos, duas ideias, dois grupos que se defrontam".

Refere ainda o significado no campo administrativo, arquitectónico, electrónico, anatómico. No campo filosófico aqui se deixam algumas palavras sobre as ideias de Aristóteles acerca do conceito de oposição (citado por JOSÉ DE SOUSA BRITO, *Estudos para a Dogmática do Crime Omisivo*, págs. 109 e segs.).

Aristóteles equacionava a posição de termos de duas formas: relativamente e privativamente.

Relativamente – Quando dois termos se opõem relativamente é porque pelo simples facto de se conhecer a oposição (relação) se conhece tanto um termo como o outro.

Contudo, a oposição relativa pode ser afirmada ainda por dois modos:

— "Secundum esse". Nesta hipótese todo o ser dos termos consiste na própria relação. É o que sucede com o dobro e a metade, o maior e o menor, o pai e o filho. Não se pode conceber o dobro sem a definição da metade.

— "Secundum dici". Os termos têm já existência autónoma, isto é, independentemente da relação, o seu ser não se funda já apenas nela. Mas a definição de um termo é sempre possível a partir da definição do outro. É este atributo que a oposição relativa "secundum dici" tem de comum com a oposição relativa "secundum esse". Por esta razão aliás é que se trata ainda de um caso de oposição relativa.

A acção e a omissão são termos opostos relativamente "secundum dici", uma vez que definida a acção é sempre possível definir a omissão correspondente e vice-versa. Aliás, a própria lei o reconhece quando, por vezes, querendo comandar uma acção, se limita a definir a omissão correspondente como ilícita, à qual liga determinada sanção.

Mas como atrás afirmei, Aristóteles também equacionava a oposição de termos privativamente.

Neste sentido dois termos são opostos se não podem coexistir, se a existência de um priva o outro da sua existência, se a existência de um implica a inexistência de outro.

A privação e o seu oposto, o hábito, andam à volta de um mesmo sujeito.

A acção e a omissão são, então, termos opostos privativamente, na medida em que não podem coexistir simultaneamente no mesmo sujeito. A omissão surge então como a privação de uma acção que o sujeito habitualmente praticaria.

4 – Oposto, Adverso, Contrário, Contraditório

A *Grande Enciclopédia Portuguesa-Brasileira* define "oposto" como "contrário; de diferente natureza, ou seja, "que se opõe; contraditório; que faz oposição", "que oferece contraste; absolutamente diverso no aspecto, na matéria, na utilidade, etc.". O *Grand Larousse Encyclopédique* define-o como "totalmente diferente, ao ponto de poder afrontar-se", e "directamente contrário".

Refere os conceitos específicos do âmbito da botânica, da heráldica, da matemática.

Adverso aparece aqui identificado com "oposto contrário", que são exactamente os sinónimos utilizados pelo *Grand Larousse Encyclopédique*.

"Adverso" aparece aqui identificado como "oposto contrário", que são exactamente os sinónimos utilizados pelo Grand Larousse Encyclopédique.

Nas próximas páginas, vamos tentar apurar em que consiste a omissão como pressuposto da responsabilidade civil. Pois se é certo que a omissão enquanto pressuposto da responsabilidade civil (e também da responsabilidade criminal) é um *dado jurídico*, (pelo menos na generalidade dos ordenamentos jurídicos) [158], discute-se se consis-

---

Contrário, por sua vez, é sinónimo de "oposto, em desacordo" (dá-se o exemplo do frio e do calor).

Contraditório é definido como "elemento em oposição a outro".

Refiram-se ainda os conceitos no campo filosófico, em Aristóteles (referido por JOSÉ SOUSA E BRITO). Aristóteles diferenciava o contrário do contraditório. Dizia o eminente filósofo que "não ser igual" não é o mesmo que "ser não igual". É que o *ser não igual* implica o ser, o ser desigual, e enquanto que o "não ser igual" não é.

Assim para Aristóteles as afirmações do tipo "não ser isto", ou "X não é P", têm um sentido diverso das afirmações "ser não isto" ou "X é não P". As afirmações primeiro tipo são contrárias, as do segundo contraditórias (Ver JOSÉ DE SOUSA BRITO, *Estudos para a Dogmática do Crime Omissivo*, págs. 137 e segs.).

Transpondo este raciocínio para o campo do comportamento teríamos para a afirmação "A faz X" (acção) o contrário "A não faz X" e o contraditório "A não fez não X". Nesta última hipótese *A* não fez *X*, mas fez contudo algo: fez *Y* por exemplo.

Onde estará a omissão? A omissão será o contrário ou o contrário ou o contraditório da acção?

Parece-me que a omissão é fundamentalmente o contrário da acção. O que interessa para definir a acção é a ausência de determinada acção, sendo irrelevante a actuação sucedânea. Assim, o que interessa para definir a omissão não é a actuação adoptada ("A não dez Y") mas a actuação não adoptada ("A não fez X", tanto seja porque "A nada fez" ou porque "A fez Y").

A actuação sucedânea pode interessar para a qualificação da omissão como ilícita e culposa, e para a graduação da culpa (veja-se *infra*, págs. 103 e segs.).

[158] Considerando que as omissões não constituem pressuposto da responsabilidade criminal no Direito positivo chileno vigente, ABUNDIO PEREZ RODRIGO (*Reflexiones sobre los Delitos de Omission a la luz de la Constitución e Ley Chilenas*, in *Revista de Derecho*, ano XLVI, n.º 167, 1979, Universidad de la Concepción, Chile).

Este autor apoia-se na linguagem corrente para fixar o alcance e o *sentido jurídico* de expressões conotadas com o tema da omissão. Vejamos as principais:

"Omissão": Abstenção de fazer ou dizer. Falta por ter deixado de fazer.

"Omitir": Deixar de fazer uma coisa. Passar em silêncio uma coisa.

te ou não numa forma de comportamento ao lado da acção, se é uma realidade pré-jurídica ou se tem uma existência meramente normativa, e, portanto, se deve ser referida a propósito do pres-

"Fazer": Produzir uma coisa, dar-lhe o primeiro ser. Fabricar, Executar.

"Criação": Efeito de uma potência. Efeito de fazer.

"Perpetração": Acção ou efeito de perpetrar.

"Perpetrar": Cometer, consumar.

"Conduta": Facto ou maneira com que os homens governam a sua vida ou dirigem as suas acções.

Os significados das várias expressões foram retirados pelo autor do *Dicionário de la Real Academia de la Lengua.*

Não está em causa a escolha do dicionário, uma vez que parece ser aquele que no Chile "(...) goza de uma maior aceitação, possui maior exactidão e, até, podemos afirmar, goza de uma certa oficialidade inclusivamente nos meios forenses" (pág. 8).

O que se critica é o recurso cego à técnica da utilização de dicionários, seja qual for, para determinar o sentido e alcance das expressões legais. É sabido que os significados legais das expressões muitas vezes não coincidem com o significado corrente das mesmas, muito embora sobre estes se decalquem (ver atrás, pág. 53).

O perigo desta técnica a que recorre PEREZ RODRIGO é o de desembocar em interpretações totalmente despidas de sentido jurídico e que nada têm a ver com as intenções do legislador, que escreveu as leis com recurso ao léxico jurídico e não ao léxico coloquial, ou corrente.

Assim PEREZ RODRIGO acaba por concluir depois de verificar que as expressões analisadas (que se prendem todas elas com a problemática da omissão) têm todas "(...) um claro conteúdo de actividade" (pág. 8), que os crimes de omissão são inconstitucionais no Chile (!), pois o actual texto aplicável (artigo 1 n.º 3 da Acta Constitucional n.º 3) rege o seguinte: "Nas causas criminais, nenhum delito se castigará com pena não estabelecida por lei promulgada com anterioridade à sua perpetração, a menos que uma nova lei favoreça o afectado". Ora como atrás vimos, a expressão "perpetração" tem no *Dicionário de la Real Academia de la Lengua* uma conotação activa. Os crimes omissivos ficariam pois, nesta ótica, fora da previsão constitucional chilena.

Perez Rodrigo apoia-se ainda no artigo 19 do Código Civil Chileno que rege "quando o sentido da lei é claro, não se desatenderá o seu sentido literal, a pretexto de se consultar o seu espírito".

O erro de Perez Rodrigo está pois em dar por claro o sentido corrente da expressão "perpetração" no campo jurídico. Ora não é esse o alcance que lhe é dado na maioria das legislações nem pela quase totalidade dos jurisconsultos.

suposto "facto voluntário" ou "comportamento humano", ou se deve ser estudada apenas em sede de ilicitude.

Os juristas têm o seu próprio vocabulário, razão porque proliferam os chamados dicionários jurídicos.

A posição de Perez Rodrigo leva-o a considerar que os crimes omissivos sempre foram inconstitucionais no Chile: já o seriam à luz do texto constitucional anteriormente aplicável, o artigo 11 da Constituição Chilena de 1925 que estabelecia que "Ninguém pode ser condenado, se não for julgado legalmente em virtude de uma lei promulgada antes do facto sobre que recai o juízo".

E mais ainda: o próprio texto de Anteprojecto da nova Constituição no seu artigo 19 n.º 3 ("Nenhum delito se castigará que não o que estabeleça uma lei promulgada antes da sua *perpetração*, a menos que uma nova lei favoreça o afectado. Nenhuma lei poderá estabelecer penas sem que a *conduta* que se sanciona esteja completa, e expressamente nela descrita") continuaria a não prever os crimes omissivos, que, caso o texto venha a ser adoptado, continuarão a ser inconstitucionais no Chile.

Por outras palavras, os juristas chilenos há anos que deixam passar em claro o problema dos crimes omissivos. O legislador constitucional não os previu, não os prevê, e muito provavelmente continuará a deixá-los de fora. Os Juízes têm proferido desde 1925 sentenças inconstitucionais sempre que condenam alguém por crime omissivo. "A doutrina chilena está errada quando afirma que os crimes omissivos são punidos o Chile. Neste sentido GUSTAVO, LABATUT (Tomo II do *Curso de Derecho Penal*, 6.ª edição, Santiago, 1976), ALFREDO ETCHEVERIY (*Derecho Penal*, Tomo III, Santiago, 1976), Eduardo Novoa (*Curso de Derecho Penal*, Tomo I, Santiago, 1960). E estes juristas não se apercebem do problema ou não se importam com ele!

É óbvio que as coisas não se podem passar assim. As premissas de que parte o autor é que não estão certas. O defeito está no método de análise do problema utilizado por Perez Rodrigo. Não se questiona, como aliás atrás já se referiu, a utilidade do recurso ao dicionário para fixar o alcance e o sentido das expressões legais. O que se discute e refuta é a cega aplicação desses métodos, sem passar os dados fornecidos pelo filtro da linguagem jurídica. Tal significa ignorara que os juristas têm o seu próprio léxico, o que é, quanto a nós, incorrecto.

2. *A omissão no Direito*

Cabe contudo advertir que a figura da omissão aparece no Direito em várias sedes, e não apenas como pressuposto da responsabilidade civil.

A ideia de omissão não aparece sequer no Direito apenas como ausência de dada acção, isto é, como forma de comportamento [159].

Aparece-nos, por exemplo, ao nível da teoria do dano, para construir a noção de lucro cessante, que consiste, conforme é sabido, na frustração (omissão) de um ganho previsível (esperado) [160].

Como forma de comportamento, a omissão também surge no campo da teoria do negócio jurídico: O silêncio como declaração de vontade mais não é do que uma declaração de vontade por omissão [161].

---

[159] Com efeito, concebemos a omissão, enquanto pressuposto da responsabilidade civil, como forma de comportamento, veja-se *infra*, págs. 116 e segs..

[160] Veja-se *supra*, pág. 81, nota 151. Estabelecendo relação entre crime omissivo próprio e lucro cessante, ALBERTO CADOPPI, *Il Reato Omissivo Proprio*, I, pág. 24.

[161] A nova lei civil define declaração negocial expressa e declaração negocial tácita no artigo 217. A declaração expressa é a que é feita por qualquer meio directo de manifestação de vontade, como, por exemplo, palavras, orais ou escritas (a lei algo impropriamente distingue as hipóteses "por palavras" e "por escrito", sendo certo que a declaração por escrito também é feita por palavras). A declaração tácita é aquela que se deduz de determinado ou determinados *comportamentos (activos)* que com toda a probabilidade a revelam.

Não define, contudo, o Código Civil a declaração negocial silenciosa (silêncio). Apenas lhe consagra um preceito em que estabelece as condições de relevância desta modalidade de declaração negocial: o art. 218.º. A declaração silenciosa ou silêncio é, pois, aquela que se deduz de determinado *comportamento omissivo*, desde que a actuação emitida seja imposta por lei, uso ou convenção.

Repare-se desde já a discrepância entre as condições de relevância da omissão como declaração negocial e da omissão como pressuposto da responsabilidade civil: nesta última hipótese a lei declara que a omissão apenas é relevante se a acção omitida for imposta pela lei ou por negócio jurídico. Ficam, pois, de fora os usos, referindo-se em contrapartida à categoria mais ampla do negócio jurídico, que abrange, como se sabe, o contrato.

No sentido de que o silêncio não constitui uma verdadeira declaração de vontade, mas um facto jurídico "stricto sensu" a que a lei equipara quanto à eficácia (em certos casos) à declaração de vontade, veja-se ANTÓNIO MENEZES CORDEIRO, *Teoria Geral do Direito Civil*, 2.º volume, págs. 112 e segs.. Tal opinião tem apoio na letra da lei, que não qualifica o silêncio como declaração (não utilizando a fórmula "declaração silenciosa", mas a expressão "silêncio") e que declara que esta apenas "... vale como declaração...". Não nos parece que estes argumentos literários sejam decisivos, e inclinamo-nos para considerar o silêncio uma verdadeira declaração, coerentemente com as razões em quer nos apoiamos para a qualificação da omissão como forma de comportamento (veja-se *infra*, págs. 115 e segs.)

Pense-se na seguinte hipótese:

A e *B* celebraram entre si convenção, estabelecendo que *B* envia mensalmente para a loja de *A* uma série de artigos que *A* apreciará. Mais se estabelece que, se *A* não quiser ficar com os artigos remetidos, enviará uma carta para *B*, comunicando essa intenção de não se celebrar o contrato de compra e venda dos artigos em causa.

Agora suponha-se que, certo mês, *A* recebe uma dada quantidade de artigos, que o satisfazem, decidindo comprá-los. **E porque quer comprar esses artigos**, não envia a carta a *B*, sabendo que essa omissão será **emitida como vontade de comprar os artigos**. Ora não consistirá aqui a omissão numa exteriorização, uma projecção de fins (nas palavras de OLIVEIRA ASCENSÃO), ou na utilização de meios para prosseguir um fim (na terminologia de MENEZES CORDEIRO)? Estamos em crer que sim.

Por outro lado, o silêncio pode ser invalidado por falta e vícios da vontade, o que pressupõe que a omissão de conduta em que este se exprime tem de ter a suportá-la um substrato volitivo e um substrato volitivo são.

A e *B* convencionam que *B* enviará a *A*, mensalmente, certos artigos e que *A*, caso não queira ficar com eles, os rejeitará por carta até ao dia 5 desse mês.

Suponhamos agora que *A*, que recebeu os artigos e que não gostou deles, se prepara para escrever a carta de rejeição, mas antes disso é raptado (por exemplo, no dia 2), sendo libertado apenas no dia 6. É absurdo dizer que nesta hipótese se formou um contrato. Mas tê-lo-emos que admitir, se não aceitarmos

Omissão e Dever de Agir em Direito Civil

93

(ao contrário do que nos parece lógico), que *A* pode invalidar o silêncio (não envio da carta) com fundamento m coacção física de terceiro (artigo 246.° do Código Civil).

Mas imagine-se que é *B* que convence *A* de que os artigos são maravilhosos e que terão sucesso no mercado, extravasando o "dolus bonus" previsto no artigo 253.°, n.° 2 do Código Civil, e que só por isso *A* os quis e não enviou a carta de rejeição. Poderá *B* prevalecer-se do seu dolo, defendendo que se formou um contrato através do silêncio de*B*? Mais uma vez creio que esta solução seria absurda. Há, pois, que admitir a possibilidade da invalidação de venda com fundamento em erro qualificado por dolo.

Algumas dúvidas poderão, no entanto, surgir em hipóteses como a seguinte: *A*, que convencionou o envio da carta de negociação a *B* até ao dia 5, não o faz por desleixo. Formou-se o contrato?

Pois pensamos que sim, e essa será certamente a opinião geral.

A dúvida que se levanta tem a ver com o facto de o silêncio não consistir aqui numa exteriorização da vontade. Não implicará esta constatação a negação da nossa tese?

Cremos que não. O que aqui temos é um problema de interpretação do comportamento de *A*, e esse comportamento deve ser interpretado, isto é, deve-lhe ser atribuído o sentido que lhe atribuiria um declaratário normal colocado na posição de *B* (artigo 236.° do Código Civil), **ainda que esse sentido não corresponda à vontade efectiva do agente**. O comportamento de *A* é tido como uma declaração de vontade com determinado sentido, ainda que o não seja, como aspecto da tutela da confiança.

Trata-se não de fenómeno inédito, mas que também sucede ao nível da acção, conforme bem nota CANARIS (KLAUS WILHELM CANARIS, *Die Vertreunshaftungin deutschen Privatrecht*). Se em Nova Iorque, *A*, americano disser a *B*, também americano, que lhe compra *X* por *N* dólares, prevalecerá em regra, a compra por dólares americanos, mesmo que *A* estivesse a pensar em dólares canadianos. Também aqui o alcance do comportamento que "vale" não é o efectivamente querido, mas isso deve-se à tutela da confiança. Não temos aqui uma verdadeira declaração de vontade, mas um "quid" social que a Lei trata como tal.

Sobre esta matéria do silêncio veja-se ainda: MANUEL DE ANDRADE, *Teoria Geral da Relação Jurídica*, vol. II, págs. 134 e segs.; INOCÊNCIO GALVÃO TELLES, *Manual de Contratos em Geral*, págs. 109 e segs.; JOÃO DE CASTRO MENDES, *Teoria Geral do direito Civil*, vol. II, págs. 64 e segs.; CARLOS ALBERTO DA MOTA PINTO, *Teoria Geral do Direito Civil*, vol. III, título IV, págs. 170 e segs.. Este último autor,

Já no campo da responsabilidade civil (e também da responsabilidade criminal), encontramos a ideia de omissão no conceito de negligência, que consiste na ausência (ou omissão) de diligência ou cuidado devidos. Conforme nota GIUSEPPE PONZ DE LEON, "as causas da culpa penal ou negligência, imprudência, imperícia, inobservância de leis, regulamentos ou directivas são expressas em forma negativa"[162]. Note-se, porém, que esta omissão verifica-se ao nível psicológico, pelo que pode dar origem quer a condutas activas, quer passivas.

Aliás, ao nível das condutas negligentes levantam-se por vezes problemas de qualificação da conduta como activa ou omissiva, justamente por conterem um momento omissivo. É clássico o exemplo do ciclista que atropela outrem por conduzir à noite sem luz. Questiona-se então se o resultado foi causado por uma acção (conduzir sem luz) ou por uma omissão (não ligar ao sistema de iluminação).

Cremos que este caso é bem ilustrativo do problema, impondo-se, com a doutrina dominante, considerá-lo como um caso de acção, entendendo-se a omissão de ligação do sistema de iluminação como um momento da *actividade* da condução, que permite qualificá-la como ilícita e culposa. Mas é esta actividade que causa o resultado, situando-se inequivocamente o centro de gravidade no fazer-activo[163].

Outros casos, porém, se podem equacionar, de solução menos óbvia. Parece-nos, contudo, que é prematura uma tomada de posição sobre a questão, pelo que a ela voltaremos depois de expormos a nossa opinião acerca da concepção jurídica da omissão[164-165].

---

tal como MENEZES CORDEIRO, considera que o silêncio não constitui uma declaração negocial, concluindo mesmo que não constitui sequer uma conduta omissiva: "o silêncio é juridicamente um nada" (*ob. cit.*, pág. 172).

[162] GIUSEPPE PONZ DE LEON, *La Causalitá dell'Omissione nel Sistema Penale*. ("Contributo all'I stituto di Scienze Giuridiche, Economiche, Politiche, Sociali delle Universitá di Messina", N.º 64, pág. 7.

[163] Neste sentido JOHANNES WESSELS, *Direito Penal. Parte Geral*, pág. 159.

[164] Veja-se *infra*, págs. 131 e segs..

[165] No campo do Direito Penal refira-se ainda o crime continuado, como

3. *Ponto de partida para a construção do conceito de omissão*

Propusemo-nos, nesta divisão, reflectir um pouco no sentido de tentar definir e qualificar a omissão como pressuposto autónomo da responsabilidade civil, e, designadamente, tentar tomar posição acerca da legitimidade ou ilegitimidade da omissão como modalidade de comportamento ao lado da acção.

Para dar uma primeira ideia do melindre da questão poderá desde já chamar-se a atenção para dois aspectos que geram inevitavelmente perplexidade.

O primeiro é o de que o indivíduo nunca está rigorosamente inactivo [166]. Mesmo que um indivíduo esteja parado, na situação em

---

figura relacionada com a ideia de omissão. O crime continuado consiste numa realidade complexa, resultante da síntese de vários factos, por si, criminais, mas que se relacionam em função de uma certa homogeneidade em termos de actuação e sucessão temporal, relacionação essa que cria uma maior facilitação para a prática desses factos criminosos, pelo que se justifica que o sujeito seja punido não por cada um dos factos criminais cometidos, mas por uma pena gobal que leva em conta a referida facilitação (sobre o conceito de crime continuado veja-se designadamente MANUEL CAVALEIRO FERREIRA, *Direito Penal Português*, vol. I, 1986, págs. 388 e segs.; EDUARDO CORREIA, *Direito Criminal*, vol. II, pág. 203; TERESA BELEZA, *Direito Penal*, 2.º vol., tomo 2, págs. 103 e segs.).

Ora também aqui existem importantes momentos omissivos, que ligam os diversos factos criminais que compõem a figura global do crime continuado [veja-se GIUSEPPE PONZ DE LEON, *La Causalitá de l'Omissione nell Sistema Penale (Contributo all Interpretazione del C.P.V. dell'Art. 40 C.P.*), págs. 8 e 9)].

[166] A perfeita inacção apenas é concebível nos mortos. Mas então não temos já indivíduos, mas cadáveres, "ex-indivíduos". Sobre a situação jurídica do cadáver veja-se, por exemplo, MANUEL GOMES DA SILVA, *Colheita de Órgãos e Tecidos nos Cadáveres*, in *Sciencia Jurídica*, ano 13.º, págs. 50 e segs., e ANTÓNIO CARVALHO MARTINS, *A Colheita de Órgãos e Tecidos dos Cadáveres. Responsabilidade Criminosa nas Intervenções e Tratamentos Médico-Cirúrgicos*, Coimbra Editora, Limitada, Coimbra, 1986.

que se costuma dizer, de estar "sem fazer nada", "a olhar para a lua", a verdade é que, paradoxalmente, o indivíduo está sempre a fazer algo, nem que seja justamente "olhar para a lua".

O outro é o de que o ser humano é um ser versátil, capaz de uma multiplicidade de actuações (acções), pelo que em cada momento se pode dizer que ele está a omitir todas as acções que seria capaz de praticar e que não está a levar a cabo.

4. *Algumas teses sobre o conceito de omissão*

4.1. *Tese mecanicista*

VON BELING concebia a omissão como uma verdadeira forma de comportamento físico, como realidade existente no mundo físico, como um esforço levado a cabo pelo sujeito para travar os nervos motores que o impeliam à acção "isto é, uma distensão dos músculos" [167-168].

Tal concepção compreende-se no quadro do seu conceito mecanicista ou naturalístico de comportamento, como movimento corpóreo [169]. Consistindo o comportamento num movimento corpóreo, só uma definição deste teor da omissão poderia permitir a inclusão desta figura naquele género mais vasto, ao lado da acção (em sentido restrito).

Ora, esta definição da omissão soa um pouco a ridículo, e, em nosso entender, é ela própria um sinal revelador da insuficiência da concepção meramente mecanicista de comportamento. A concepção clássica da acção (em sentido amplo), como movimento corpóreo, é que é insatisfatória numa perspectiva jurídica, não cobre genericamente todas as formas de comportamento humano com interesse para o Direito. As tentativas da inclusão artificial de certas formas de

---

[167] ERNEST VON BELLING, *Esquema de Derecho Penal*, tradução de Sebastian Soler, pág. 20.

[168] Refere ALFONSO TESAURO: "Para alguns a omissão concretiza-se, mais propriamente, num esforço da vontade dirigida à abstenção ou num excitamento directo do domínio da vontade sobre os nervos" (*L'Omissione Nella Teoria del Reato*, in *Scritti Giuridici in Memoria di Eduardo Massari*, XVI, 1938, pág. 496).

[169] Veja-se *supra*, págs. 40 e segs..

comportamento no conceito de comportamento humano de que se parte, conduz a definições bizarras, forçadas, que não transmitem o essencial das realidades que pretendem definir, justamente porque o conceito básico é insatisfatório e não abrange essas modalidades de comportamento [170].

Se repararmos é, aliás, duvidosa a coerência da definição de Beling com o conceito de comportamento que defende, pois que o problema da natureza física do comportamento "é unicamente um problema de exteriorização da actividade e não já de inibições dirigidas ao mecanismo interno dos processos nervosos" [171].

Por outro lado, repare-se que o conceito de Beling não cobre os casos de omissão negligente inconsciente, em que não existe, por definição, qualquer esforço para travar os nervos motores, uma vez que nos casos de negligência inconsciente não existe sequer consciência do comportamento [172-173].

Para além disso, o conceito de omissão fornecido por Beling não serve para os casos em que o sujeito pratica uma outra acção em lugar da omitida, mas apenas para os casos em que o sujeito se limita a nada fazer [174].

Mas, para se aceitar como bom o conceito de Beling, mesmo para os restantes casos de omissão, *maxime* as omissões dolosas, ter-se-ia que admitir a existência, nos seres humanos, de um **impulso físico natural ou instintivo dos nervos motores para agir**, impulso esse que seria travado pelo esforço do sujeito no caso das omissões. Ora, a existência desse **impulso físico natural** dos nervos motores parece-nos altamente discutível.

---

[170] O mesmo sucede, conforme já se referiu, com a tentativa de conceptualização da injúria (veja-se *supra*, pág. 40).

[171] EDUARDO MASSARI, *Il Momento Esecutivo del Reato*, pág. 51.

[172] Veja-se *supra*, pág. 77 e segs..

[173] Neste sentido, FERRANDO MANTOVANI, *Diritto Penale*, pág. 156 e GIACOMO DELITALA, *Il "Fatto" nella Teoria General del Reato*, pág. 133.

[174] Veja-se GIACOMO DELITALA, *Il "Fatto" nella Teoria Generale del Reato*, pág. 134.

Acontece, finalmente, que, mesmo admitindo a existência desse impulso nos seres humanos, e que um determinado sujeito o travasse numa determinada circunstância, nem por isso se deveria concluir forçosamente pela existência de uma omissão, em sentido jurídico, pois que essa situação pode não ter qualquer relevância para o Direito [175]. A definição de Beling, que nuns casos surge como "curta", aparece noutros como demasiado ampla.

Concluímos, pois, que a concepção que identifica a omissão como uma mera paralisação dos nervos motores, é de rejeitar, coerentemente com a nossa rejeição da concepção do comportamento como mero movimento corpóreo [176].

4.2. *Tese do "aliud facere"*

Um pouco atrás escrevemos que dois aspectos nos parecem ser fonte de perplexidade neste domínio da omissão: o facto de os indivíduos nunca estarem rigorosamente inactivos e a natureza versátil do ser humano.

A primeira observância terá estado na base das chamadas teorias do "aliud facere", ou "aliud agere".

Nesta perspectiva, a omissão não surge como o contrário ou a negação da acção, mas como a acção efectivamente praticada, em vez daquela que não foi levada a cabo. Escreveu LUDEN, precursor desta teoria, que o omitente "tem necessariamente de ter feito alguma coisa, e isso tem de ser sempre uma acção positiva, nem que ela tenha consistido no mero ficar-se a ver, ou numa ausência do local. E esta acção positiva é então a única causa do resultado criminoso" [177]. É neste sentido que escreve MASSARI que "todos os delitos são comissivos" [178-179].

---

[175] Veja-se *supra*, pág. 32 e segs. e 64.

[176] Veja-se *supra*, pág. 40 e segs..

[177] HEINRICH LUDEN, *Abhandlugen aus dem gemeinen deutschen Strafrechts*, vol. I, pág. 374, citado por JOSÉ SOUSA E BRITO, *Estudos para a Dogmática do Crime Omissivo*, pág. 143.

[178] EDUARDO MASSARI, *Il Momento Esecutivo del Reato*, pág. 48.

Luden encara o problema pela perspectiva do nexo de causalidade, pois suscita-lhe perplexidade que o indivíduo seja responsá-

---

[179] Pronunciando-se favoravelmente quanto à doutrina do "aliud agere", mas com uma perspectiva original, refira-se LEONE ZEPPIERI.

Na linha da teoria do "aliud agere" escreve este autor que não "(...) se pode contrapôr ao conceito de acção o conceito de inacção, porque a inacção, a inércia, não estão na realidade da vida. Até o homem que dorme não está inerte; ele faz qualquer coisa: respira, o seu sangue circula, as funções desenvolvem-se" (LEONE ZEPPIERI, *L'Omissione come Evento*, in *Annali di Diritto e Procedura Penale*, Anno V, 1936-15, pág. 108). Mas, segundo Zeppieri, a omissão não se confunde, contudo, com uma acção, ao contrário do que defendem os adeptos da doutrina do "aliud facere", contrapõe-se a ela. Só que a omissão não se contrapõe à acção por ser uma forma de conduta oposta, mas por ser o efeito de uma conduta.

Escreve Zeppieri que "a omissão não é uma contra-acção no sentido de inércia, porque na vida a inércia não existe e porque não é, como a acção, causa, sendo, ao invés, efeito". Assim "(...) a acção é uma entidade certa e existente da qual emergem as consequências; a omissão não é uma entidade produtora, mas uma consequência de uma entidade produtora" (*ob. cit*, pág. 107).

Para ilustrar a sua posição Zeppieri dá o seguinte exemplo: "se eu não como, deriva, como consequência, a morte; o não comer é uma conduta activa, não apenas porque, embora não comendo, eu, movo-me, vivo, mas também porque ajo de modo contrário ao que agiria se comesse.

Deste comportamento, activo, deriva a morte."

Assim sendo, estão enganados aqueles que (Zeppieri cita Mezger) afirmam que a omissão não pode consistir num evento material porque do nada, nada pode resultar, pois a omissão é ela própria um evento.

A esta posição são extensivas todas as críticas apontadas à teoria do "aliud agere" expressas no texto. Acresce que não convence a afirmação de que a omissão se confunde com o evento. O evento é um facto jurídico que releva para efeitos de responsabilidade na medida em que é ligado a alguém. Ora uma ligação só se pode fazer através de uma imputação que assenta sempre num dado "quid", seja uma acção, seja uma omissão. O evento nunca pode, pois é seu componente (veja-se *supra*, pág. 64). Pode-se, isso sim, discutir se essa ideia existe na realidade, mas não se pode confundi-la com o evento, que é um conceito que exprime uma realidade diversa.

Aliás, as próprias condutas positivas também geram eventos, e a aplicar a

Omissão e Dever de Agir em Direito Civil

vel por algo que não fez e, portanto, que não pode ter causado seja o que for. Escreve Luden: "mesmo o que na vida de todos os dias se cha-ma actividade, aparece juridicamente como facto e como acção, donde também provém o não cumprimento de uma obrigação, porque, fora disso, o homem seria responsável por algo que não tinha brotado da sua actividade ou da sua acção" [180].

No mesmo sentido escreve LEONE ZEPPIERI que "a inacção, a inércia não estão na realidade da vida. Até o homem que dorme não está inerte; ele faz qualquer coisa: respira, o seu sangue circula, as funções desenvolvem-se" [181].

Ora, ao contrário do que afirmam estes dois autores, há casos de verdadeira **inactividade jurídica**, pois, como sabemos, nem todos os actos humanos são considerados como tal pelo Direito. Ao nível da teoria da responsabilidade não são considerados comportamentos não controláveis pela vontade, pelo que os actos meramente reflexos como o respirar, o simples olhar, não constituem acções neste sentido [182]. É por isso correcto afirmar que aquele que se deixa espantado a olhar para o céu, sem mais, juridicamente nada faz, porque o seu comportamento não é relevante para o Direito e para a teoria da responsabilidade.

Mas, para além disso, há que dizer que nos casos em que o sujeito omite uma dada conduta, e interpreta em vez dela um comportamento juridicamente relevante (por exemplo, *A* não salva o acidentado para prosseguir viagem), o que interessa ao Direito para o efeito de responsabilizar o indivíduo, não é o facto que praticou (a condução que em si mesma, nada tem de censurável, não poden-

---

ideia de Zeppieri, poderíamos ser levados a concluir que as acções têm por consequência omissões!!!

[180] HEINRICH LUDEN, *ob. cit.*, vol. II, pág. 221, citado por JOSÉ SOUSA E BRITO, obra referida, pág. 144.

[181] LEONE ZEPPIERI, *L'Omissione come Evento*, in *Annali di Diritto e Procedura Penale*, Anno V, 1936, XV, pág. 108.

[182] Veja-se *supra*, págs. 32 e segs. e 64.

do, responsabilizar o agente) [183], mas o acto que deixou de praticar (o salvamento do acidentado) [184].

Neste sentido escrevia RADBRUCH, já em 1904, que "(...) ainda que pudesse muito bem acontecer que o omitente, cada vez que não fizesse algo estivesse a fazer outra coisa, não seria por este último que se castigaria mas pelo primeiro" [185].

Na mesma linha afirma ALFONSO TESAURO: "Se o guarda da passagem de nível não põe os sinais prescritos para a passagem do comboio, mas dorme, ou dança ou se deixa ficar com os amigos para jogar, é claramente evidente que a conduta que o guarda adopta em vez da devida, não consiste na omissão, antes desta se distingue necessariamente porque constitui uma das causas da sua verificação, dado que o guarda não cumpre o seu dever justamente porque age de outra maneira" [186].

---

[183] A não ser que se hipotise uma responsabilidade objectiva. Mas estes casos, conforme se referiu *supra*, pág.17 e segs., ficam à margem deste estudo.

Discordando da ideia expressa no texto, opina GIACOMO DELITALA, que a ilicitude dos actos deve ser apreciada em concreto e assim, "um acto em geral indiferente, portanto constituir, num dado ilícito (*Il "Fatto" nella Teoria Generale del Reato*, pág. 138).

[184] Relativamente a esta hipótese, escreve JOSÉ DE SOUSA BRITO: "De todas as maneiras, os conceitos característicos que definem a omissão de "A" não coincidem com os que definem a possível acção praticada em vez de "A". Se em vez de socorrer um atropelado, prossigo viagem para evitar dificuldades com a polícia, o fim que individualiza a acção de socorro e relativamente ao qual se define a minha omissão, não é o fim que define a minha acção de prosseguir viagem. A minha vontade de não socorrer não é a minha vontade de prosseguir viagem, e o processo causal que me conduz ao lugar do destino." (*Estudos para a Dogmática do Crime Omissivo*, págs. 146 e 147). Claramente, o autor guarda uma perspectiva finalista do comportamento.

[185] GUSTAV RADBRUCH, *Der Handlungsbegriff in seiner Bedeutung für das Strafrechtssystem*, pág. 137.

[186] ALFONSO TESAURO, *L'Omissione nella Teoria del Reato*, in *Scritti Giuridici in Memoria di Eduardo Massari*, 1938, pág. 471. No mesmo sentido WOLFANG MÜNZBERG, *Verhalten und Erfelg als Grunlagen der Rechtswidrigkeit und Haftung*, pág. 40.

Conforme nota P[IOLETI], para que o tribunal responsabilize alguém por uma omissão, é suficiente que se prove que o sujeito não cometeu a acção, não interessando o que fez em vez da acção omitida, pois verifica-se "absoluta indiferença para o Direito" da acção cometida em lugar daquela que o sujeito deveria cometer [187].

Além disso, e conforme nota A[NTOLISEI], "existem muitas obrigações que não devem ser realizadas num dado instante, mas dentro de um certo período, mais ou menos longo, durante o qual o sujeito faz uma infinidade de coisas. Nestes casos, como se pode individualizar a acção diversa, que representaria o aspecto positivo da omissão?" [188].

O máximo que se poderá dizer será que a acção permite, nestes casos, concluir pela existência da omissão, mas nunca se poderá afirmar que se confunde com ela. Eventualmente, a acção cometida pode relevar para a apreciação da perigosidade do sujeito (aspecto que interessa fundamentalmente ao Direito Penal), conforme nota E[NRICO] A[LTAVILLA]. Com efeito, se o guarda da passagem de nível não cumpriu o seu dever por ficar a jogar com os amigos, revela maior perigosidade do que se o fizer por ficar a assistir o seu filho doente [189-190].

No que respeita às apreensões manifestadas por L[UDEN], resultantes da impossibilidade lógica de algo resultar de uma omissão,

---

[187] U[GO] P[IOLET], *Manual di Diritto Penale*, pág. 127. Idêntica ideia encontramos em F[ERRANDO] M[ANTOVANI] (*Diritto Penale*, pág. 156): ao juiz não interessa a acção, "basta apurar que o sujeito não adoptou o comportamento devido". Veja-se S[ILVIO] R[ANIERI], *Manuale di Diritto Penale*, pág. 230.

[188] F[RANCESCO] A[NTOLISEI], *Manuale di Diritto Penale, Parte Generale*, pág. 174. A mesma dúvida é levantada por U[GO] P[IOLETI], *Manuale di Diritto Penale*, pág. 127.

[189] E[NRICO] A[LTAVILLA], *Teoria Soggettiva del Reato, Ricostruzione Dogmatico--Positiva del Codice Penale*, págs. 167 e 168. No mesmo sentido, W[OLFANG] M[UNZBERG], *ob. cit.*, pág. 44.

[190] No mesmo sentido da teoria do "aliud agere" caminham todos aqueles que, como K[RUG], G[LASER], M[ERKEL], consideram relevante não a omissão nem a acção sucedânea, mas a última acção do sujeito, pelo que às suas posições são extensivas as críticas referidas para aquela teoria.

pode desde já afirmar-se que o raciocínio deste autor assenta num pressuposto erróneo: o de que o conceito de causalidade jurídica coincide com o conceito naturalístico de causalidade. Ora, conforme vimos, o conceito jurídico de causalidade deve distinguir-se do conceito naturalístico, pelo que nada impede que se conclua que a omissão tem juridicamente força causal, embora não tendo essa eficácia no plano meramente físico. Mais adiante procuraremos demonstrar que as coisas são assim [191].

Repare-se, por fim, que os defensores da tese do "aliud agere", acabam por apontar esta solução artificial fundamentalmente por considerarem que a abstenção de uma acção é um "nada" jurídico, e, portanto, não constitui um comportamento. Tal ideia assenta numa concepção naturalística do comportamento, que, do nosso ponto de vista, é de afastar no campo do Direito [192].

4.3. *Tese valorativa*

Por outro lado, encontramos autores que não reconhecem a figura da omissão como realidade física, concluindo pela impossibilidade da sua integração, juntamente com a acção, num conceito comum e amplo de conduta. Segundo estes autores, as características da acção e da omissão são completamente antagónicas, excluindo-se por isso, logicamente, a possibilidade de reuni-las num conceito global.

O grande impulsionador desta tese terá sido RADBRUCH, na sua obra sobre o conceito de acção, onde o autor perfilha um conceito naturalístico (clássico) de comportamento. Defende este autor que acção e omissão se relacionam como afirmação e negação. A acção existe realmente, é uma realidade que existe no mundo exterior.

---

[191] Ver *infra*, p. 123 e segs..
[192] Ver *supra*, pág 40 e segs..

A omissão, pelo contrário, consiste num mero produto mental, sem verdadeira existência no mundo exterior [193-194].

Escreve Radbruch: "Porque sendo costume falar simplesmente de omissões e contrapô-las às acções, se associou com a palavra, e de modo a ser difícil separá-la, a ideia de ausência de movimento, pode parecer que também [a omissão] seja um acontecimento que se desenrola à vista do mundo exterior, enquanto que verdadeiramente só tem, de facto, existência no mundo dos pensamentos do homem. Não se devia falar de omissão pura e simples, mas sempre e só de omissão de uma acção. Portanto, a omissão não só não tem a vontade, nem o facto, nem a causalidade entre ambos, de comum com a acção, mas mais ainda, exactamente esgota-se em negá-la (....). Ora, tal como não é possível reduzir posição e negação e *A* e não *A* a um conceito superior, também não é possível coordenar acção e omissão a um tal conceito, chama-se-lhe acção em sentido lato, comportamento humano, ou seja o que quer que for!" [195].

Explicitando um pouco mais: Radbruch carateriza a acção pela reunião de três elementos: a vontade, a actividade e o nexo causal entre vontade e actividade. Ora, segundo Radbruch, estes elementos essenciais do conceito de acção não existem na omissão. Por um lado a omissão não consiste numa actividade. Por outro lado, falta na omissão toda a ideia de nexo causal comparável ao agir positivo. Por outro lado ainda, também a voluntariedade falta na omissão, uma vez que, para se pudesse dizer que alguém que omite, **não quer** determinada acção, seria necessário que o omitente pudesse representar a totalidade das acções que estivesse em condições de realizar, pois só assim a sua decisão de não actuar seria voluntária.

---

[193] GUSTAV RADBRUCH, *Der Handlungsbegriff in seiner Bedeutung für das Strafrechtssysteme.*

[194] Em sentido semelhante OTTORINO VANINI, para quem a omissão não é uma realidade temporal nem específica: "Real é a representação que o omitente e os terceiros têm da própria omissão" (*I Reati Comissivi Mediante Omissione*, pág. 13).

[195] GUSTAV RADBRUCH, *ob. cit.*, págs. 139 e 140.

Quanto à primeira observação de Radbruch, limitamo-nos a referir as nossas objecções já referidas ao longo deste trabalho acerca da concepção puramente mecanicista de comportamento em que assenta [196].

Quanto à segunda observação de Radbruch, e sem querermos desde já adiantar muito sobre a questão da causalidade na omissão, somos de opinião que não é de modo algum óbvio que na omissão falte toda a ideia de causalidade equiparável à da acção. Conforme já foi referido, a ideia de causalidade jurídica não se deve reconduzir, não se confunde, com a ideia de causalidade natural ou física, embora com ela mantenha afinidades. Há que afastar as ideias de mera importação para o domínio do Direito das concepções puramente naturalísticas de causalidade, sendo voz corrente que a noção naturalística de causalidade tem de sofrer uma adaptação ao ser importada para o campo jurídico [197]. Ora, se é certo que a ideia de causalidade natural, que existe nas acções, não existe nas omissões, já não é líquido que a ideia de causalidade jurídica que se perfilha para as acções, não seja a mesma ou não seja **equiparável** à que se perfilha para as omissões. Tudo depende da concepção que se perfilhar para a causalidade jurídica. Adiante voltaremos a este ponto [198].

Quanto à terceira observação de Radbruch, segundo a qual para se poder afirmar a voluntariedade da omissão, seria necessário que o omitente pudesse representar a totalidade das acções que estivesse em condições de realizar, o que não acontece ou quase nunca acontece, cumpre afirmar que este argumento pesa demais. A ser verdade, também só se poderia afirmar que o agente actuaria voluntariamente se estivesse em condições de prefigurar todas as acções alternativas à sua, o que nunca ou quase nunca sucederia. Trata-se, pois, de um conceito muito apertado de voluntariedade que não serve manifestamente para o tema da responsabilidade civil. Para que

---

[196] Ver *supra*, pág. 41 e segs..

[197] Ver *supra*, pág. 53.

[198] *Vide infra*, pág. 123 e segs..

Omissão e Dever de Agir em Direito Civil

a omissão se possa dizer voluntária, basta que o omitente tivesse podido prefigurar a acção omitida, não sendo necessário que prefigure todas as acções que estivesse em condições de realizar. Outro problema, de que nos ocuparemos mais adiante, é o de determinar qual a acção omitida. Mas por agora pretendemos apenas assinalar que o conceito de voluntariedade que subjaz aos argumentos de Radbruch não é de seguir.

Estas ideias de Radbruch viriam contudo a ser retomadas e desenvolvidas por KOLLMANN, no quadro da sua teoria da concepção sintomática do crime [199].

Assim, escreve Kollmann, na esteira de Radbruch: "Predicados negativos não se dão à intuição (...) Para que sejam possíveis juízos negativos, tem, portanto, que advir ao dado realmente pela intuição, algo mais, que não pode existir realmente. Cada juízo negativo apresenta assim carácter sintético. A representação do dado realmente ligado à representação de um irreal não intuído... Daqui resultaria a irrealidade de todos os chamados "predicados negativos". Realmente dados são apenas os predicados positivos; quando se fala de predicados negativos, é porque os predicados realmente dados não se comparam com os tão-somente representados e se concebem juntos num juízo de discrepância. Não há, portanto, predicados negativos, e o que assim se designa são juízos negativos apoiados no dar-se de predicados positivos. O dito aqui em geral aplica-se em particular à omissão. Omitir é uma certa expressão negativa que como tal não pode ser um processo real (...). Omitir não é, digamos, um processo negativo, mas o juízo, apoiado na representação de um comportamento real, da discrepância entre esta representação do

---

[199] Segundo KOLLMANN haveria duas maneiras de entender a relação entre criminoso e o seu crime: como relação causal, então o crime é efeito ou como meio de conhecimento, então o crime é sintoma (JOSÉ SOUSA E BRITO, *Estudos para a dogmática do Crime Omissivo*, pág. 74). Sobre a concepção sintomática do crime, ver, por todos, JUAN DEL ROSAL, *Tratado de Derecho Penal Español*, vol. I, págs. 479 e 582.

intuitivamente dado e a de um comportamento existente apenas no domínio das representações do julgador" [200].

Kollmann propõe como conceito de omissão, "o juízo de discrepância entre o comportamento real e o representado como relativamente possível de um sujeito de vontade [201], entendendo-se como "relativamente possível" que não se trata de uma possibilidade fantástica (do tipo "os anjos não ajudaram"), mas de uma possibilidade imaginada com base na experiência de circunstâncias presentes" [202].

Assim se compreende já a sua afirmação de que "não é aquele que é julgado negativamente, o omitente, mas aquele que julga negativamente, quem produz o omitir" [203].

O que pensar finalmente desta concepção que identifica a omissão com um mero juízo, negando a sua existência fáctica e consequentemente a sua potência causal?

Além de tudo o que já se disse a propósito da posição de Radbruch, quer-nos parecer que a emissão de opinião sobre a ques-

---

[200] HORST KOLLMANN, *Der Begriff des Unterlassens*, in *Zeitschrift für die gesamte Strafrechtswissenschaft*, 29, 1909, págs. 385 e 386, citado por JOSÉ SOUSA E BRITO, *Estudos para a Dogmática do Crime Ommissivo*, pág. 75.

[201] HORST KOLLMAN, *ob. cit.*, págs, 387 e 388.

[202] HORST KOLLMAN, *ob. cit.*, págs, 390.

[203] A frase não será, porventura, muito rigorosa, mas é expressiva. Não será rigorosa, na medida em que a concepção da omissão como um mero juízo, não exclui que seja o próprio omitente a produzir o omitir. Basta que seja ele próprio a emitir o tal juízo. O juízo de discrepância que, segundo KOLLMANN, consubstancia a omissão, pode, pois, em teoria, ser produto quer do omitente que de terceiro.

Nesta ordem de ideias é possível classificar a omissão em esotérica e exotérica. A emissão diz-se esotérica quando o juízo de discrepância é emitido pelo próprio omitente, ou, por outras palavras, quando o julgador se identifica com o julgado. Dir-se-á exotérica quando o juízo é emitido por outrem que não o julgado, isto é, quando o juízo for emitido por outra pessoa que não o omitente.

Dentro da categoria da emissão exotérica é ainda possível a análise desta em duas subcategorias: omissão exotérica concreta e omissão exotérica abstracta. A omissão será exotérica concreta se a tal possibilidade, for avaliada em função do comportamento habitual do próprio omitente; será exotérica abstracta se for avaliada com base num padrão abstracto.

tão deve passar pela perspectivação do homem como ser livre e dotado de poder de intervenção no mundo exterior.

Com efeito, o homem pode intervir nos processos causais, provocando-os, interrompendo-os, reduzindo os seus efeitos. Não parece correcto considerar que o homem é alheio às consequências só porque não actua, pois que actuar sobre a natureza é a normalidade por parte do homem. O homem está vocacionado para interferir no curso natural das coisas. O homem pode ter dois tipos fundamentais de atitude perante o mundo exterior: actuando, interferindo no curso da natureza, ou não actuando, deixando seguir o processo natural das coisas. Mas, em qualquer destas hipóteses, o homem exprime uma atitude, toma uma posição.

O que não quer dizer que sempre que não actue o homem está a tomar uma atitude relevante para o Direito. Que não pode ser assim é conclusão demonstrável pelo absurdo, pois de outro modo ter-se-ia que admitir que cada vez que o homem adoptasse determinado comportamento positivo, estaria a omitir todos aqueles que, dada a sua natural versatilidade, seria capaz de realizar[204]. O que acontece é que nem toda a atitude omissiva é relevante para o Direito.

Esta afirmação nada tem de estranho, já que o mesmo se passa relativamente às atitudes positivas. Assim, se João se baixa para guardar no bolso uma pedra sem valor, este acto não tem interesse algum para o Direito, não é juridicamente relevante.

Apenas há, pois, que definir o critério de relevância para o Direito da atitude passiva.

Parece-nos, enfim, possível a integração do conceito de omissão num conceito globalizante de comportamento, desde que se trate de um conceito de comportamento não puramente naturalístico, como foi o que atrás se perfilhou. E assim, acção e omissão seriam duas formas diversas de comportamento. A omissão, em sentido jurídico, consistiria então na **abstenção (dominável pela vonta-**

---

[204] Veja-se *supra*, pág. 95.

de) de uma dada acção, desde que essa abstenção seja relevante para o Direito. Fica por indicar o critério que deve presidir à apreciação desta relevância jurídica, do que nos ocuparemos adiante [205].

4.4. *Tese normativista*

Outros autores, como GRISPIGNI, negam a existência da omissão fora do quadro da ilicitude.

Escreve Grispigni: "A omissão não é um conceito naturalístico, mas antes um conceito exclusivamente normativo, isto é, tal que não tem significado ou razão de ser senão em relação com uma norma. E na verdade — como tal — não tem existência objectiva, isto é, na realidade psico-social não existe uma conduta que por sua natureza, em si e por si objectivamente considerada, constitua uma omissão" [206].

E um pouco adiante: "Com efeito, ocorre acrescentar na base de quê ou por força de quê se esperava a acção. Se espero um presente de uma pessoa e esta não mo dá, não pode dizer-se que tenha omitido fazê-lo. Ora bem, parece-me que o elemento sobre cuja base era de esperar a acção não pode ser mais do que uma norma (...). A omissão é portanto um juízo de relação e precisamen-te de contrariedade entre uma conduta e uma norma que prescrevia determinada conduta [207].

No mesmo sentido escreve SUSANA HUERTA TOCILDO: "não pode afirmar-se, fora do mundo dos valores sociais e das normas jurídicas, a existência de uma omissão. O que dota de essência a omissão é precisamente a valoração jurídica. Mais concretamente: o que caracteriza a omissão (...) é a não realização de uma acção esperada **exigida** pelo ordenamento [208].

---

[205] Veja-se *infra*, pág. 115 e segs..
[206] FILIPPO GRISPIGNI, *Direito Penale Italiano*, vol. II, pág. 30.
[207] FILIPPO GRISPIGNI, *ob. cit.*, págs. 31 e 32.
[208] SUSANA HUERTA TOCILDO, *Concepto Ontologico Normativo de Omision*, in

Muito semelhante é a posição de ANTOLISEI, que começando embora por afirmar que "a omissão não é mais do que a ausência do cometimento de uma acção de que esperava do homem", acrescenta que "naturalmente ao direito não interessam todas as omissões, mas só aquelas que contrastem com os seus preceitos" [209].

Grispigni entende, por isso, que o estudo da omissão só se deve fazer em sede de ilicitude. A semelhante conclusão chegou MEZGER para quem "a doutrina da omissão pertence, numa consideração rigorosamente sistemática, ao acto ilícito. Apenas por motivos didácticos está novamente colocada na doutrina da acção" [210].

4.5. *Tese finalista*

Uma tentativa de enquadramento da omissão no conceito do comportamento, é a que foi formulada por WELZEL, no quadro da sua concepção finalista de acção (em sentido amplo).

Welzel procura explicar a integração da omissão no conceito amplo de comportamento, com recurso à concepção finalista do mesmo.

Conforme já referimos [211], para Welzel é essencial para a construção da noção de comportamento constatar que o homem, "sobre a base do seu conhecimento causal prévio, está em condições de

---

Problemas Fundamentales de los Delitos de Omission, págs. 307 e 308. O sublinhado é nosso.

Idêntica posição tomam UGO PIOLETTI (*Manuale di Diritto Penale*, pág. 128); VINCENZO CAVALLO (*Diritto Penale*, vol. II, págs. 155 e segs.); SILVIO RANIERI (*Manuale di Diritto Penale*, pág. 280); FERNANDO MANTOVANI (*Diritto Penale*, págs. 156 e 157).

[209] FRANCESCO ANTOLSEI, *Manuale di Diritto Penale, Parte General*, pág. 175.

[210] EDMUND MEZGER, *Moderne Wege der Strafrechtsdogmatik. Eine ergänsen de Betrachtung zum Lehrbuch de Strafrechts in seiner 3 Auflage (1949)*. Duncher & Humbolt, Berlim/Munique, 1950, pág. 16, citado por JOSÉ SOUSA BRITO, *Estudos para a Dogmática do Crime Omissivo*, pág. 86.

[211] Veja-se *supra*, pág. 43 e segs..

dirigir os distintos actos da sua actividade de tal forma que dirige o acontecer causal exterior até ao objectivo, e o determina assim de modo finalista"[212].

"Ora se o mundo vivesse em estado de repouso, só poderiam cometer-se delitos de omissão, através de uma conduta activa, pois então só por um intervir positivo poderia ser transformado algo de bom em mau. Mas o mundo é um constante devir. O que hoje é bom, pode inverter-se amanhã, por si mesmo, em mau. A vida humana activa consiste, em grande parte, em manter as séries de evolução da vida nos seus cursos normais. Por exemplo, o criar crianças pelos pais, é uma previsão activa permanente tendente a conservar, a fomentar o bem (a vida, a saúde, etc.). No permanente acontecer da vida social o homem está em grande medida destinado a cuidar da conservação do bem no amanhã. Ele provoca o mal se omite conservar nos cursos normais as séries de evolução da vida que lhe estão assinadas e confiadas"[213].

E assim "uma omissão pode ter acarretado, então, o resultado, somente quando a realização da acção o tivesse evitado com uma possibilidade praticamente ao nível da certeza"[214].

Já atrás afastámos a construção finalista. Cremos, contudo, que no quadro desta teoria é valida a explicação de Welzel, merecendo, do nosso ponto de vista, franco aplauso três aspectos: as referências à natureza dinâmica do mundo e a capacidade de intervenção do homem, ao resultado como elemento do conceito de comportamento e a concepção de causalidade seguida pelo autor, pois, quanto a nós, são indispensáveis para se defender a inclusão da omissão no conceito de facto.

---

[212] HANS WELZEL, *Derecho Penal. Parte General*, pág. 39.
Recordam-se ainda as seguintes palavras do autor: "Como a finalidade se baseia na capacidade de vontade para prever determinada escala de consequências da intervenção causal, e com ela dirigi-la num plano até à obtenção do objectivo, a vontade consciente do objectivo, que dirige o acontecimento causal, é a espinha dorsal da acção finalista" (*o.b. cit.*, pág. 40).

[213] HANS WELZEL, *Derecho Penal. Parte General*, pág. 206.

[214] HANS WELSEL, *ob. cit.*, pág. 210.

Omissão e Dever de Agir em Direito Civil 113

Com efeito, o resultado, porque finalidade do sujeito, aparece em Welzel como elemento essencial do conceito de comportamento. Ora, quanto a nós, a referência ao resultado como elemento do facto é fundamental para a inclusão da omissão como modalidade de comportamento, seja qual for a concepção de comportamento que se perfilhe [215], pois só no quadro conduta-evento a omissão ganha sentido, conforme procuramos justificar adiante [216].

Por outro lado, a concepção da causalidade a que adere Welzel não consiste numa concepção meramente naturalística, que, aliás, quanto a nós, e conforme temos repetido, não serve à ciência jurídica. Ora, a rejeição de uma concepção meramente mecanicista da causalidade permite considerar que a omissão tenha eficácia causal [217].

Parece-nos, porém, que o conceito de omissão de Welzel é demasiado amplo. Na ideia de Welzel haverá omissão de dada "acção, desde que essa acção seja uma "acção possível". Ora, a esta concepção deve colocar-se a objecção que já se formulou atrás, segundo a qual cada vez que o sujeito praticar uma dada acção ou se abstiver (em termos jurídicos) estará a praticar a omissão de cada uma das múltiplas acções que lhe eram *possíveis* em alternativa [218].

---

[215] Recorde-se, que, em nossa opinião, entendemos, que o resultado é elemento integrante do comportamento, mas não por consistir no escopo do sujeito (esta ideia é fruto da visão finalista, que rejeitámos. Veja-se *supra*, pág. 64 e segs..

[216] Veja-se *infra*, pág. 123 e segs..

[217] Cremos, por isso, que não procedem as críticas, segundo as quais a posição de WELZEL não explica que a omissão seja uma modalidade de comportamento no quadro da teoria finalista, por aí faltar a sobredeterminação do processo causal característico do finalismo (veja-se, por exemplo, ARMIN KAUFFMAN, *Die Dogmatik der Unterlassungsdelikte*, págs. 80 e segs.). O entendimento que Welzel tem de nexo causal, segundo pensamos, supera estas críticas.

[218] Igualmente no quadro da teoria finalista, Armin Kauffmann, utiliza fórmula semelhante à de Welzel, fazendo intervir a ideia da omissão como a não realização de determinado acto por parte daquele a quem era possível a dita realização. Mas a sua construção é contudo diferente. Armin Kauffman, ao contrário de Welzel, não explica que a omissão se inclui no conceito de comportamento com recurso à noção jurídica de causalidade (*sobre o conceito de Armin*

Kaufmann de imputação objectiva, veja-se *Atribuição Objectiva en el Derecho?"*, in *Anuario de Derecho Penal Y Ciencias Penales*, tomo XXXVIII, fascículo III, 1985) antes procura encontrar a explicação nas ideias de capacidade de acção e de finalidade. E assim, para que se fale de omissão, assim como acontece relativamente à acção, há-de existir a capacidade de acção, que engloba o aspecto físico (capacidade física de actuar) e o aspecto intelectual (consciência dos resultados do acto, isto é, de todos os requisitos que permitem planificar a realização de um acto). Por exemplo, quem não saiba que em frente da sua casa se deu um acidente não pode prestar ajuda.

Armin Kauffmann dá o interessante exemplo do guarda florestal que passa perto do lago onde se está a afogar uma pequena gazela. Se este não se apercebe da ocorrência, não se pode falar em omissão da acção de socorro do animal. O mesmo se diz se o animal estiver a afogar-se fora do alcance possível do guarda. Já não será assim se o guarda se apercebe da situação ou se tiver sido instruído nesse sentido por alguém e for possível a acção de salvamento (*Die Dogmatik der Unterlassungsdilikt*, págs. 41 e 42).

A capacidade de acção será, pois, na omissão, o contar, ou o poder contar, com a possibilidade de realização de uma acção dirigida a um fim conhecido.

Com este elemento da capacidade de acção a omissão obtém o seu conteúdo positivo, podendo definir-se como finalidade potencial, como não realização de um determinado acto por parte daquele a quem era possível a dita realização. O conceito de omissão deixa assim de constituir uma mera negação ou um conceito de relação, para passar a ser um conceito limitador, transformando-se, desta forma, numa força de conduta possuidora de substracto real (*Die Dogmatik der Unterlassunsdelikte*, págs. 41 e segs.).

Esta construção parece-nos falaciosa. Pois se o substracto real da conduta é a finalidade potencial, esse substracto não existe realmente, mas apenas em potência. Quer-nos parecer que a qualificação da omissão como modalidade de comportamento não fica satisfatoriamente explicada por esta via.

5. *Tomada de posição*

1. Escrevemos atrás que considerávamos possível a integração da figura da omissão no conceito jurídico do comportamento. Tal operação passava pela formulação do conceito de omissão como abstenção relevante para o Direito de determinada acção [219]. Ficou, contudo, por definir o critério que deve presidir a essa apreciação.

Encontramos formulada uma proposta deste critério por VON LISZT quando escreve que omitir "é um verbo transitivo (...) que não significa não fazer nada mas sim não fazer **algo que era esperado**" [220-221].

Esta proposta de poucas linhas é, contudo, extremamente rica em ideias.

Por um lado, assinala, na linha do que atrás afirmámos, que "omitir" "não significa não fazer nada", "omitir" significa "não fazer algo". A omissão só se concebe pois como a omissão de uma certa acção, pelo que o conceito de omissão implica a representação de uma dada acção (omitida).

Mas essa acção, (e esta é outra das ideias que transparece da frase de Liszt), há-de ser "algo que era esperado", há-de ser uma acção esperada. Ou seja, nem toda a actividade consiste numa omissão:

---

[219] Veja-se supra, pág. 109.

[220] A mesma ideia encontramos em Welzel ao afirmar que "não há uma omissão "em si", mas só a omissão de uma deterinada acção". E que "omitir não quer dizer apenas nada fazer, mas não fazer uma acção possível, para a pessoa concreta" (HANS WELZEL, *Lehrbuch*, 9.ª edição, págs. 180 e 181, citado por JOSÉ SOUSA BRITO, *Estudos para a Dogmática do Crime Omissivo*, pág. 81).

[221] FRANZ VON LISZT, *Lehrbuch des Deutchen Strafrechts*, 2.ª edição, 1884, citado por JOSÉ SOUSA BRITO, *Estudos para a Dogmática do Crime Omissivo*, pág. 79.

o conceito de omissão é, pois, um conceito mais elaborado que o de simples inércia. Essa elaboração é conseguida com a introdução do elemento esperança que tem uma função limitativa, permitindo, assim, ultrapassar a observação por nós já feita, segundo a qual, dada a natureza versátil do ser humano, sempre que alguém nada fizesse (de juridicamente relevante) ou adoptasse determinada conduta activa, estaria a omitir todas as condutas que tivesse a probabilidade de adoptar em alternativa [222].

Altavilla distingue inércia ou pura inactividade de omissão: "A omissão tem um sentido mais complexo, que importa a referência a um conteúdo positivo que se impõe" [223].

Conforme já se observou, a omissão é um conceito que se projecta fora do Direito e se pode referir a realidades que não consistam em comportamentos (diz-se, por exemplo, que não choveu hoje, que a campainha não tocou, etc.) [224].

A omissão como comportamento é a figura que nos interessa para o tema da omissão como pressuposto da responsabilidade civil. A questão que então se põe é a de saber se podem ou não existir omissões em sentido jurídico independentemente da violação de uma norma jurídica, paralelamente ao que sucede com a acção (em sentido restrito), ou seja, por outras palavras, se existe um **conceito pré-jurídico de omissão, que seja assimilado pelo Direito**.

Quando atrás demos a ideia comum de omissão, falámos na abstenção de algo. Assim, a ideia comum de omissão enquanto

---

[222] Veja-se *supra*, pág. 95 e 109.

[223] ENRICO ALTAVILLA, *Inerzia e Omissione nel Processo Causale*, in *Revista da Faculdade de Direito da Universidade de S. Paulo*, vol. XXXII, 1936, fascículo III, pág. 481. Resta saber que normativos podem ser condiderados para o efeito dessa imposição. Altavilla admite que essa imposição resulte não apenas do Direito, mas também das leis naturais (veja-se *infra*, pág. 227, nota 253).

[224] Escreve ALFONSO TESAURO: A falta de sol ou de chuva não é uma realidade, mas uma situação da qual se podem derivar consequências mais ou menos danosas para o cultivo da terra" (*L'Omissione nella Teoria del Reato*, in *Scritti Giuridici in Memoria di Eduardo Massari*, 1938, XVI, pág. 472). Veja-se *supra*, pág. 35.

comportamento será a de abstenção de certo comportamento. Dir-se-á então que *A* não foi ao jantar e que omitiu a ida ao jantar porque se absteve da conduta "ir ao jantar".

Mas vá-se reparando que só faz sentido dizer que *A* omitiu a ida ao jantar **se houver alguma razão para esperar que *A* fosse a esse jantar**. Não faz sentido dizer que *A* não foi ao jantar em casa de *B* se *A* não conhece *B*, nem foi por ele convidado, nem existia nenhuma razão para admitir que *A* fosse a esse jantar.

Constata-se, pois, que o conceito de omissão nunca é neutro, implica sempre a referência a um certo padrão, a esperança.

Pergunta-se, então: quando é que se pode dizer que uma dada acção é esperada?

Podem conjecturar-se várias hipóteses:

1.º – Acção esperada é a acção esperada pelo titular do bem jurídico ofendido.
2.º – Acção esperada é a acção esperada pelo próprio omitente.
3.º – Acção esperada é a acção esperada pelos observadores.

Cremos que a razão não está em nenhuma destas posições, que fazem intervir um sempre indesejável grau de subjectivismo. A "esperança" há-de resultar de um elemento de maior teor objectivo.

Diríamos então que a acção é esperada quando, no contexto em questão, fosse de esperar, de acordo com o sentimento social, que o agente actuasse, praticasse essa acção omitida[225].

Optamos, pois, por um conceito de acção esperada que, embora normativo e, portanto, não axiologicamente neutro, não é estritamente jurídico, mas é sobre ele que se vai construir o conceito jurídico. Isto conduz à admissibilidade de um conceito pré-jurídico de omissão.

---

[225] Escreve JOSÉ DE SOUSA BRITO (na esteira de Kolman), que "omissão penalmente relevante é um caso de omissão esotérica e abstracta" (*Esudos para a Dogática do Crime Omissivo*, pág. 77). Sobre o conceito de omissão esotérica veja-se pág. 108, nota 203.

Dir-se-á, com ENGISH, que "a omissão como negação só pode verificar-se com base lógica numa acção representada e nessa medida "esperada" a realizar, não tendo, de ser essa esperança, aliás, uma esperança de direito (nesta medida, uma omissão pré-jurídica ou extra-jurídica tem todo o direito de existir)" [226].

Neste mesmo sentido se pronuncia RODRIGUEZ MOURULLO que, depois de constatar que "a omissão é considerada pelo nosso Direito positivo [227] como um conceito independente, autónomo, ao lado da acção", afirma que "a omissão não pode ser pura criação da mesma lei que a castiga. A lei só pode punir comportamentos humanos que tenham uma existência pré-jurídica, e são necessariamente, neste sentido, anteriores à lei que os pune" [228].

Rodriguez Morullo refere a existência de usos sociais ainda que não convertidos em normas jurídicas, como prova da possibilidade de valoração social que não seja ainda valoração jurídica.

E, assim, "apesar de carecer de um próprio aspecto físico, a omissão é capaz de irromper no mundo social externo e apresentar-se nele como a realização de uma vontade humana dirigida a um fim" [229].

Igualmente nota GALLAS, que "a esperança pode também assentar nos comandos de agir de certos sistemas normativos (ética, costumes) ou mesmo num juízo empírico de probabilidade (ou possibilidade) (a pessoa atormentada pelo dentista omite exteriorizar a sua dor) ou num ajuizar a partir dos fins perseguidos pelo omitente ou que estão ao seu dispor (o condenado omitiu interpor recurso)" [230].

---

[226] KARL ENGISCH, *Juristenzeitung*, 1962, pág. 190, citado por JOSÉ SOUSA BRITO, *Estudos para a Dogmática de Crime Omissivo*, págs. 87, 88 e 81.

[227] Refere-se ao artigo 1.º do Código Penal Espanhol.

[228] GONZALO RODRIGUEZ MOURULLO, *La Omision de Socorro en el Codigo Penal*, pág. 23 e *Derecho Penal. Parte General*, pág. 223.

[229] GONZALO RODRIGUEZ MOURULLO, *La Omision de Socorro en el Codigo Penal*. págs. 36 e 37. Observa-se que das palavras do autor resulta um conceito de comportamento com aspectos finalistas.

[230] WILHWELM GALLAS, *Zum gegenwartingen Stander Lehre vom Verbrechen*, in *Zeitschrift für die Strafrechtswissenschaft*, 67, 1955, págs. 9 e 10, citado por JOSÉ SOUSA

2. Este conceito pré-jurídico de omissão contém um elemento fundamental para a relevância jurídica de qualquer comportamento: a relevância social, que resulta do facto de a acção ser *socialmente esperada*. Conforme observámos, os comportamentos jurídicos são, antes de mais, comportamentos com relevância social [231]. A relevância social da omissão é, pois, o primeiro elemento da relevância jurídica da omissão.

Finalmente, refira-se que na sede da responsabilidade civil, só interessa a omissão dominável pela vontade (tal como só interessa a acção dominável pela vontade). Conforme nota BOSCARELLI, "seria absurdo dizer, por exemplo, que omite de caminhar quem está paralisado das pernas ou a dormir [232]. Tal como sucede com a acção, tem de existir o controlo voluntarístico da conduta [233].

Trata-se, pois, de um critério fundamentalmente objectivo, embora aberto. Mas não arbitrário: é o costume, são os usos e as normas de cortesia, enfim os valores sociais que indicam se era ou não de esperar a acção.

3. Outro critério objectivo é o que formulam aqueles que, como GISPIGNI E SUSANA HUERTA TOCILDO, defendem que "a acção esperada" é sinónimo de "acção devida", "acção imposta". Já atrás expusemos e rejeitámos esta visão, segundo a qual a omissão (em sentido jurídico), ao contrário da acção, só existe a partir do momento em que o Direito impõe a conduta correspondente e que conduz à conclusão de que a omissão deve ser analisada não em sede de facto, pois facto é apenas a acção enquanto comportamento positivo e materialmente existente, mas em sede de ilicitude [234].

BRITO, *Estudos para a Dogmática do Crime Omissivo*, pág. 90. Refere SOUSA Brito, que Gallas se situa na área de Grispigni e nega a existência da omissão pré-jurídica, qualificando as que são referidas no texto de puramente extra-jurídicas.

[231] Veja-se *supra*, pág. 32 e segs..

[232] MÁRIO BOSCARELLI, *Compendio di Diritto Penale. Parte General*, pág. 41.

[233] Veja-se, *supra*, pág. 55.

[234] Veja-se *supra*, pág. 110.

Recordem-se as palavras de Mezger, segundo as quais "a omissão pertence,

Repare-se ainda que este critério nem sequer é mais objectivo do que aquele que propomos. É certo que os costumes, os usos, as normas de cortesia, etc., mudam com os tempos e com os lugares, e que, portanto, aquilo que é hoje "acção esperada" num dado local, pode não o ser noutro sítio ou deixar de o ser amanhã. Contudo, o mesmo pode acontecer com a proposta que identifica acção esperada com acção devida: Também as leis mudam com os tempos e não são iguais em todo o lado.

Do exposto parece resultar que este autores não admitem senão a existência da omissão ilícita. Mas não é assim. Mesmo no quadro de uma teoria deste tipo é possível detectar casos de omissão lícita: todos aqueles casos em que, violando-se embora determinado preceito legal que impõe uma acção, aproveite ao sujeito uma causa de justificação. Este aspecto é, aliás, destacado por GRISPIGNI no seu estudo sobre o tema: "Com efeito, tal é possível se se tratar de uma omissão excepcionalmente lícita (isto é, lícita por força de uma causa de justificação (...) [235].

Mas a questão que se deve pôr é a seguinte: "Existem omissões (em sentido jurídico) lícitas para além desta hipótese?"

Para Grispigni não. Escreve este autor: "Com efeito, já se disse que, se no conceito de omissão está implícito aquele de contrariedade a uma norma, tal norma pode ser uma norma da mais variada espécie, pelo que a omissão em sentido jurídico é apenas uma espécie do género da omissão. Daqui deriva que pode haver uma omissão que não seja anti-jurídica" [236].

Repare-se: Grispigni admite a existência de omissões **mas só enquanto figuras extra-jurídicas**. Não existem para o autor omissões (em sentido jurídico) lícitas (para além das já referidas "omissões excepcionalmente lícitas").

---

numa consideração rigorosamente sistemática, ao acto ilícito. Apenas por motivos didácticos está novamente colocada na doutrina da acção".

[235] FILIPPO GRISPIGNI, *L'Omissione nel Diritto Penale*, en *Rivista Italiana di Diritto Penale*, Ano VI, 1934, XII, págs. 23 e segs..

[236] FILIPPO GRISPIGNI, *L'Omissione nel Diritto Penale*, en *Rivista Italiana di Diritto Penale*, Ano VI, 1934, XII, págs. 23.

4. Ora não concordamos com estes pontos de vista. Na base desta ideia de Grispigni está a ideia de que não é jurídico (por ser juridicamente irrelevante) o comportamento que não se traduz na violação de uma norma jurídica (ainda que excepcionalmente justificado por uma causa de exclusão da ilicitude). Transpondo esta ideia para o campo da responsabilidade civil, diríamos que só seriam comportamentos jurídicos aqueles que fossem danosos ou perigosos (potencialmente danosos).

Já atrás escrevemos que discordamos deste modo de ver. Afirmámos, inclusivamente, que interessam ao Direito não apenas os acontecimentos danosos ou perigosos [237]. A ser assim, já se pode falar em omissões lícitas para além dos casos em que o admite Grispigni: verificar-se-iam omissões lícitas em todos aqueles casos em que existisse a violação de um preceito jurídico a coberto de uma causa de justificação, e ainda todos aqueles casos em que existisse **a violação de um comando com relevância social, embora não jurisdicizado**, no sentido de não imposto pelo Direito. Ao Direito interessa um conceito unitário e globalizante do facto jurídico, que sirva a todos os seus sectores [238], e, consequentemente, um conceito unitário e globalizante de omissões. Nesta perspectiva não se pode negar que existem omissões lícitas fora dos casos apontados acima, que serão todas as omissões que se possam qualificar como juridicamente relevantes e que não se traduzam na violação de normas. Pense-se, por exemplo, que A se obriga perante B a não tocar piano entre as 14 e as 16 horas, porque este faz sesta diariamente nesse período e que às 15 horas, C pede a A para tocar piano e este recusa-se. A omissão de A é juridicamente relevante, embora lícita, pois traduz-se no cumprimento de uma obrigação.

Por outro lado, conforme já assinalámos a propósito da noção genérica de comportamento como pressuposto da responsabilidade, não são apenas os factos danosos ou potencialmente danosos que

---

[237] Ver *supra*, pág. 32 e segs..
[238] Veja-se, *supra*, pág. 39.

interessam neste domínio [239]. Assim, por exemplo, o facto de *A*, suspeito de homicídio na pessoa de *B*, ter faltado a uma recepção social no momento em que se deu o homicídio de *B*, não pode deixar de ser considerado uma omissão relevante para o Direito e, em especial, para a teoria da responsabilidade, embora se trate de um comportamento lícito, pois consistirá em mais um indício de que terá sido ele o seu autor.

Como já se viu, o Direito não trabalha apenas com o conceito de acção ilícita [240]. E não vemos razão para que não se faça o mesmo relativamente à omissão. Uma coisa é verificar que existe omissão (ou acção), outra coisa é qualificar esse "quid" previamente identificado, como conforme ou desconforme com o Direito, isto é, lícito ou ilícito. A qualificação da omissão como ilícita não consiste na definição ou identificação da omissão, mas já numa etapa subsequente.

Mas se é certo que defendemos um conceito jurídico de comportamento, independente da violação de normas jurídicas, ou seja, defendemos a possibilidade de comportamentos jurídicos que não se traduzam na violação de normas jurídicas, defendemos também um conceito de comportamento não meramente naturalístico, mas referido a uma dada ordem de valores: a ordem social. Comportamento é, só no nosso ponto de vista, a conduta socialmente relevante [241].

Ora, dado este conceito jurídico de comportamento, parece-nos perfeitamente possível o enquadramento da omissão no seu conteúdo, ao lado da acção em sentido restrito. A necessidade, para

---

[239] Veja-se, *supra*, pág. 39.

[240] Este é realmente o problema. Como escreve GIUSEPPE PONZ DE LEON, "posto que, como se constatou, acção e omissão, sob o plano normativo, se desenvolvem pariteticamente, a questão que surge é a de saber se também a omissão tem sob o plano pré-jurídico uma concretização, se é um dado da realidade histórica que o ordenamento jurídico assume como o próprio dando-lhe, no momento sucessivo, um particular significado normativo (*La Causalitá del l'Omissione nell Sistema Penale*", pág. 4).

[241] E é relevante tanto o comportamento desconforme como o conforme com essa ordem social.

que se fale em omissão juridicamente relevante, que a acção seja socialmente esperada, permite a sua inclusão no conceito amplo de comportamento como conduta socialmente relevante.

5. Admita-se, porém, que só é possível falar em acção esperada se se considerar todo o contexto em que se verifica a abstenção e não apenas a abstenção em si. Assim, se *A* ficou sentado na cadeira em casa, temos uma atitude sem qualquer sentido e é impossível falar em acção esperada. Mas se considerarmos o evento *"A* não esteve no jantar para que tinha sido convidado" ou *"A* não esteve no emprego", já se pode identificar a acção esperada (*"A* ir ao jantar" ou *"A* ir trabalhar") e a atitude ganha relevância social. Por outras palavras, a omissão só pode ser considerada como forma de comportamento se a considerarmos no contexto conduta-evento.

Pois que, se considerarmos a omissão isoladamente, sem a relacionarmos com o evento, deparamos com um mero não actuar, uma ausência de movimento corpóreo sem qualquer sentido. Tal, como para a acção, é o evento que permite qualificar a omissão e lhe dá significado (ainda que seja apenas logicamente destacável) [242].

Esse significado surge, pois, a partir do momento em que se enquadra a conduta omissiva no contexto conduta-evento, isto é, no facto em sentido amplo.

Esta aproximação da conduta ao evento faz-se, em Direito, como se sabe, pelo nexo de causalidade. É certo que entre omissão, ausência de movimento corpóreo, e evento, não pode existir nunca um nexo causal naturalístico. Mas já atrás vimos que o nexo causal puramente naturalístico não serve às necessidades de Direito. O Direito cria o seu conceito próprio de causalidade, conceito esse que vem formulado em termos tais que é aplicável tanto às acções (em sentido estrito) como às omissões.

Encontramos esta ideia nas seguintes palavras de WESSELS: "Causalidade em sentido jurídico é outra coisa que causalidade em sen-

---

[242] Veja-se, *supra*, pág. 64.

tido das ciências naturais (...). Esta lei da causalidade (natural) seria inadequada e insuficiente no Direito Penal como princípio (isolado) de imputação do resultado. O conceito jurídico-penal de "causalidade" é um conceito de relação jurídico-social, que conduz a conteúdos ontológicos e normativos, não sendo, portanto, idêntico ao das ciências naturais nem ao das filosóficas (...): "O Direito não está impedido, porém, por exemplo, de compreender o vínculo adequado à lei entre a omissão e a ocorrência de um resultado socialmente danoso (apesar da falta de "causalidade" em sentido ontológico e naturalístico) como "nexo causal" e imputar esse resultado ao omitente como "sua obra" se a prática da acção salvadora juridicamente exigida tivesse impedido o resultado típico com probabilidade nos limites da certeza" [243].

"É insignificante o facto de que não há na omissão uma "causalidade" no sentido físico, pois para o modo normativo de consideração do Direito Penal não tem importância o conceito causal das ciências naturais" [244].

A mesma opinião encontramos, por exemplo, em JESCHECK: "Mas para a perspectiva jurídica, o conceito de causa próprio das ciências da natureza não é decisivo" [245-246]. Também PANNAIN é de

---

[243] JOHANNES WESSELS, *Direito Penal. Parte Geral (Aspectos fundamentais)*, tradução e notas de Juarez Tavares, pág. 40.

[244] JOHANNES WESSELS, *ob. cit.*, pág. 162.

[245] Hans-Heinrich Jeschek, *Tratado de Derecho Penal (Parte General)*, tradução de Mir Puig e Muñoz Conde, pág. 852.

[246] Trata-se, aliás, da posição dominante em Direito Penal. Não pretendemos, contudo, neste trabalho, debruçarmo-nos especificamente sobre o problema de causalidade da omissão, sede onde se levantam algumas questões interessantes e complexas (como por exemplo a distinção entre omissões não impeditivas e omissões causativas). Limitamo-nos a indicar em seguida, a título meramente exemplificativo e além dos textos já referidos, uma série de obras onde o assunto se encontra versado:

FRANCESCO ANTOLISEI, *Manuale di Diritto Penale. Parte General*, págs. 170 e segs.; TERESA BELEZA, *Direito Penale*, 2.º vol., Tomo II, págs. 833 e segs.; MARCO BOSCARELLI, *Compendio di Diritto Penale. Parte Generale*, págs. 41 e segs.; FRANCESCO

Omissão e Dever de Agir em Direito Civil 125

opinião de que "não é possível dar uma explicação naturalística da causalidade da omissão (...). A omissão é apenas uma causa normativa do evento" [247].

Já atrás definimos a nossa opção neste ponto pela teoria da causalidade adequada, e afirmámos mesmo simpatizar com a seguinte formulação: uma condição é causa de um evento sempre que dadas as regras da experiência e as circunstâncias conhecidas ou cognoscíveis pelo agente, se mostra apta ou idónea a agravar o risco de produção desse evento [248].

CARNELUTTI, *Ilicitá Penale del Omissione*, in *Annali di Diritto e Procedura Penale*, 1933, 2, pág. 1; VINCENZO CAVALLO, *Diritto Penale. Parte Generale*, vol. II, págs. 187 e segs.; GAETANO CONTENTO, *Istituzione di Diritto Penale*, págs. 133 e segs.; EDUARDO CORREIA, *Direito Criminal*, vol. I, págs. 300 e segs.; ANTÓNIO CRISTIANI, *Istituzioni di Diritto e Procedura Penale*, págs. 24 e segs.; GIUSEPPE PONZ DE LEON, *La Causalitá dell'Omissione nel Sistema Penale*, in *Publicazioni dell Istituto Scienze Giuridiche Economique, Politique Sociali dell Università di Messina*, 1964; GIACOMO DELITALA, *Il Fatto nella Teoria Generale del Reato*, págs. 131 e segs.; JOSÉ MARÍA RODRIGUEZ DEVESA, *Derecho Penal Español. Parte General*, págs. 372 e segs.; JUAN DEL ROSAL, *Tratado de Derecho Penal Español*, vol. I, págs. 658 e segs.; GIOVANNI FIANDACA/ENZO MUSO, *Diritto Penale. Parte Generale*, págs. 324 e segs.; GIOVANNI GRASSO, *il Reato Omissivo Improprio*, págs. 97 e segs., *Orientamenti Legislativi in Tema de Omesso Impedimento dell'Evento: il Nuovo § 13 del Codice Penale dell Repubblica Federale Tedesca*, in *Rivista di Diritto e Procedura Penale*, 31, 1978, págs. 872 e segs.; FILIPPO GRISPIGNI, *L'Evento como Elemento Costituvo del Reato*, in *Annali di Diritto e Procedura Penale*, 3, 1934, págs. 857 e segs., *L'Omissione nel Diritto Penale*, in *Rivista Italiana di Diritto e Procedura Penale*, 6, 1934, págs. 16 e segs., *Il Nesso Causale nel Diritto Penale*, in *Rivista Italiana di Diritto e Penale*, ano VII, 1935, págs. 3 e segs.; ALFREDO MARISCO, *Diritto Penale. Parte Generale*, págs. 96 e segs.; GONZALO RODRIGUEZ MOURULLO, *Derecho Penal. Parte General*, págs. 96 e segs.; PIETRO NUVOLONE. *L'Omissione nel Diritto Penale Italiano. Considerazioni Generali Introdutive*, in *L'Indice Penale*, ano XVI, 1936, págs. 433 e segs.; ANTONIO QUINTANO RIPOLLES, *Tratado de la Parte Especial del Derecho Penal*, tomo IV, págs. 388 e segs.; MARIO ROMANO, *Commentario Sistematico del Codice Penale*, vol. I, págs. 326 e segs. (artigo 49).

[247] REMO PANNAIN, *Manuale di Diritto Penale I, Parte Genetal*, págs. 380 e 381.

[248] Veja-se, *supra*, pág. 57 e segs..

Será pois na linha desta directriz que se deve procurar formular o critério de determinação do nexo da causalidade entre uma omissão e um dado evento. Por outras palavras, há que procurar adaptar este critério, formulado em termos de acção (em sentido estrito) às hipóteses da omissão.

Encontramos uma tentativa dessa adaptação, no campo da responsabilidade civil [249], nas lições de *Direito das Obrigações* de ANTUNES VARELA, embora a fórmula se destine a estabelecer o nexo de causalidade entre o facto e o dano [250].

Essa fórmula é a seguinte: "A omissão é causa do dano sempre que haja o dever jurídico de praticar um acto que, seguramente ou muito provavelmente, teria impedido a consumação desse dano" [251].

Conforme observámos, a formulação respeita ao nexo de causalidade entre o facto e o dano, pelo que há que substituir a palavra "dano" pela palavra "evento" ou "resultado", para ajustar a proposta de ANTUNES VARELA ao nosso tema.

Cremos, porém, que a questão da existência do dever jurídico de praticar o acto omitido não é, em rigor, questão que tenha a ver com o nexo da causalidade mas antes com a matéria da ilicitude.

Pelo que avançamos a seguinte proposta: existe nexo de causalidade entre uma omissão e certo evento quando, dadas as regras da experiência e as circunstâncias conhecidas ou cognoscíveis pelo sujeito, a prática do acto omitido teria, segura ou muito provavelmente, evitado esse evento, previsto ou previsível pelo sujeito.

Atente-se que existe aqui uma dupla previsibilidade: previsibilidade do evento, em primeiro lugar. Não existe nexo de causalidade entre a omissão e o evento se este não é pelo menos previsível pelo sujeito.

---

[249] No campo do Direito Penal é também esta a orientação dominante.

[250] Conforme se referiu, os civilistas não costumam analisar a problemática do nexo de causalidade entre a conduta e o resultado, mas apenas entre o facto globalmente considerado e o dano (veja-se, *supra*, pág. 49 e segs).

[251] JOÃO ANTUNES VARELA, *Das Obrigações em Geral*, vol. I, pág. 497.

Mas a previsibilidade do evento não é, por si, suficiente. Exige--se ainda que o sujeito soubesse, ou tivesse a obrigação de saber que com o acto omitido teria evitado o evento.

Concluímos assim que o conceito jurídico de causalidade consegue superar a diferença que existe, do ponto de vista naturalístico, entre o "causar" e o não "impedir". E diremos, com PISAPIA, que "quem omite, embora não ocasionando directamente o evento, não impede a causa de o provocar, determinando, assim, uma condição equivalente à causal ao ponto de **poder juridicamente** identificar--se com esta [252-253].

---

[252] GIAN DOMENICO PISAPIA, *Istituzioni di Diritto Penale*, pág. 68 (sublinhado é nosso).

[253] Merece referência a posição de ALTAVILLA, que considerando embora que "há que estabelecer a diferença entre o conceito de causalidade física, mecânica, naturalística e o normativo (ENRICO ALTAVILLA, *Inerzia ed Omissione nel Processo Causale*, in *Revista da Faculdade de Direito da Universidade de S. Paulo*, vol. XXXII, fascículo 3, pág. 484) e que "a omissão não pode naturalisticamente ser considerada causante"" (*ob. cit.*, pág. 486) admite que excepcionalmente "a omissão, reportada a uma lei natural, pode sê-lo" (*ob. cit.*, pág. 486).

Explica Altavilla: "As leis naturais activam os ciclos através dos quais o mundo se eterniza, renovando-se; do ciclo fatal das estações, às leis inexoráveis da vida animal" (*ob. cit.*, pág. 486).

"Quem age em conformmidade com tais leis, exprime uma atitude causal positiva, quem age contrastando-as, exprime uma atitude causal negativa". Altavilla dá o seguinte exemplo: assim como, se numa época normal de chuva não chover e sobrevier uma seca, se diz que a falta de chuva foi a causa da seca (recordem--se aqui as palavras de ALFONSO TESAURO: "A falta de sol ou de chuva é uma irrealidade, mas uma situação da qual podem derivar consequências mais ou menos danosas para o cultivo do trigo" – *L'Omissione nella Teoria del Reato*, in *Scritti Giuridici in Memoria di Eduardo Massari*, 1938, XVI, pág. 472), se a mãe não amamentar o filho e ele morrer de fome, sendo certo que fazê-lo constitui "uma necessidade biológica resultante não da sua vontade, mas da sua própria conformação fisiológica", dir-se-á que "em sentido naturalístico causa a morte da criança" (*ob. cit.*, págs. 487 e 488).

Em casos como este, em que "a sociedade tem interesse em que alguns fenómenos" naturais se produzam, "o fenómeno natural insere-se no sistema jurídico e transforma-se em fenómeno jurídico" (*ob. cit.*, pág. 488).

Em nossa opinião, o Direito não tem que se preocupar com o facto de

Porque o nexo de causalidade da omissão é uma adaptação do nexo de causalidade da acção, há quem se incline para a ideia de que consiste num conceito essencialmente diferente [254].

Pensamos, porém, que não será assim. As ideias de probabilidade e de previsibilidade, que constituem o núcleo central da teoria da adequação, em ambos têm papel essencial, pelo que pensamos poder afirmar-se que a causalidade da acção, consistindo as duas causalidades em modalidades da adequação.

6. Propomos, assim, como **conceito jurídico** de omissão enquanto modalidade de comportamento jurídico, a abstenção voluntária de uma acção socialmente esperada.

Sucede, contudo, que o conceito de omissão, conforme já observámos em KOLLMANN, não é uma realidade essencialmente física, mas um juízo [255]. Esse facto, porém, não impede a inserção da omissão no conceito jurídico de comportamento. Impedi-lo-ia, sim, se se perfilhasse um conceito mecanicista de comportamento, como movimento corpóreo, mas nós seguimos um conceito de comportamento como conduta com implicações sociais [256].

---

naturalisticamente uma dada conduta ser ou não causal, porque adopta o seu próprio conceito de causalidade. De qualquer modo parece-nos que não existe nenhum caso de omissão com eficácia causal em sentido naturalístico ou físico, nem nos casos que Altavilla refere. A força causal de omissões nessas hipóteses, apenas pode ser firmada em função de "leis naturais" que são criações do espírito (neste sentido, GIOVANNI GRASSO, *Il Reato Omissivo Improprio*, págs. 13 e segs.).

Refira-se, ainda, que esta distinção entre omissões com eficácia causal naturalística e omissões com eficácia causal meramente normativa, corresponde às categorias de omissões causativas e omissões não impeditivas, a que já fizemos referência (veja-se, *supra*, pág. 124, nota 246), dicotomia que, como se vê, não cremos fazer sentido.

[254] Esta parece-nos ser a posição de Manuel Cavaleiro de Ferreira (*Direito Penal. Parte Geral*, vol. I, 1986, pág. 71), que acerca da causalidade da omissão escreve: "Parece-nos que não se trata da mesma noção de causa" (que vale para a acção).

[255] Veja-se *supra*, pág. 107 e segs..

[256] Veja-se *supra*, pág. 32 e segs. e 64.

Neste conceito de comportamento é perfeitamente subsumível a omissão ao lado da acção, como a sua modalidade (ponto em que já nos afastamos de Kollmann).

Cremos, porém, que é ir longe demais afirmar que a omissão é **pura entidade normativa**, pois a ausência de movimento corpóreo é já um dado físico, quanto a nós indicutível, uma vez que os homens são dotados de capacidade de agir: a acção e a omissão são duas atitudes que o homem pode adoptar enquanto elemento do mundo da natureza [257].

Escreve Carnelutti: A omissão, inércia física, "é sem dúvida um "quid" físico exterior, no sentido de que existe "rerum natura" tanto no homem que se move como no homem que está quieto". Mas "se também a inércia pode determinar, como a acção, a punibilidade, e deve ser compreendida na noção de acção, não resta outra via (...) que a de alargar esta noção, fazendo da acção, antes que um movimento, um comportamento humano". Esclarece, em seguida, Carnelutti que esta ampliação da noção comum de acção tem repercussões terminológicas: "A palavra acção passa a ser cativa de sentidos diversos consoante se contrapõe à omissão ou consoante a compreende" [258].

Com efeito, o mundo é uma realidade dinâmica, os processos causais sucedem-se ininterruptamente. Se para nós a conduta é uma atitude do homem perante o mundo, que se traduz numa interferência nos processos causais que se entrecruzam sucessivamente, não espanta a afirmação de que o homem pode interferir nessa realidade quer agindo, quer omitindo. Recordem-se as palavras de WELZEL: "O mundo é um constante devir. O que hoje é bom, pode inverter-se amanhã, por si mesmo, em mau. A vida humana activa consiste,

---

[257] Realçando que nos delitos omissivos existe um "substrato real", Ivo CARACIOLI, *Il Tentativo nel Delito Omissivo*, pág. 4. O autor considera, contudo, que esse "substrato real" tanto pode ser a "inactividade" como a "acção efectivamente praticada".

[258] FRANCESCO CARNELUTTI, *Teoria Generale del Reato*, págs. 227 e 230.

em grande parte, em manter as séries de evolução da vida nos seus cursos normais [259].

Atente-se, no entanto, que Welzel é defensor de um conceito finalista de comportamento, visão que não seguimos. Contudo, a ideia expressa nas suas palavras é perfeitamente compatível com a nossa concepção de comportamento, que é causante (em sentido jurídico) e, portanto, interferente no mundo.

Do exposto pensamos ser possível concluir que os aspectos físicos da omissão, enquanto facto omissivo, são:

1.º – A própria abstenção de movimento;

2.º – O evento resultante dessa omissão (enquanto conduta) que é um dado perceptível no mundo exterior (embora a ligação omissão-evento seja jurídica);

3.º – A voluntariedade da omissão, que é uma atitude ou tomada de posição do homem perante as alternativas que tem ao nível físico, consistindo também num dado físico, embora psicológico. É na perspectiva deste aspecto que RASSAT escreve que a omissão não é "um nada psicológico. É uma decisão" [260].

Depois, vem o tal elemento que podemos já qualificar de normativo: o nexo da causalidade, que cria o contexto em que a omissão ganha sentido. Este elemento é indispensável. Mas daí até se afirmar que a omissão é pura criação normativa ainda vai uma certa distância, pois existem importantes elementos físicos na omissão.

O que se pode é afirmar que só faz sentido falar em omissão no plano axiológico. Mas isso nada tem de estranho. O mesmo sucede relativamente à acção em sentido jurídico, pois o nexo de causalidade jurídico está impregnado de valorações que resultam da experiência da vida social.

---

[259] HANS WELZEL, *Derecho Penal. Parte General*, pág. 206. Veja-se, *supra*, págs 111 e segs..

[260] MICHÈLE-LAURE RASSAT, *Droit Penal*, pág. 332.

6. *Casos de qualificação duvidosa ou controvertida*

1. Suscitámos atrás a questão da dificuldade de qualificação de determinadas condutas como activas ou omissivas [261]. Cremos estar agora em condições de tomar posição sobre este problema.

Já então referimos um exemplo que considerámos como bem ilustrativo do problema, mas igualmente assinalámos que se poderiam conjecturar casos de solução muito menos pacífica e óbvia [262].

Suponha-se então o seguinte exemplo: *A* cai a um poço e *B*, única pessoa no local e tendo consigo uma corda, lança-a para *A* a fim de salvá-lo. Ao começar a puxá-lo reconhece que *A* é um inimigo seu, e acaba por largar a corda. *A* acaba por vir a ser salvo por *C*, que casualmente passou pelo local em questão, mas passa vários dias no hospital. Ora neste caso deve *B* indemnizar *A*? Se se entender que *A* actuou (largando a corda) não existem grandes dúvidas nesse sentido, mas se se entender que *A* apenas omitiu uma dada conduta (salvamento de *B*), então, para que se reconheça a obrigação de indemnização, haverá que fundamentar concretamente o dever jurídico de agir [263].

2. Vários critérios têm sido sugeridos pela doutrina penalista para a resolução deste tipo de casos tendo em vista a responsabilidade penal do sujeito. ENGISCH, por exemplo, propunha um critério meramente empírico assente no emprego ou não de energia, o que

---

[261] Veja-se *supra*, pág. 94.

[262] Veja-se, por exemplo, HANS HEINRICH JESCHEK, *Tratado de Derecho Penal (Parte General)*, tradução de Mir Puig Conde, págs. 829 e 830; JOHANNES WESSELS, *Direito Penal. Parte Geral*, tradução de Juarez Tavares, pág. 159 e ainda IVO CARACCIOLI, *Il Tentativo nel Delito Omissivo*, pág. 8.

[263] Veja-se *infra*, pág. 135 e segs..

nos parece de rejeitar por assentar num conceito meramente mecanicista de comportamento [264]. WESSELS, que concebe o comportamento em função de uma estrutura referenciada a valores, tendo em vista o sentido social da acção, propõe que a questão seja resolvida através de uma valoração em concreto da situação para a determinação do centro de gravidade da conduta. FIGUEIREDO DIAS é de opinião semelhante, e refere que a determinação do centro de gravidade da valoração da ilicitude relativamente à conduta penalmente relevante, se deve fazer à luz da pespectiva normativo-social [265].

Para JESCHEK, "se alguém causar o resultado mediante um "fazer positivo" objectivamente típico, este constitui o ponto de referência importante para o Direito Penal (critério da causalidade). (...) Só quando se constatar que "o fazer activo" do autor, ainda que doloso ou culposo, era adequado socialmente, ajustado ao Direito ou inculpável [266], deverá em seguida perguntar-se se o autor omitiu um "fazer positivo" esperado mediante o qual se evitaria o resultado" [267].

Em nossa opinião, estes autores não divergem nas suas opiniões, a ideia que os norteia é, no fundo, a mesma. Simplesmente Jeschek vai mais longe, explicitando um pouco mais o critério que deve presidir à determinação da conduta.

Pela nossa parte concordamos que o problema deva ser resolvido através de uma apreciação em concreto da situação.

Cremos, porém, que a valoração a efectuar nada tem a ver com a ilicitude (contrariamente ao que refere Jescheck), que constitui uma etapa subsequente. Pelo contrário, parece-nos que a questão

---

[264] Veja-se JOHANNES WESSELS, *Direito Penal. Parte Geral*, pág. 159, e Jorge Figueiredo Dias, *Pressupostos da Punção e Causas que excluem a Ilicitude e a Culpa*, in *Jornadas de Direito Criminal*, Fasc. I, 1983, pág. 55.

[265] JORGE FIGUEIREDO DIAS, *ob. cit.*, pág. 54.

[266] A possibilidade de uma actuação dolosa ou culposa que seja lícita não constitui um paradoxo no quadro da visão se JESCHECK, para quem o dolo, a negligência pertencem à acção e são prévios à ilicitude.

[267] HANS HEINRICH JESCHECK, *Tatado de Derecho Penal (Parte General)*, tradução de Mir Puig e Muñoz Conde, pág. 830.

deve ser resolvida apenas tendo em conta as atitudes do sujeito e a sua relacionação com o resultado, que o mesmo é dizer, tendo em conta o critério da causalidade.

3. E assim, quanto ao caso concreto, cremos estar perante uma omissão de *B*, pois esta atitude gerou eficácia causal em momento anterior à acção de largar a corda (que não se apresenta como idónea a agravar o risco de produção causal iniciado com a conduta omissiva) [268]. Faz sentido falar de omissão de socorro a partir do momento em que *B* tem a percepção de que *A* está no poço e se está a afogar e sabe que tem a corda para o salvar.

Não chegando a salvá-lo, a sua conduta omissiva deve ser tida por causa do afogamento.

Só não seria assim se o afogamento fosse proporcionado pelo acto de *B* largar a corda (que teria surpreendido *A*, por exemplo, *agravando,* assim, o risco da produção desse resultado).

Admitindo, por exemplo, que *A* fora empurrado por *C*?

C, ao empurrar *A*, iniciara um processo causal adequado ao afogamento de *A*.

Mas *B*, ao tomar conhecimento da situação de *A* e da possibilidade de usar a corda, inicia um processo causal por omissão, *interrompendo* o anterior (no campo penal, *C* deveria ser punido por tentativa de homicídio, *B* por homicídio por omissão). Em nossa opinião a situação é assimilável à figura da interrupção do nexo causal. Equivalente, por exemplo, a que *A* empurrasse *B* para um poço, iniciando um processo conducente ao seu afogamento, mas interrompido por *C*, matando *B* com um tiro (no caso, interrupção do nexo causal por acção, além, por omissão).

A directriz que sugerimos é, pois, a de que, perante um facto cuja qualificação como activo ou omissivo se apresenta dúbia, deve prevalecer a qualificação que resultar da conduta que é indicada, pelo critério de adequação, como causa do evento.

---

[268] WESSELS, contrariamente entende que no caso em análise se configura uma acção (*ob. cit.*, pág. 160).

III. A ilicitude da omissão

1. *Ideias gerais sobre a ilicitude da omissão*

Conforme atrás referimos, a ilicitude consiste na contraditoriedade à ordem jurídica, considerada na sua globalidade [269]. Assim, um acto humano será ilícito perante dado ordenamento jurídico se for desconforme com esse ordenamento jurídico.

Num sistema jurídico como o nosso, em que se dá primazia à liberdade, as acções são, em princípio, lícitas. Só serão ilícitas se o sistema jurídico excepcionalmente as proibir.

Neste sentido tem razão PAUL ESMEIN quando afirma que não existe significativa diferença no que respeita a ilicitude entre acção e omissão, isto é, que o problema da ilicitude na acção e na omissão é paralelo e semelhante. Pois, se é verdade que a omissão só é ilícita quando a acção é imposta (e a omissão consequentemente proibida), a acção também só é ilícita quando a acção é proibida (e a omissão consequentemente imposta) [270].

Contudo esta identidade ou semelhança é apenas formal, e nessa medida a afirmação de Paul Esmein é equívoca. Ora veja-se.

Conforme já expressámos atrás, o conceito de ilicitude que basicamente tem relevância para o tema da responsabilidade civil, é um conceito de ilicitude material, isto é, ilicitude como violação injustificada de direitos ou interesses juridicamente protegidos de outrem [271].

---

[269] Veja-se *supra*, pág. 67 e segs..

[270] AUBRY e RAU, *Droit Civil Français*, tomo VI, por Paul Esmein, pág. 429 e 430.

[271] Veja-se *supra*, pág. 69.

O conceito serve também para a teoria da omissão mas com um pequeno aditamento importante. Com efeito, ao nível da omissão, o âmbito da ilicitude é mais apertado ou exigente do que o é ao nível da acção. A doutrina costuma assinalar que, se é verdade que a acção é ilícita sempre que se violem direitos ou interesses juridicamente protegidos de outrem e não existe uma causa de exclusão de ilicitude, já a omissão que violar [272] direitos ou interesses juridicamente protegidos de outrem na ausência de causa de exclusão de ilicitude, não será necessariamente ilícita. É ainda necessário que sobre o omitente incidisse o dever jurídico de agir [273].

Cremos que o fundamento desta disparidade de tratamento é aquele que indica SIDÓNIO RITO:

"A obrigação de não lesar outrem é obrigação de justiça elementar: *neminem leadere*.

A obrigação de defender outrem é obrigação de ordem mais elevada, imposta por uma compreensão do princípio da solidariedade social" [274].

Convém, contudo, assinalar que o autor utiliza as expressões "lesar outrem" e "defender outrem" em sentido naturalístico, já que na acepção jurídica a acção e a omissão, conforme referimos, [275] têm

---

[272] Sobre a eficácia causal da omissão veja-se *supra*, págs. 123 e segs..

[273] Esta é a técnica da exposição da matéria seguida por ANTUNES VARELA (*Das Obrigações em Geral*, vol. I, pág. 520), ALMEIDA COSTA (*Direito das Obrigações*, pág. 366);

RUI DE ALARCÃO (*Direito das Obrigações*, pág. 240), VAZ SERRA (*Obrigações de Indemnização...*, in *Boletim do Ministétio da Justiça.*, n.º 48, Março, 1959, pág. 108), sendo igualmente sugerida pela lei (art. 486.º do Código Civil).

No campo do Direito Penal, é igualmente a técnica utilizada por CAVALEIRO DE FERREIRA (*Direito Penal Português*, vol. I, 1986, pág. 66), EDUARDO CORREIA, (*Direito Criminal*, pág. 303), FIGUEIREDO DIAS (*Direito Penal*, pág. 164), TERESA BELEZA (*Direito Penal*, 2.º vol., Tomo II, pág. 878) e pelo Código Penal (artigo 10.º).

[274] SIDÓNIO PEREIRA RITO, *Elementos da Responsabilidade Civil Delitual*, pág. 52.

[275] Veja-se *supra*, págs. 128.

semelhante eficácia causal. Simplesmente, o aspecto naturalístico repercute-se no domínio jurídico, não ao nível da causalidade, mas ao nível da ilicitude, determinando que o campo desta seja mais "apertado" no terreno da omissão.

Julgamos, porém, que nada impede que a ilicitude da omissão possa ser explicada em termos semelhantes à ilicitude da acção. Nesta perspectiva dir-se-ia que a inexistência do dever jurídico de agir consistiria numa causa específica da exclusão da ilicitude ao nível da omissão, que ficaria em paralelo com a figura do exercício (normal) do direito, para a acção.

Poder-se-á, contudo e sempre, objectar que esta construção não espelha o tipo de operações que o julgador realiza ao apreciar dado caso de ilicitude. Com efeito, ao nível da acção, o julgador, depois de detectar a violação de direitos ou interesses juridicamente protegidos de outrem, vai verificar (positivamente) se a violação em causa consistiu ou não no exercício de um direito, pois que na maioria dos casos não existirá direito algum a dar cobertura à situação. Mas ao nível da omissão, o julgador, depois de registar a violação de direitos ou interesses juridicamente protegidos de outrem, não vai (negativamente) apreciar a inexistência do dever jurídico de agir, mas pelo contrário apurar se, no caso concreto, existia ou não esse dever, pois que a regra é a inexistência desse dever.

Cremos, no fundo, que as duas explicações são possíveis, e que a discussão não terá alcance prático, mas meramente teórico. De líquido podemos afirmar o seguinte: a violação de direitos ou de interesses juridicamente protegidos de outrem, em consequência de uma omissão, **só será injustificada (e por isso ilícita) se existir o dever jurídico de agir**. A arrumação deste dever jurídico de agir como pressuposto positivo da ilicitude ou a sua inexistência como causa da exclusão, é questão meramente teórica.

Pessoalmente inclinamo-nos para a primeira posição, pois julgamos que é a que melhor explica a realidade, traduzindo mais fielmente a ordem das operações realizadas pelo julgador.

2. *O problema das fontes do dever jurídico de agir*

1. Cabe agora estabelecer quando é que existe o referido dever jurídico de agir.

Repare-se antes de mais que se fala em dever jurídico e não pura e simplesmente em dever. A intenção é a de excluir, desde logo, da qualificação como ilícitas as omissões que se traduzem na violação de deveres não jurídicos, como os deveres meramente morais ou de cortesia [276].

Por outro lado fala-se em dever jurídico e não em dever legal. E isto porque o dever pode ser jurídico mas não ter por fonte imediata a lei [277], conforme veremos já adiante.

Aliás, é extremamente discutida e discutível a existência de obrigações legais, no sentido de obrigações que derivam imediatamente da lei, categoria introduzida por POTTIER no seu *Tratado das Obrigações*.

Sobre este ponto ORLANDO GOMES, no seu manual das *Obrigações*, distingue, na senda de BARBERO, causa ou fonte mediata das obrigações, que é a lei, realidade que empresta siginificação jurídica aos factos, e condição determinante ou fonte imediata, que é o facto que gera a obrigação em virtude da lei lhe atribuir essa eficácia. Assim, a lei é apenas causa eficiente das obrigações, nunca condição

---

[276] Veja-se o que se disse atrás a propósito da violação das normas extra-jurídicas, págs. 15 e 32 e segs..

[277] Escreve FRANCESCO CERNELUTTI: "Não é necessário acrescentar que obrigação jurídica não é a mesma coisa que obrigação legal, a menos que por essa se entenda obrigação estabelecida imediatamente por lei; qualquer espécie de obrigação jurídica está compreendida na fórmula: em particular a obrigação "ex contractu" (*Illicitá Penale dell'Omissione*, in *Annali di Diritto Penale e Procedura Penale*, ano II, 1933, pág. 5).

determinante, pois mesmo nas chamadas obrigações legais, "há sempre um facto ou uma situação, que a lei leva em conta para que surja a obrigação" [278].

"Em resumo: todas as obrigações são legais se, por legal se entende que, na origem de todas, como sua causa eficiente, se encontra a lei; nenhuma é legal, se como tal se entende a derivação directa da lei sem um facto determinante" [279].

Assim, por exemplo a relação matrimonial será a imediata fonte da obrigação de respeito e da obrigação de alimentos existente entre os cônjuges, consistindo a lei em mera fonte mediata.

Em sentido semelhante escreve ANTUNES VARELA: "Para manter todos os elementos da classificação ao mesmo nível, como convém à economia de uma boa sistematização da matéria, haverá que descer ao plano das situações de facto a que a lei atende para criar obrigações" [280].

A fim de ulrapassar a polémica acerca da existência de obrigações legais, ALMEIDA COSTA acaba por propôr o abandono da distinção entre fontes legais e fontes não legais das obrigações, e a adopção da distinção entre fontes negociais e fontes não negociais, "embora sem que se pretenda elevar estas categorias a termos de uma classificação acabada" [281].

2. Comecemos por procurar a resposta à questão (de saber em que casos existe o dever jurídico de agir) no Código Civil vigente.

Aí encontramos, desde logo, o artigo 486.º, inserido na matéria da responsabilidade civil por factos ilícitos, que sob a epígrafe "Omissões" estabelece o seguinte:

"As simples omissões dão lugar à obrigação de reparar danos, quando, independentemente dos outros requisitos legais, havia, por força da lei ou do negócio jurídico, o dever de praticar o acto omitido".

---

[278] ORLANDO GOMES, *Obrigações*, pág. 32.

[279] ORLANDO GOMES, *Obrigações*, pág. 32.

[280] JOÃO ANTUNES VARELA, *Das Obrigações em Geral*, vol. I, págs. 216 e 217.

[281] MÁRIO JÚLIO DE ALMEIDA COSTA, *Direito das Obrigações*, págs. 144 e 146.

Quanto a nós, este preceito tem dois objectivos fundamentais:

— Por um lado, pretende esclarecer que as omissões podem ser fonte de responsabilidade civil.
— Por outro lado, pretende assinalar que no domínio das omissões a ilicitude tem uma particularidade: só existe se se verificar a violação do dever (jurídico) de praticar o acto omitido.

A referência aos "outros requisitos legais", reporta-se aos restantes pressupostos da responsabilidade civil, que se encontram previstos no preceito genérico do artigo 483.º, n.º 1 do Código Civil [282].

3. Podemos desde já assinalar que o artigo está deslocado.

Conforme se referiu atrás [283], a matéria da responsabilidade civil encontra-se fundamentalmente prevista no nosso Código Civil em três pontos do Título I, Livro II:

— Nos artigos 483.º a 510.º, que correspondem à Secção V, que tem o título "Responsabilidade Civil", e que se insere no Capítulo II das Fontes das Obrigações, onde se regulamentam

---

[282] A propósito deste preceito escreve MENEZES CORDEIRO: "Aparentemente, poderia, face a tal preceito, parecer que o delito omissivo requereria, na sua verificação, **todos os requisitos** geralmente previstos no artigo 483.º, n.º 1 e, **ainda**, a existência, legal ou convencional **do dever de praticar o acto omitido**. Mas não: porque entre os requisitos gerais, já se compreendia a violação; ora como pode uma omissão implicar violação, fora da hipótese da existência de norma que mande praticar a actividade omitida?" (*Direito das Obrigações*, 2.º vol., pág. 347).

Estamos de acordo com Menezes Cordeiro. Não se concebe a hipótese de uma omissão violar ilicitamente direitos ou interesses juridicamente protegidos de outrem e não existir violação de norma que mande praticar a actividade omitida. Mas, conforme referimos atrás, não se pretende aqui estabelecer mais um pressuposto da responsabilidade civil, mas, além de se esclarecer que as omissões podem ser pressuposto do dever de indemnizar, estabelecer as especificidades no domínio das omissões de um dos pressupostos previstos no preceito genérico do artigo 483.º, n.º 1: a ilicitude.

[283] Veja-se *supra*, pág. 18, nota 10.

as responsabilidade civil por factos ilícitos e responsabilidade civil pelo risco;

— Nos artigos 798.º a 812.º, inseridos no Capítulo VII, do Cumprimento e Não Cumprimento das Obrigações, que correspondem à Subsecção II que trata da Falta de Cumprimento e Mora Imputáveis ao Devedor, onde se regula a responsabilidade civil obrigacional;

— Nos artigos 562.º a 576.º, que integram a Secção VIII do Capítulo III das Modalidades das Obrigações, sob o título "Obrigação de Indemnização", onde se estabelecem princípios comuns às várias modalidades de responsabilidade civil" [284].

Acontece, porém, que existem preceitos deslocados, se atendermos à lógica desta sistematização. Segundo GALVÃO TELLES está neste caso o preceito do n.º 2 do artigo 487.º, onde se estabelece o critério de apreciação da culpa, que, tratando-se de aspecto comum à responsabilidade civil por factos ilícitos e à responsabilidade civil obrigacional, (pois o artigo 799.º, n.º 2 sobre a responsabilidade obrigacional, remete para o artigo 487.º, n.º 2), deveria estar previsto nos artigos 562.º e seguintes (obrigação de indemnização) onde se regulamentam os aspectos comuns às diversas espécies de responsabilidade civil [285].

---

[284] Como é o caso do problema do nexo da causalidade (artigo 563.º).

[285] INOCÊNCIO GALVÃO TELLES, *Direito das Obrigações*, pág. 180.

Em defesa do legislador poderá dizer-se que, se é certo que o critério de apreciação da culpa é comum na responsabilidade obrigacional e na responsabilidade por factos ilícitos, não interessa às restantes modalidades de responsabilidade civil, nomeadamente à responsabilidade pelo risco, por aí se explicando que não conste de uma divisão do Código Civil que respeite a todas as espécies de responsabilidade civil. Mas poderá sempre objectar-se que os artigos respeitantes à obrigação de indemnização foram pensados fundamentalmente para os casos de responsabilidade por facto ilícito e culposo (responsabilidade delitual em sentido amplo). Neste sentido apontar-se-á, por exemplo, o artigo 570.º onde se pressupõe sempre a culpa do lesante, ainda que meramente presumida.

Ora, o artigo 496.º, pelo menos na parte em que se refere ao negócio jurídico como fonte do dever de praticar o acto omitido, abrange um caso de responsabilidade obrigacional quando se refere à violação de obrigação de actuar emergente de negócio jurídico, nesta medida apresentando-se como deslocado. Claro que esta referência vai mais longe, na medida em que a responsabilidade nela prevista se deve estender a terceiros lesados com a omissão, ainda que não titulares do direito de crédito (eficácia protectora de terceiros do negócio jurídico) [286]. A inclusão sistemática do preceito na divisão da responsabilidade extra-obrigacional assim o impõe.

Mas então objectar-se-ia que a disposição (que fala em "dever de praticar o acto omitido") não interessaria a todas as modalidades da responsabilidade civil, mas apenas às que tem por fonte um facto ilícito e culposo (delito) [287].

Quer-nos parecer que estas incoerências eram difíceis de evitar no quadro da sistematização da matéria adoptada pelo nosso legislador. Talvez estas dificuldades tivessem sido ultrapassadas se, conforme propõe GALVÃO TELLES, o legislador tivesse optado por "uma regulamentação completa da responsabilidade obrigacional, a propósito do não cumprimento das obrigações, integrando aí o que se estatui acerca da obrigação de indemnização, que não figuraria autonomamente entre as modalidades de vínculos creditórios [288]. Versar-se-ia em seguida a responsabilidade extra-obrigacional, estabelecen-

---

[286] Veja-se MIGUEL TEIXEIRA DE SOUSA, *O Concurso de Títulos de Aquisição da Prestação*, Coimbra, 1988, págs. 322 e segs..

[287] Veja-se nota da pág. anterior.

[288] O que não constituiria uma omissão, pois, como sabemos, nem todas as modalidades das obrigações poderiam estar estabelecidas na lei, dado o princípio da atipicidade porque se regem (artigo 405.º). Aliás, nem sequer todas as modalidades das obrigações geralmente referidas pela doutrina estão previstas na lei. Basta pensar na figura da obrigação que tem por objecto uma prestação de facto de terceiro (sobre esta figura, por exemplo, INOCÊNCIO GALVÃO TELLES, *Direito das Obrigações*, págs. 39 e 40; FERNANDO PESSOA JORGE, *Direito das Obrigações*, págs. 78 e 79; JOÃO ANTUNES VARELA, *Das Obrigações em Geral*, vol. I, págs. 85 e segs.).

do as especialidades próprias desta e fazendo remissão para as disposições da responsabilidade obrigacional que lhe fossem extensivas" [289].

4. O artigo 486.º do Código Civil indica pois duas pretensas fontes do dever jurídico de agir: A lei e o negócio jurídico.

Quanto à lei como fonte do dever de agir, já atrás expressámos as nossas reservas [290]. Por isso, mais rigorosa nos parece a fórmula "outras situações previstas na lei para além do negócio jurídico". Mas por comodidade adoptaremos a terminologia legal, embora avisados do seu menor rigor.

Assim, existirá "dever legal" de praticar o acto omitido designadamente nos casos dos artigos 1674.º e 1874.º do Código Civil que impõem, respectivamente, o dever de auxílio entre cônjuges e entre pais e filhos. Existirá "dever negocial" de praticar o acto omitido no caso paradigmático da empregada que se obriga por contrato a tomar conta da criança.

5. A referência à lei como fonte de dever jurídico de agir não deve ser interpretada como designando restritivamente a lei civil, deve, pelo contrário, ser entendida no sentido amplo da ordem jurídica.

Esta posição é aceite pacificamente pelos nossos civilistas [291] e em seu abono podemos adiantar desde já dois argumentos:

— Em primeiro lugar podemos invocar a máxima segundo a

---

[289] INOCÊNCIO GALVÃO TELLES, *Direito das Obrigações*, pág. 181.

[290] Veja-se *supra*, págs. 139 e segs..

[291] Neste sentido se pronunciam ALMEIDA COSTA (*Direito das Obrigações*, pág. 367) e ANTUNES VARELA (*Das Obrigações em Geral*, vol. I, pág. 520). É igualmente a posição tomada por JORGE LEITE RIBEIRO DE FARIA, no seu recente *Direito das Obrigações*, 1.º vol., pág. 436.

Na mesma linha, mas no âmbito de outros ordenamentos, citem-se PAUL OERTMANN (*Introduction al Derecho Civil*, pág. 325), MARCEL PLANIOL e GEORGES RIPERT (*Traité Pratique de Droit Civil Français*, tomo VI, *Obligations*, pág. 693) e ainda RENÉ SAVATIER (*Traité de la Responsabilité Civile en Droit Français, Civil, Administratif, Professionel, Procedural*, tomo I, pág. 62).

Omissão e Dever de Agir em Direito Civil

qual onde o legislador não distingue não cabe ao interprete fazê-lo, directiva interpretativa que decorre do critério geral de hermenêutica legislativa do artigo 9.º, n.º 3 do Código Civil. Aí se estatui que "na fixação do sentido e alcance da lei, o interprete presumirá que o legislador consagrou as soluções mais acertadas e soube exprimir o seu pensamento em termos adequados". Ora, aplicando este ensinamento ao dito artigo 486.º, dir-se-á que se o legislador falou em lei sem distinguir é porque se quis referir a toda a legislação [292].

— Por outro lado, trata-se da única posição conciliável com o princípio lógico da unidade da ordem jurídica, segundo a qual, no mesmo ordenamento jurídico, não se pode proibir uma conduta em determinadas circunstâncias numa norma, e permiti-la, nas mesmas circunstâncias, numa outra norma. Escreve OLIVEIRA ASCENSÃO: "Supomos que da unidade da ordem jurídica resulta logo este sistema mútuo de referências. Caberá aos críticos o ónus de demonstrar que em certos ramos ou em certos casos, se utilizam conceitos de ilicitude incomunicáveis com conceitos comuns.
Na realidade, a ilicitude é uma categoria geral da ordem jurídica.
Todo o facto é lícito ou ilícito, e se é ilícito, é-o perante todos os ramos da ordem jurídica. Pode para certos efeitos não ser relevante; um facto civilmente ilícito pode não ter consequências de ordem penal. Mas não perde com isso a sa característica da ilicitude" [293].

---

[292] Temos plena consciência de que este argumento não é muito forte, isoladamente considerado, dada a natureza ilidível da presunção do artigo 9.º, n.º 3 do Código Civil, facto que legitimaria a interpretação da expressão "lei" contida no artigo como designando restritivamente apenas a lei civil. O argumento surge associado a outros de ordem racional (veja-se a sequência da exposição), associação essa que não nos parece deixar dúvidas quanto ao alcance amplo da expressão "lei" contida neste artigo 486.º do Código Civil.

[293] JOSÉ DE OLIVEIRA ASCENSÃO, *A Teoria Finalista e o Ilícito Civil*, in *Boletim da Faculdade de Direito da Universidade de Lisboa*, vol. XXVII, 1986, Lisboa, pág. 11.

Assim, se um determinado preceito legal impuser uma certa conduta, a omissão desta deve ser sempre considerada ilícita por aplicação do artigo 486.º do Código Civil, mesmo que esse preceito legal não pertença ao Direito Civil, tratando-se, pelo contrário, de uma norma de outra natureza (penal, fiscal. etc.).

Neste mesmo sentido, MARCEL PLANIOL e GEORGES RIPPERT, à luz do Direito francês, afirmam que "la faute pénale est également une faute civile" [294].

RENÉ SAVATIER entende, também à luz do Direito francês, que os casos em que a lei penal pune a omissão valem também para a responsabilidade civil, mas vai um pouco mais longe. Para este autor certas restrições que condicionam a punibilidade da omissão ao nível da lei penal, não devem valer ao nível da responsabilidade civil.

Assim, por exemplo, o Código Penal francês pune a pessoa que se abstem voluntariamente de testemunhar a inocência de uma pessoa encarcerada preventivamente por crime ou delito. Ora, SAVATIER entende que esta restrição (pessoa estar preventivamente encarcerada) não faz sentido ao nível da lei civil.

Da mesma forma, embora a lei penal francesa (artigo 63.º do Código Penal francês) estabeleça a punição para o caso de abstenção voluntária da conduta destinada a evitar o desenvolvimento de incêndio apenas na hipótese deste envolver risco para alguém, deve-se entender, na perspectiva de Savatier, que existe responsabilidade civil no caso de perda de coisa, muito embora a lei penal não estabeleça punição para essa situação [295-296].

---

[294] *Traité Pratique de Droit Civil*, Tomo VI, *Obligations*, pág. 693.

[295] RENÉ SAVATIER, *Traité de la Responsabilité Civile en Droit Français Civil, Administratif, Professionel, Processual*, Tomo I, pág. 62.

[296] Consideramos, pois, desaconselhável, a frase de ROBERTO DE RUGGIERO segundo a qual "é indiferente para o conceito de delito civil que o facto lesivo viole a lei penal" (*Istituzioni di Diritto Civile*, vol. III, pág. 496), pois é equívoca, podendo levar a pensar que para o autor a ilicitude penal não releva no campo do direito civil. O que o autor pretende dizer é que pode haver responsabilidade civil independentemmente da responsabilidade penal e vice-versa. O autor utiliza

Omissão e Dever de Agir em Direito Civil 147

A mesma ideia parece transparecer das palavras de BOSCARELLI: "Pois que uma conduta se caracteriza como ilícito penal, isto é, como crime, só pela natureza penal da sanção (...) e não por qualquer particularidade intrínseca daquela conduta, é bem compreensível que em dada medida as conclusões às quais conduz o exame da estrutura do crime valham também para os actos ilícitos extra--penais" [297].

Para PAUL OERTMANN "a conduta ilícita verifica-se sempre que o sujeito se coloque de algum modo, seja mediante acto positivo, seja mediante omissão, em contradição com qualquer comando do ordenamento jurídico, isto é, de uma norma. O sector jurídico a que a dita norma pertença em nada influi, em princípio: A infracção de normas de Direito Penal dá lugar também a acções civis de indemnização de prejuízos" [298].

6. Verificámos que o nosso Código Civil refere, no seu artigo 486.º, duas fontes do dever jurídico de agir: a lei e o negócio jurídico.

Mas mesmo admitindo, como fizemos, que a referência à palavra "lei" contida no artigo 486.º, se reporta a toda a ordem jurídica, designadamente à lei penal, a norma do Código Civil apresenta-se, à primeira vista, como extremamente restritiva à luz de critérios de razoabilidade e justiça, principalmente se pensarmos que na altura em que entrou em vigor o Código Civil vigente de 1982 vigorava o Código Penal de 1886, que se limitara a estabelecer

---

a expressão delito civil no sentido de facto ilícito culposo que provocou danos. Ora, em nosso entender, pode existir delito civil independentemente da existência de dano. O delito civil é apenas o facto ilícito e culposo.

Se existir também dano, figura que fica para além do conceito de delito civil, então surge a responsabilidade civil (subjectiva). Veja-se o que se escreveu *supra*, pág. 19 e segs., nota 13 em especial.

[297] MARCO BOSCARELLI, *Compendio di Diritto Penale. Parte General*, pág. 119.

[298] PAUL OERTMANN, *Introduction al Derecho Civil*, tradução de Luis Sancho Seral, pág. 325.

alguns crimes omissivos [299], donde seria possível extrair pontualmente o dever de agir [300].

Pense-se na seguinte hipótese: *A* está a limpar uma arma, que, por descuido, supõe estar descarregada. Ao limpá-la provoca um disparo que atinge *B*, que fica ferido. Mas *A*, que não tem relação familiar próxima com *B* (não caindo pois, no âmbito dos já referidos artigos 1674.º e 1874.º, do Código Civil), nem assumiu obrigação negocial de auxílio para com ele, não o socorre, e *B*, que sofrera apenas ofensas físicas sem grande gravidade, vem a ficar paralítico por não lhe ser prestado o socorro necessário.

Repugna, sem dúvida, admitir que *A* não responda pelo dano (paralisia) sofrido por *B*. O disparo causara em *B* simples feridas sem grande gravidade. E as coisas não passariam daí se *A* tivesse socorrido *B*. Simplesmente, à primeira vista, parece que *A* não tinha o dever de agir à luz do artigo 486.º do Código Civil, embora conjugado com as disposições do Código Penal de 1886, pois nenhum preceito deste diploma sancionava como crime omissivo (puro) esta situação.

Acontece, porém, que já à luz do Código Penal de 1886 a doutrina e a jurisprudência vinham admitindo a existência, ao lado dos crimes de omissão puros, expressamente previstos na lei, os crimes de omissão impuros (ou de comissão por omissão ou ainda comissivos por omissão) [301]. Esta figura reuniria todos aqueles casos em que uma abstenção causadora de um evento fosse equiparável à acção expressamente prevista e punida pela lei penal. Por outras

---

[299] Sobre o conceito de crime omissivo puro veja-se o que se escreveu *supra*, págs. 65 e segs., nota 129 em especial.

[300] Aqui se deixam indicados alguns artigos do Código Penal de 1886 que previam crimes omissivos ou crimes com aspectos omissivos (alguns destes artigos já se encontravam revogados quando da entrada em vigor do Código Penal de 1982): arts. 138.º, 1.º, 139.º, 158.º, 162 3.º-I) e c), 332.º, 345.º, 346.º e 380.º).

[301] Contra esta designação, por a considerar paradoxal, MÁRIO BOSCARELLI, *Compendio di Diritto Penale. Parte Generale*, pág. 129, que propõe em alternativa a fórmula "crimes omissivos com evento".

palavras, o crime de omissão impuro consistira num crime praticado por omissão mas previsto na lei em termos de acção.

Defendia-se, então, que a consideração da omissão impura como crime e a consequente aplicação da punição estabelecida num tipo criminal concebido em termos de acção, ficaria dependente da existência de um dever jurídico de agir, que investiria o "agente" na qualidade de "garante" do bem jurídico penalmente protegido.

Segundo a doutrina tradicional, a existência do dever de agir poderia derivar de três fontes: a lei, o negócio jurídico e a ingerência [302].

A ingerência, como fonte do dever de agir, significa que o sujeito que cria a situação de perigo para certo bem jurídico, constitui-se na obrigação jurídica de remover um perigo, ou seja, fica investido na posição de garante do bem jurídico ameaçado [303].

Assim, e dado o entendimento amplo geralmente admitido da expressão "lei" incluída no artigo 486.º do Código Civil, podemos nessa linha afirmar que, à luz do Código Penal anterior, o quadro de fontes do dever jurídico de agir previsto nesse artigo 486.º, contemplava a figura da ingerência, embora indirectamente, através da remissão para a lei criminal.

E isto porque a remissão para a lei penal não consiste na mera remissão para os preceitos expressos de natureza penal, mas para todo esse sector da ordem jurídica, abrangendo os princípios gerais e as normas implícitas no sistema, detectadas por interpretação.

7. Acontece que o novo Código Penal veio alterar o quadro anterior em matéria de omissões. E fê-lo fundamentalmente em dois

---

[302] Vejam-se FIGUEIREDO DIAS, *Direito Penal*, 1973, pág. 165; EDUARDO CORREIA, *Direito Criminal*, 1971, págs. 301, 303 e 304; CAVALEIRO DE FERREIRA, *Direito Penal Português. I Parte Geral*, 1981, págs. 244 e segs. e TERESA BELEZA, *Direito Penal*, 2.º vol., tomo II, 1980, págs. 887 e segs..

[303] Dando relevância à ingerência como fonte do dever jurídico de agir, os acórdãos do S.T.J., de 30.XI.1960, e de 22.II-1961, *B.M.J.* 101.º, pág. 145 e o acórdão da Relação de Luanda, de 21.VII.1967, *Jurisp. das Relações*, 1961, pág. 313.

pontos: nos artigos 10.º e 219.º. Para já interessa-nos o primeiro destes artigos, especialmente os seus dois primeiros números que rezam o seguinte [304]:

"1 — Quando um tipo legal de crime compreender um certo resultado, o facto abrange não só a acção adequada a produzi-lo, como a omissão da acção adequada a evitá--lo, salvo se outra for a intenção da lei.

2 — A comissão de um resultado por omissão só é punível quando sobre o omitente recaia um dever jurídico que pessoalmente o obrigue a evitar esse resultado."

O primeiro aspecto a destacar é o de que o artigo veio consagrar expressamente a figura dos crimes omissivos impuros ou crimes de comissão, já defendida doutrinal e jurisprudencialmente à face do Código Penal anterior.

Já atrás se disse no que consistem estes crimes comissivos impuros e se referiu que constituíam crimes de resultado. Assim, quando a lei fala em "tipo legal de crime" que "compreenda certo resultado" (artigo 10.º, n.º 1 do Código Penal), deve entender-se que se refere a um resultado que consista na violação do bem jurídico que a lei pretende em última análise defender, pois, conforme se viu, em rigor existe um resultado em todos os crimes, mesmo nos crimes formais, como são os crimes omissivos puros [305].

Esta consagração surgiu, naturalmente, na sequência do que a doutrina já vinha defendendo: existe apenas comissão por omissão "quando sobre o omitente recaia um dever jurídico que pessoalmente o obrigue a evitar" o resultado previsto no tipo estabelecido em termos de acção (artigo 10.º, n.º 2).

---

[304] O artigo contém três números, respeitando o último a um assunto que importa especificamente ao Direito Penal: a medida da pena. Aí se diz que "no caso previsto no número anterior (comissão por omissão), a pena poderá ser especialmente atenuada".

[305] Veja-se *supra*, págs. 65 e segs., nota 129.

Continua, porém, o legislador sem se pronunciar quanto aos casos em que existe esse dever jurídico, que investe o omitente na posição de garante. Segundo Figueiredo Dias, o legislador não o faz avisadamente: "quando e sob que condições se dá este dever jurídico — eis a questão que o novo Código, prudentemente, não quis resolver de forma expressa deixando-a aberta à evolução da doutrina e da jurisprudência" [306].

Repare-se, finalmente, que o legislador utiliza a expressão "dever jurídico" e não a expressão "dever legal". A diferença entre as fórmulas é já conhecida, e bem fez o legislador em utilizar a primeira e não a segunda [307].

8. A técnica da enumeração tripartida das fontes do dever jurídico de agir que, inicialmente, terá tido grande aceitação, é actualmente posta em causa por grande parte da doutrina penalista, que propõe, seja o alargamento das fontes, seja a própria substituição do critério de determinação do dever jurídico de agir.

E isto porque a enumeração tripartida das fontes do dever jurídico de agir, que o mesmo é dizer, das fontes da posição de garante, se revela insatisfatória em termos de composição justa e razoável de certos casos.

Examinemos alguns:

1.º — O avô (A) vê o neto, ainda de tenra idade, a afogar-se na banheira, e, nada faz para o evitar, sendo certo que o poderia fazer sem risco para a sua pessoa, vindo a criança a morrer afogada.

2.º — A obriga-se por contrato a tomar conta de uma criança e na execução de facto desse contrato leva-a para um parque. Aí, por acidente, a criança cai num lago e A nada faz, sendo certo que a operação de salvamento era simples e

---

[306] Jorge de Figueiredo Dias, *Pressupostos da Punição e Causas que Excluem a Ilicitude e a Culpa*, in *Jornadas de Direito Criminal*, 1983, pág. 55).

[307] Veja-se *supra*, págs. 139 e segs..

não envolveria risco para a sua pessoa, vindo a criança a morrer afogada. O contrato, porém, está ferido de invalidade.

3.º — *A* passa junto a uma linha de comboio, vê *B*, um desconhecido, caído sobre a mesma, sendo facílimo retirar este sem qualquer risco para a sua pessoa. Mas opta por nada fazer, ficando calmamente a ver o comboio passar por cima de *B*, que morre.

Observe-se que nenhuma destas situações parece coberta pela enumeração tradicional:

— No primeiro caso a relação familiar entre avô e neto não está especificamente prevista na lei como fonte do dever de auxílio, ao contrário do que acontece com as relações entre cônjuges ou entre pais e filhos [308].

— No segundo caso o negócio jurídico, que é fonte do dever jurídico de agir, é inválido, pelo que, em princípio, não produz efeitos.

— No último exemplo, a situação de perigo não foi criada por *A*, pelo que não se pode falar em ingerência (sendo certo que *B* não é familiar próximo de *A* e que *A* não assumiu para com este qualquer obrigação de auxílio ou assistência).

Vejamos o que escreve Teresa Beleza a propósito de exemplos semelhantes os acima referidos:

— Primeiro caso (avô-neto)

"Um cônjuge em relação ao seu cônjuge, um pai e uma mãe em relação ao seu filho e vice-versa, se, na medida das possibilidades, não evitarem que um certo resultado típico se dê, por exemplo, a morte, ou ofensas corporais, serão, em princípio, responsáveis, ou podem ser considerados responsáveis, em termos de verdadeiro crime de homicídio, ou de ofensas corporais.

---

[308] Veja-se *supra*, pág. 144.

Só que depois é difícil dizer porque é que a relação pára aqui. E, por exemplo, entre irmãos? E entre um neto e uma avó, ou entre um neto e um avô e vice-versa?

Não haverá aí também uma relação familiar que justifique a equiparação da omissão de socorro à acção de um crime de homicídio"? [309].

— Segundo caso (contrato nulo)

"O facto de o contrato ser nulo, mas na prática essa pessoa estar efectivamente a tomar conta da criança significará que ela não tem já um dever de garante em relação a essa criança? Pois se esse dever lhe resulta de um contrato, em princípio, sendo o contrato nulo, não produz quaisquer efeitos e, portanto, ela não teria um dever de garante em relação à criança. Ora isto parece que é um pouco absurdo..." [310].

— Terceiro caso (linha de comboio)

"Não há realmente lei nenhuma que diga que ele cometeu um crime de homicídio, mas a situação em que ele está e a facilidade que ele teria naquele momento em desatar uma corda, não significará que, no fundo, o que ele faz é perfeitamente idêntico ao que está no artigo 349.°? Ele fica a assistir a que o indivíduo vá morrer (também não gostava dele...), isto não será, no fundo, um crime de homicídio?" [311].

No mesmo sentido refere-se FIGUEIREDO DIAS à enumeração tradicional: "Olhada de perto, porém, logo ela se revela altamente insatisfatória, umas vezes por demasiado estrita, outras por demasiado lata: assim, não haverá dever de acção relativamente à criança que vive com pessoas que sobre ela não detêm o poder paternal nem qualquer contrato de guarda e assistência; como o não haverá quanto à "baby-sitter" cujo contrato for nulo (...) [312]. Nas "Jornadas

---

[309] TERESA BELEZA, *Direito Penal*, 2.° vol., tomo II, 1980, págs. 890 e 891.

[310] TERESA BELEZA, *ob. cit.*, pág. 894.

[311] TERESA BELEZA, *ob. cit.*, págs. 906 e 907.

[312] JORGE FIGUEIREDO DIAS, *Direito Penal*, 1973, págs. 165 e 166.

de Direito Criminal" o ilustre Professor referiu mesmo que "esta doutrina **fortemente restritiva** encontra-se de algum modo em crise" [313], pelo que parece poder-se concluir que será este o maior defeito da construção tradicional na perspectiva de Figueiredo Dias.

Conforme nota TERESA BELEZA, há certas situações em que é difícil admitir, quase por instinto ou por intuição jurídica, que as pessoas não têm qualquer dever de agir" [314].

Repugna, sem dúvida, considerar que nestes casos não existe o dever jurídico de auxílio por parte de *A*. Contudo, a conclusão de que tal dever existe, parece só poder ser encontrada numa construção mais ampla ou diferente da construção tripartida tradicional, o que levaria a concluir-se, com a generalidade das novas doutrinas penalistas, pela insuficiência da construção tradicional à luz dos critérios de justiça e razoabilidade.

---

[313] JORGE FIGUEIREDO DIAS, *Pressupostos da Punição e Causas que Excluem a Ilicitude e a Culpa*, in *Jornadas de Direito Criminal*, 1983, pág. 55.

[314] TERESA BELEZA, *Direito Penal*, 2.º vol., tomo II, 1980, pág. 906.

3. *Opiniões na doutrina penalista portuguesa*

Vejamos então o que propõem alguns dos nossos principais penalistas para a composição desta matéria.

3.1. *Tese de* EDUARDO CORREIA

Para EDUARDO CORREIA, o dever jurídico de agir extrai-se da própria norma que prevê o crime comissivo, pois que o legislador, ao descrever a realização de um certo evento, pretende fundamentalmente é evitar que este se verifique, pouco lhe interessando se resultar de uma acção ou se se verificar em razão de uma omissão que o não impediu [315].

Porque é da própria norma incriminadora que se deve extrair o dever jurídico de agir, ficam desde logo de fora, num sentido de que não podem fundamentar um dever jurídico de agir, "os tipos legais que têm uma tal natureza que excluem a sua realização pela forma da omissão", como a bigamia, o adultério e o duelo" [316-317-318].

O requisito da existência do dever jurídico de agir tem por finalidade única limitar a equiparação da omissão à acção por imperativos de segurança na aplicação do Direito.

---

[315] EDUARDO CORREIA, *Direito Criminal*, 1971, págs. 271, 301 e 304.

[316] EDUARDO CORREIA, *ob. cit.*, pág. 302.

[317] O adultério não é crime no ordenamento jurídico positivo vigente português, enquanto que o duelo deixou de constituir tipo criminal autónomo.

[318] Porque o problema das omissões impuras se deve resolver perante os tipos criminais em concreto, pode dizer-se que se trata antes de uma questão de teoria especial e não de teoria geral do Direito Penal.

Neste sentido, GERALD GRUNWALD, *Zur gezetzlichen Regelung das unechten*

Assim, numa primeira etapa, os tipos legais de crime "abrangeriam todas as omissões que, a não terem lugar, evitariam a realização do evento", operando, depois, o princípio limitador que exige o de-ver jurídico de agir [319].

Para se determinar a concreta existência desse dever, EDUARDO CORREIA acaba por aderir à enumeração tradicional (não sem pôr em questão a admissibilidade da ingerência como fonte da posição de garante, questão a que acaba por responder afirmativamente) [320], arriscando, ainda que prudentemente, o seu alargamento, no sentido de "aceitar um dever de acção relativamente a certos bens jurídicos e em determinadas situações, e ainda mesmo não existindo um dever legal que expressamente o impusesse, desde que ele resultasse evidentemente das exigências do próprio convívio social". Mas nestas

---

Unterlassungslikte, in *ZSTV* 70, 1958, págs. 412 e segs., citado por EDUARDO CORREIA, *ob. cit.*, pág. 302. nota 1.

Pronunciando no sentido de que a questão dos crimes omissivos de resultado deverá ser resolvida na parte especial dos Códigos Penais através da tipificação específica, SUSANA HUERTA TOCILDO, *Las Posiciones de Garantia en el Tipo del Delito di Comision por Omission*, in *Problemas Fundamentales de los Delitos de Omission*, págs. 136 e segs..

[319] EDUARDO CORREIA, *ob. cit.*, pág. 304.

[320] EDUARDO CORREIA, *ob. cit.*, págs. 304 e 305. As dúvidas acerca da admissibilidade da ingerência como fonte do dever jurídico de agir resultariam, na óptica de EDUARDO CORREIA, do facto dessa relevância da figura no Direito alemão ter derivado do costume, que não constitui fonte do direito à luz do nosso ordenamento jurídico (*ob. cit.*, pág. 304). Eduardo Correia acaba por ladear o problema, equacionando finalmente a relevância da ingerência na nossa ordem jurídica, não em função da sua origem no Direito alemão, mas em função da sua admissibilidade prejudicar "a segurança sobre o dever da actividade de indivíduos" (*ob. cit.*, pág. 305). Mas mesmo admitindo que a origem consuetudinária da ingerência no direito alemão, fosse aspecto a considerar para sua relevância como fonte do dever jurídico de agir no ordenamento português, nem por isso essa relevância ficaria necessariamente prejudicada, pois não é líquido que o costume não constitua fonte de Direito no sistema jurídico português (no sentido de que o costume é fonte de Direito no ordenamento português e até "fonte privilegiada do direito", veja-se JOSÉ DE OLIVEIRA ASCENSÃO, *O Direito. Introdução e Teoria Ge-ral*, págs. 191 e segs.).

Omissão e Dever de Agir em Direito Civil 157

hipóteses (daí a prudência referida) para se firmar a existência do dever jurídico de agir "se não é absolutamente necessária a sua expressa consagração legal, é indispensável ao menos o seu reflexo em uma norma do ordenamento jurídico, tal como se encontra, v.g. nos artigos 2368.º e 2370.º do Código Civil" [321-322].

3.2. *Tese de* FIGUEIREDO DIAS

Para FIGUEIREDO DIAS justificar-se-á a equiparação da omissão à acção, "sempre que, através de uma autónoma valoração ético-social, se chegue à conclusão que, no caso, o desvalor da omissão é semelhante ao da acção. E esse será o caso quando – mas só quando – sobre o agente recaia um especial dever de garantia de não realização do tipo, apesar de um tal dever se não encontrar reflectido no tipo" [323].

Ora, para a determinação da existência desse dever de garantia não se deve partir, na opinião de Figueiredo Dias, da enumeração tradicional das fontes de posição de garante (lei, contrato e ingerência), mas atender às "irrecusáveis exigências modernas de solidariedade social" [324]. "O dever de garantia não resulta pois destes fundamentos positivos (lei, contrato e ingerência), mas sim de uma valoração ético-social autónoma, completadora do tipo, através da qual a omissão vem fundamentalmente a equiparar-se à acção na situação concreta, por virtude das exigências de solidarismo do homem para com os outros homens dentro da comunidade. É pois a "proximidade existencial do "eu" e do "outro"", o princípio dialógico do "ser-com-o-

---

[321] EDUARDO CORREIA, *ob. cit.*, pág. 305.

[322] Os artigos reportam-se ao Código Civil de 1867.

[323] JORGE FIGUEIREDO DIAS, *Direito Penal*, Lições policopiadas, Universidade de Coimbra, Coimbra, 1975, pág. 164. O mesmo pensamento encontra-se expresso pelo autor em *Pressupostos da Punição e Causas que Excluem a ilicitude e a Culpa*, in *Jornadas de Direito Criminal*, 1983, pág. 55.

[324] JORGE FIGUEIREDO DIAS, *Direito Penal*, pág. 164.

-outro", a virtude cristã de "caridade" ou do "amor do próximo" — o fundamento da equiparação da omissão à acção e, por aqui, também o fundamento do princípio dever de garantia" [325-326].

Assim, "a lei, o contrato e a ingerência não constituem fundamentos daquele dever, mas só planos em que a proximidade sócio--existencial fundamentadora do dever tem de reflectir-se em homenagem às exigências de segurança jurídica, garantia dos cidadãos e paz jurídica" [327]. Por outras palavras, os casos apontados pela doutrina tradicional não são mais do que consequências pontuais do princípio genérico de que o fundamento do dever de garantia é o solidarismo social.

Nesta perspectiva compreendem-se as afirmações de Figueiredo Dias, segundo quem é "decisivo para o dever de garantia não é a lei, mas as relações fácticas entre aquele sobre quem a lei faz recair um dever de garante e o bem jurídico respectivo" [328], o contrato "não constitui o dever, antes a aceitação fáctica de uma relação de confiança com reflexo em um contrato" [329], e por isso "a ineficácia jurídico-civil não afecta por si a validade da garantia jurídico-penal" [330].

O elenco das fontes do dever de garantia deve, pois, ser repensado e, aos casos apresentados pela enumeração tradicional, que não

---

[325] JORGE DE FIGUEIREDO DIAS, *Direito Penal*, pág. 166.

[326] FIGUEIREDO DIAS utiliza alguns exemplos chocantes (conforme usámos atrás) para demonstrar que a enumeração tradicional é "insatisfatória": "assim não haverá dever de acção relativamente à criança que vive com pessoa que sobre ela não detém o poder paternal nem qualquer contrato de guarda e assistência; como o não haverá quanto à "baby-sitter" cujo contrato for nulo" (*Direito Penal*, págs. 165 e 166).

[327] JORGE DE FIGUEIREDO DIAS, *Direito Penal*, págs. 166 e 167 (também em *Pressupostos da Punição*, págs. 55 e 56).

[328] JORGE DE FIGUEIREDO DIAS, *ob. cit.*, pág. 167.

[329] JORGE DE FIGUEIREDO DIAS, *ob. cit.*, pág. 167.

[330] JORGE DE FIGUEIREDO DIAS, *ob. cit.*, pág. 167. Fica então aberta a questão: a validade da garantia jurídico-penal implica ou não correlativa validade da garantia jurídico-civil, embora o contrato seja civilmente, em princípio, ineficaz? Mais à frente, pronunciar-nos-emos sobre este ponto.

Omissão e Dever de Agir em Direito Civil 159

consistem em mais do que reflexos pontuais do fundamento genérico que é o solidarismo, devemos acrescentar as situações de comunidade de vida (que em certas condições pode pôr um dever de garantia a cargo de pessoas de família, de noivos ou namorados, dos patrões de uma casa, de chefes de excursões, etc.), posições de senhorio ou de domínio (relativamente a proprietários ou possuidores de coisas, obrigando-os a impedir ou controlar os riscos das mesmas), e de monopólio (relativamente à pessoa que, em dada circunstância, é a única a poder impedir ou controlar o perigo) [331].

3.3. Tese de BELEZA DOS SANTOS

Também BELEZA DOS SANTOS exprime a opinião de que, "mesmo quando não haja disposição da lei", se deve punir os crimes de comissão por omissão, equiparando a omissão à acção [332].

A equiparação deve fazer-se "quando o agente não agiu, mas tinha a obrigação jurídica de agir (...)". Essa obrigação existe, na perspectiva de BELEZA DOS SANTOS, nos seguintes casos:

- Quando resulta directa e imediatamente da lei. É o caso da mãe relativamente ao filho (artigo 140.º do Código Civil) [333].
- Quando existe uma ordem de autoridade. Assim, o carcereiro tem a obrigação jurídica de libertar o preso se for instruído nesse sentido (artigo 291.º, n.º 3 do Código Penal) [334].
- Quando tenha sido assumida por acto jurídico (por exemplo, por contrato de enfermagem).
- Quando existe dever de ordem geral sancionado pela lei,

---

[331] JORGE FIGUEIREDO DIAS, ob. cit., págs. 167 a 169.

[332] O texto fala em "equiparar os crimes de omissão pura aos crimes de comissão por omissão", fórmula pouco clara, mas que, pela sequência da exposição, não pode deixar de ter o sentido que referimos.

[333] Trata-se do Código Civil de 1867.

[334] Trata-se do Código Penal de 1886.

como é o dever de evitar prejuízos para outrem mesmo quando se exerce um direito [335].

Cremos que esta última hipótese mereceria alguns esclarecimentos complementares, pois nos termos vagos em que está formulada, quase contradiz a ideia básica de que a omissão só é de equiparar à acção como crime, quando exista a obrigação jurídica de agir. Por constituir esta ideia o ponto de partida da posição de Beleza dos Santos, fica vedada uma interpretação muito ampla deste último ponto da obrigação de agir (na sua construção).

3.4. *Tese de* CAVALEIRO DE FERREIRA

Também CAVALEIRO DE FERREIRA critica a técnica tradicional, mas por razões fundamentalmente opostas às que servem de base às críticas dos autores que acabámos de examinar.

Conforme vimos, na perspectiva dos autores que referimos nas divisões anteriores, o maior defeito da teoria tradicional da enumeração tripartida das fontes do dever jurídico de agir seria o de deixar de fora certas situações em que repugnaria à consciência jurídica a inexistência desse dever [336].

Ora, à luz do Código Penal anterior, Cavaleiro de Ferreira rejeitava a técnica tradicional mas por razões essencialmente antagónicas: a técnica tradicional alargaria as incriminações omissivas impuras de um modo intolerável para o fundamental princípio "nullum crimen sine lege", aliás constitucionalmente garantido (artigo 29.º, n.º 1 da C.R.). Escrevia Cavaleiro de Ferreira: "Deve entender-se que os crimes de omissão só serão aqueles em que a omissão expressamente seja referida como elemento essencial constitutivo do crime ou em que os termos literais da incriminação permitam compreender na interpretação do "modo" de perpetração do crime tanto a acção como a omissão (...)."

---

[335] JOSÉ BELEZA DOS SANTOS, *Direito Criminal*, págs. 288 e segs..
[336] Veja-se *infra*, págs. 151 e segs..

Parece que fora das causas em que directamente a lei considera a omissão como forma típica do facto, só deverá entender-se passível de incriminação a omissão nos crimes que como culposos são puníveis (...). E os crimes puníveis a título de culpa são apenas os dos artigos 1931.º, § único, 216.º, § 4.º, 326.º, n.º 1, 368.º, 369.º e 482.º do Código Penal" [337-338].

Por esta razão Cavaleiro de Ferreira exprime fortes reservas em face da consagração legal das figuras do crime omissivo impróprio, opinando que "a tipicidade da omissão não cumpre o seu "dever" de "descrever" os limites da incriminação" e que "é grande o risco assumido" [339].

3.5. *Tese de* MAIA GONÇALVES

Para finalizar este percurso pelos penalistas nacionais, apreciem-se as opiniões de um representante da nossa jurisprudência, MANUEL MAIA GONÇALVES.

Escrevia este autor no domínio do Código Penal de 1886 que "a comissão de um resultado por omissão é só incriminável quando o dever de agir é estabelecido por preceito legal, por situação contratual ou profissional, pela situação de facto criada pelo agente, ou por dever resultante da moral ou dos dos costumes". Esclarecia, contudo, o autor que "algumas destas fontes do dever de agir, muito especialmente a última, são, no entanto, repelidas por parte substancial da doutrina" [340].

Já no domínio do novo Código Penal (de 1982) o autor pronuncia-se em sentido diverso, considerando que, se no domínio do

---

[337] MANUEL CAVALEIRO FERREIRA, *Direito Penal Português, I Parte Geral*, 1981, pág. 245.

[338] Os artigos referem-se ao Código Penal Português de 1886.

[339] MANUEL CAVALEIRO FERREIRA, *Direito Penal I*, 1986, pág. 70.

[340] MANUEL MAIA GONÇALVES, *Código Penal Português (de 1886)*, 5.ª edição, Coimbra, 1980, pág. 20.

Código de 1886 devia entender-se que a incriminação era também feita quando o dever de agir era resultante da moral e dos costumes, estas últimas fontes de dever de agir "não eram aqui incontroversas, sendo afastadas por parte da doutrina, e por isso foram agora, para este efeito, arredadas, só funcionando portanto os deveres de natureza jurídica.

Porém, estes deveres de natureza jurídica encontram-se agora sensivelmente alargados pela consagração do dever de auxílio e incriminação da respectiva omissão (artigo 219.º)"[341].

Verifica-se, pois, que Maia Gonçalves entendia que a moral e os costumes constituíam fonte do dever jurídico de agir na vigência do Código Penal de 1886, sendo tal entendimento viável, nas palavras do autor, pelo facto de à luz deste se fazer a exigência do dever jurídico de agir, "mas em moldes mal definidos"[342]. À luz do novo Código a sua admissibilidade cessou, ainda no entendimento de Maia Gonçalves. Sem nos querermos adiantar numa tomada de posição, não podemos deixar de dizer desde já que, por um lado, nos parece duvidoso que o dever jurídico de agir estivesse estabelecido no Código Penal anterior, ainda que "em moldes mal definidos"; por outro lado, não vemos que o dever jurídico de agir esteja bem definido à luz do novo Código: o diploma exige, sim, esse dever, mas não estabelece quando tem lugar[343]. Por outras palavras, o Código não estabelece quais as fontes do dever jurídico de agir, pelo que, não é pela razão desse dever se encontrar bem definido que se pode excluir que a moral e os costumes sejam de considerar relevantes como fontes do dever jurídico de agir.

Com efeito, a questão de saber se o Direito Penal dá à moral e aos costumes a relevância de fontes do **dever jurídico** de agir, fica em aberto. Neste ponto pensamos não ter havido alterações

---

[341] MANUEL MAIA GONÇALVES, *Código Penal Português (de 1982)*, 4.ª edição, Coimbra, pág. 87.

[342] MANUEL MAIA GONÇALVES, *Código Penal Português (de 1982)*, pág. 87.

[343] Veja-se *supra*, pág. 151.

relativamente ao que (não) resultava do Código Penal anterior. A mudança consistiu na **consagração expressa da exigência do dever jurídico de agir**, exigência que já se defendia pacificamente à luz da legislação anterior, na ausência da tomada de posição expressa do legislador. Mas quanto à indicação das fontes desse dever a situação é a mesma: o legislador não se pronunciou [344].

Isto para explicar que não vemos razão para a alteração da posição de Maia Gonçalves, com base nos argumentos em que o faz. A nova lei penal não introduziu **alterações** que obstem à consideração da moral e dos costumes como fontes do dever jurídico de agir, pelo que se se entendia que o poderiam ser à luz da lei penal anterior, nada veio a tornar impeditivo esse entendimento.

Outra questão é já a de saber se a moral e os costumes poderiam ser qualificados como fontes de dever jurídico de agir, no domínio do Código Penal de 1886. Ora isso é já altamente duvidoso, como nota o próprio Maia Gonçalves [345], e, embora o defenda, não avança uma argumentação minimamente convincente, que se impunha.

---

[344] E ao que parece terá feito bem. Veja-se *supra*, pág. 151.
[345] Veja-se *supra*, pág. anterior.

4. *Opiniões da doutrina civilista portuguesa à luz da lei vigente*

Depois desta breve digressão pela lei penal e respectiva doutrina, imposta pelas razões já apontadas [346], passamos a examinar as opiniões da nossa doutrina a propósito da omissão como pressuposto da responsabilidade civil, destacando a questão da ilicitude e das fontes do dever jurídico de agir.

4.1. *Tese de* ALMEIDA COSTA

ALMEIDA COSTA, debruçando-se sobre o artigo 486.º, salienta que "as omissões só geram responsabilidade civil, desde que — além dos restantes requisitos legais — se verifique um pressuposto específico: que exista o dever jurídico da prática do acto omitido" [347]. Mas este Professor é da opinião "que se impõe uma interpretação da doutrina do artigo 486.º que abranja outras situações" [348]. E exemplifica: "Imagine-se que o negócio de que resultaria o dever jurídico de acção era nulo, como, por exemplo, o contrato celebrado entre o professor de natação e o instruendo, ou entre a "baby-sitter" e os pais da criança que sofre acidente. Ora, desde que o aludido professor e a "baby-sitter" com a celebração do contrato nulo não só excluíram o recurso a outro meio para obstar à produção do resultado danoso ou gerando uma relação de confiança, mas

---

[346] Veja-se *supra*, págs. 144 e segs..

[347] MÁRIO JÚLIO ALMEIDA COSTA, *Direito das Obrigações*, pág. 366. Conforme atrás assinalámos, o dever jurídico de actuar não constitui propriamente um pressuposto específico da responsabilidade, mas antes uma especificidade do pressuposto ilicitude.

[348] MÁRIO JÚLIO ALMEIDA COSTA, *ob. cit.*, pág. 366.

também se encontravam na posição de, sem riscos pessoais, serem os únicos em circunstâncias de evitá-lo, parece igualmente de admitir a sua responsabilização nos termos do artigo 486.º" [349].

Verificamos, pois, que Almeida Costa sente a insuficiência da dourina expressa no artigo 486.º, sugerindo o seu alargamento. Não nos diz, contudo, expressamente, qual a forma de proceder a esse alargamento, embora nos forneça desde logo uma pista: a figura da relação de confiança [350].

Extremamente interessante é a aproximação que o autor faz da relevância de certos factos como fontes de dever jurídico de agir, das chamadas relações contratuais de facto [351]. Mais adiante retomaremos este ponto, que julgamos ter franco interesse.

Recorde-se ainda que Almeida Costa defende uma leitura ampla da expressão "lei" constante do artigo 486.º, de forma a abranger toda a ordem jurídica, e não apenas a ordem jurídica civil [352].

4.2 *Tese de* ANTUNES VARELA

ANTUNES VARELA refere que as omissões não constituem "formas de comportamentos antijurídicos apenas quando haja o dever (imposto por lei ou decorrente de negócio jurídico) de praticar o acto omitido e este pudesse normalmente ter evitado a verificação do dano" [353], mas acrescenta em nota que "na Alemanha há uma forte corrente no sentido de levar, mais longe, a responsabilidade fundada nas omissões, obrigando nomeadamente aquele que cria

---

[349] MÁRIO JÚLIO ALMEIDA COSTA, *ob. cit.*, pág. 367.

[350] MÁRIO JÚLIO ALMEIDA COSTA, *ob. cit.*, pág. 367. Por outro lado, Almeida Costa indica uma série de obras sobre o assunto, expondo algumas opiniões de autores consagrados sobre este ponto (veja-se nota 3 da pág. 366 e nota 12 da pág. 367).

[351] MÁRIO JÚLIO ALMEIDA COSTA, *ob. cit.*, pág. 367.

[352] MÁRIO JÚLIO ALMEIDA COSTA, *ob. cit.*, pág. 367. Veja-se *supra*, pág. 144 e segs..

[353] JOÃO ANTUNES VARELA, *Das Obrigações em Geral*, vol. I, pág. 520.

Omissão e Dever de Agir em Direito Civil   167

uma certa situação ou fonte de perigo (...) a tomar providências necessárias para que o perigo se não concretize [354].

Verifica-se pois, que Antunes Varela, embora também não tome posição categórica sobre a questão, não deixa de indicar pistas que permitam "alargar" o artigo 486.°. Por outro lado, está subjacente às suas palavras que a expressão "lei" contida no artigo, deve ser interpretada no sentido lato. Escreve o ilustre Professor: "A questão de saber se procede ou não ilicitamente a pessoa que se recusa a colaborar no salvamento de quem está prestes a afogar-se ou no ataque ao incêndio que deflagrou em certo prédio depende, assim, da resposta que o Direito Penal der quanto à existência do dever dessa colaboração" [355].

Refira-se, para concluir, que não estamos inteiramente de acordo com as palavras de Antunes Varela, quando refere que "as omissões constituem formas de comportamento antijurídico apenas quando haja o dever (...) de praticar o acto omitido e este pudesse normalmente ter evitado a verificação do dano". Julgamos que há aqui que distinguir dois problemas distintos: a existência do dever de praticar o acto omitido, por um lado, e a possibilidade, em termos de normalidade, da prática deste acto ter evitado a verificação do dano, por outro lado. Ora, quanto a nós, este último aspecto inscreve-se no tema do nexo de causalidade, e não da ilicitude. Só o primeiro aspecto constitui, em rigor, problema específico da ilicitude, e por isso, só ele deve ser analisado nesta sede [356].

4.3. *Tese de* MENEZES CORDEIRO

MENEZES CORDEIRO parece considerar que o legislador não previu no artigo 486.° todas as hipóteses de delito omissivo: deixou

---

[354] João Antunes Varela, *ob. cit.*, nota 2, pág. 520.
[355] João Antunes Varela, *ob. cit.*, pág. 520.
[356] Veja-se *supra*, pág. 126.

de fora do preceito os casos de dano iminente em que existem pessoas em situação de intervir. É o que deduzimos das suas palavras:

"O problema que se deve pôr é outro e resulta da questão de saber quando é que, face a determinado **dano iminente**, existe, para com **as pessoas que possam intervir**, a obrigação de o evitar ou, pelo menos, de desenvolver, nesse sentido, um esforço razoável. A resposta não pode ser dada em geral, uma vez que **não existe qualquer norma explícita num sentido ou noutro**" [357].

Menezes Cordeiro sugere que a solução para tais hipóteses seja dada casuisticamente, "à luz das normas aplicáveis e no espírito dado, pela boa fé, à colaboração intersubjectiva que deve reinar no espaço jurídico", concluindo pela existência do dever de agir fundado na boa fé "nos casos limite — em que, por exemplo, um dano máximo pode ser evitado, com um esforço mínimo" [358].

4.4. *Tese de Ribeiro de Faria*

Refira-se ainda a posição de Jorge Ribeiro de Faria, que acentua ser "fundamental a resposta que o Direito Penal dá para aqui" [359], alinhando pois na posição defendida pela generalidade dos nossos civilistas segundo a qual a referência do artigo 486.º à lei abrange a lei penal (e coerentemente, toda a ordem jurídica) [360]. O autor parece acabar por aderir a uma enumeração alargada do artigo 486.º, que abranje a figura da ingerência, "entendendo que, nela, o perigo deve ser ilícito ou inadmissivelmente criado" [361-362].

---

[357] António Menezes Cordeiro, *Direito das Obrigações*, 2.º vol., pág. 347.

[358] António Menezes Cordeiro, *ob. cit.*, págs. 347 e 348.

[359] Jorge Ribeiro de Faria, *Direito das Obrigações*, 1.º vol., pág. 436.

[360] Veja-se *supra*, págs. 144 e segs..

[361] Jorge Ribeiro de Faria, *ob. cit.*, pág. 438 (conclusão da nota 1) da pág. 437).

[362] Sobre a figura de ingerência, veja-se *supra*, pág. 149 e *infra*, págs. 224 e segs.

5. *Opiniões da doutrina civilista portuguesa à luz do Código Civil de 1867*

1. A fim de nos habilitarmos a uma tomada de posição minimamente conscienciosa sobre a questão da ilicitude da omissão à luz do Direito positivo português vigente, examinaremos ainda o tratamento proposto pela nossa doutrina na vigência do Código Civil de 1867 e as propostas formuladas por alguma doutrina estrangeira.

2. Na vigência do Código Civil de 1867, o quadro legal básico sobre o tema resultava dos artigos 2362.°, 2363.° e 2368.°, que dispunham respectivamente o seguinte:
   - "Os direitos podem ser ofendidos por factos ou por omissões de factos".
   - "Estes factos ou omissões de factos podem produzir responsabilidade civil ou criminal ou uma e outra responsabilidade simultaneamente".
   - "Cabe àqueles que presenciarem tais agressões [363], auxiliar o agredido, não correndo o risco, deixarem de obstar ao malefício, serão subsidiariamente responsáveis por perdas e danos".

5.1. *Tese de* CUNHA GONÇALVES

CUNHA GONÇALVES, começando por referir que segundo certos autores a obrigação de agir poderia existir se "imposta pelos bons costumes, pela moral e pela razão", acabava por discordar, pois "os

---

[363] Trata-se das agressões ilícitas previstas no artigo 2366.°.

bons costumes, a moral, não têm nesta matéria, força de obrigação perante os tribunais ordinários" [364].

Isto, porém, segundo Cunha Gonçalves, não impedia que em certos casos se admitisse a existência do dever de agir, embora tais casos não se encontrassem expressamente previstos na lei. Explicava Cunha Gonçalves: "Os homens vivem em sociedade, numa forçosa interdependência e solidariedade. Esta situação impõe deveres genéricos de humanidade e mútuo auxílio, desde que sejam possíveis sem risco ou sacrifício próprio. O disposto no artigo 2368.º [365] deve ser, por força do artigo 16.º [366], extensivo a todos os casos em que num caso semelhante se encontrem em perigo de lesão iminente e grave. Não se deve confundir liberdade com egoísmo. O direito de liberdade, definido no artigo 361.º deste Código, não consiste na faculdade de nos mantermos em absoluta indiferença perante os males alheios. Portanto quando uma pessoa vê outra cair à água (mar, rio, lago, poço), não lhe é lícito presenciar tal ocorrência fleumaticamente e até como distracção. Se não pode acudir-lhe porque não sabe nadar tem o dever jurídico de fazer todos os esforços possíveis para o salvar − gritar por socorro, atirar-lhe uma tábua ou uma corda, etc.)" [367].

Na sequência da exposição Cunha Gonçalves fundamentava as suas conclusões do seguinte modo: "Quem assim proceder praticará um abuso do direito, desde que não tenha motivo algum ponderoso para se abster, não corria perigo, não sofreria prejuízo algum, ou que fosse apreciável em confronto com o dano a evitar" [368].

---

[364] Luiz da Cunha Gonçalves, *Tratado de Direito Civil*, vol. XII, pág. 405.

[365] Já vimos qual o conteúdo do preceito deste artigo (*supra*, pág. 169).

[366] Dispunha o seguinte este artigo 16,º do Código Civil de 1867:
"Se as questões sobre direitos e obrigações não poderem ser resolvidas, nem pelo texto, nem pelo seu espírito, nem pelos casos análogos, prevenidos em outras leis, serão decididas pelos princípios do direito natural, conforme as circunstâncias do caso."

[367] Luiz da Cunha Gonçalves, *Tratado de Direito Civil*, vol. XII, págs. 408 e 409.

[368] Luiz da Cunha Gonçalves, *ob. cit.*, pág. 409.

5.2. *Tese de* JAIME DE GOUVEIA

JAIME DE GOUVEIA, depois de assinalar que "a questão da existência do acto ilícito de omissão não pode ser posta entre nós, por mercê das disposições peremptórias dos artigos 2362.º e 713.º do Código Civil" [369] elabora a seguinte lista "espécies de omissão:
1) Omissão de deveres legais no exercício de certa actividade;
2) Mera omissão na acção;
3) Omissão pura e simples prevista por lei;
4) Omissão pura e simples que a lei não precisa" [370].

Esclarece o autor que as omissões na acção se verificam "quando o agente, entregando-se ao exercício de uma actividade qualquer, se abstém de tomar todas as precauções necessárias para que o exercício da sua actividade não cause prejuízos a outrem" [371]. A ilicitude desta figura a lei não prevê expressamente, pela impossibilidade de estar "regulado o exercício de todas as variadíssimas profisssões, mesteres e empresas, contudo "está o consenso de todos nós a exigir que proceda com a diligência e prudência usuais quem exerce uma profissão, arte ou ofício" [372].

Quanto à última espécie assinala JAIME DE GOUVEIA que "lavra grande desinteligência entre os escritores.

Todos concordam que é preciso, para a omissão ser ilícita, que haja a transgressão duma obrigação jurídica de fazer, posto que não expressa na lei. Na verdade, a simples obrigação moral, pois que é despida de sanção jurídica por condição, não pode ocasionar responsabilidade civil. Mas na determinação de que seja a **obrigação jurídica de fazer**, não preceituada na lei, é que surgem os mais desencontrados pareceres" [373].

---

[369] JAIME DE GOUVEIA, *Da Responsabilidade Contratual*, pág. 47.
[370] JAIME DE GOUVEIA, *ob. cit.*, pág. 50.
[371] JAIME DE GOUVEIA, *ob. cit.*, pág. 49.
[372] JAIME DE GOUVEIA, *ob. cit.*, pág. 51.
[373] JAIME DE GOUVEIA, *ob. cit.*, pág. 52.

Jaime de Gouveia propõe então o seguinte critério: "Para aperciarmos se esta omissão é lícita ou ilícita iremos ver se, abstendo-se da acção, o agente teve uma conduta correcta, diligente e prudente, ou, pelo contrário, procedeu com incorrecção e negligência que um cidadão prudente não teria. No primeiro caso a omissão será lícita, no segundo ilícita" [374]. Refere o exemplo do indivíduo que cruza uma ponte que tinha o tabuleiro roto, não tendo um outro indivíduo, que conhecia o perigo, avisado o primeiro. Ou ainda mais: pôs-se a cantar em voz alta para abafar a voz de outra pessoa que pretendia avisar o passageiro. Conclui que "nesta última hipótese a **omissão é dolosa** e ocasiona responsabilidade delitual" [375].

5.3. *Tese de* VAZ SERRA

VAZ SERRA começa por se debruçar sobre a relevância causal da omissão do ponto de vista jurídico. Escreve Vaz Serra: "No que respeita às omissões, elas, em rigor, não podem ser causa de um resultado, pois uma simples omissão, que é um nada, não pode ter qualquer efeito.

O que aqui interessa, porém, é o aspecto jurídico das coisas, e neste aspecto, as omissões podem ser havidas como causa de um dano" [376]. A ideia que Vaz Serra exprime não é senão, a de que os conceitos de causalidade jurídica e naturalística são diversos, e que as omissões têm eficácia causal no plano jurídico, embora não o tenham no plano físico. Assim, quando Vaz Serra, no primeiro parágrafo citado, se refere a "causa" ("não podem ser causa de um resultado") utiliza a expressão no seu sentido naturalístico. Quando usa a expressão no segundo parágrafo citado ("podem ser havidos como causa de um dano") emprega-a já no sentido jurídico.

---

[374] JAIME DE GOUVEIA, *ob. cit.*, págs. 52 e 53.

[375] JAIME DE GOUVEIA, *ob. cit.*, pág. 53.

[376] ADRIANO VAZ SERRA, *Obrigação de Indemnização*, in *BMJ*, n.º 84, 1959, pág. 108.

Escreve adiante o ilustre Professor: "Para que a omissão possa ter tida como causa de um dano, parece de exigir dois requisitos: *a*) que o acto omitido tivesse obstado, com certeza ou com a maior probabilidade, ao dano; *b*) que existisse o dever jurídico de prática do acto omitido" [377].

Quer-nos parecer que se confundem aqui duas questões, talvez as mais prementes ao nível da omissão, conforme já assinalámos [378]. Com efeito, para que a omissão seja tida como causa de um dano parece que deve bastar o primeiro daqueles requisitos: que o acto omitido tivesse obstado, pelo menos com a maior probabilidade, ao dano. A questão de saber se existia o dever jurídico de praticar o acto obtido é já um problema de ilicitude e não de causalidade, e interessa, não para se saber se uma dada omissão deve ser tida como causa de certo dano, mas para saber se o autor teve ou não um comportamento anti-jurídico [379].

A questão que nos importa agora analisar é a questão da determinação dos casos em que existe o dever jurídico de agir. Ora, a posição de Vaz Serra encontra-se espelhada no texto que propôs para o artigo do Código Civil relativo às omissões e que era o seguinte:

"1. As omissões dão lugar à obrigação de reparar o dano quando, independentemente de outros requisitos legais, o acto omitido tivesse evitado, com certeza ou com maior probabilidade, o dano e existisse o dever, resultante da lei ou de negócio jurídico de praticar o mesmo acto.

2. Aquele que abre uma fonte de perigo tem o dever de adoptar as cautelas indispensáveis para a impedir, mesmo que não sejam impostas pelos regulamentos administrativos.

---

[377] ADRIANO VAZ SERRA, *ob. cit.*, pág. 108.

[378] Veja-se *supra*, pág. 126.

[379] Sobre este ponto (distinção entre causalidade e ilicitude da omissão) veja--se *supra*, pág. 126 e segs. e *infra*, págs. 201 e segs..

3. Se, na esfera de poder de alguém, se der uma situação produtora de riscos, que só essa pessoa pode fazer desaparecer, tem ele o dever de os eliminar.
4. Cabe ao prejudicado a prova dos factos, que dão origem aos deveres referidos nos §§ 2.º e 3.º.
5. Aquele que, não tendo qualquer motivo sério para se abster, não evita um dano grave senão para outrem, apesar de o perigo estar presente no seu espírito, de modo a não proceder manifestamente contra a consciência social, responde por indemnização dentro dos limites dos danos que não impediu, a qual será calculada segundo o prudente arbítrio do juiz, tendo em conta a gravidade do perigo, o maior ou menor risco da intervenção, o dano, a situação económica e social do prejudicado e do autor da omissão, a maior ou menor intensidade do dever de agir, de acordo com as circunstâncias, a maior ou menor culpa do autor da omissão."

Esta proposta parece-nos extremamente rica em ideias. Passamos a comentá-la.

Em relação ao § 1.º quer-nos parecer que teria sido melhor analisá-lo em dois, uma vez que aí se regulam dois problemas distintos: o problema do nexo de causalidade e o problema da ilicitude.

Aliás, a questão da ilicitude, que começa por ser tratada no § 1.º, acaba por se estender por todos os outros, fornecendo-nos VAZ SERRA um quadro bastante completo sobre o assunto [380]. Do complexo dos parágrafos resulta que Vaz Serra considera, como fontes do dever de agir, a lei, o negócio jurídico (§ 1.º), a abertura de uma fonte de perigos (§ 2.º) e as situações de senhorio ou monopólio (§ 3.º), utilizando, pois, a técnica tradicional de indicação das fontes do dever de agir, mas alargada ou corrigida pela inclusão nesse

---

[380] No § 4.º inclui o autor uma norma de natureza probatória, que ele próprio admite ser dispensável (*ob. cit.*, pág. 126, nota 252).

elenco das chamadas situações de senhorio ou monopólio, a que já fizemos referência neste trabalho [381].

Por outro lado consagra-se a figura do dever geral de auxílio (§ 5.º) a que já aludimos [382]. Explica VAZ SERRA: "Mais difícil é admitir um dever jurídico geral de ajudar os outros. Esse dever é, em regra, negado pelos autores, como vimos.

É certo que um dever de humanidade ou de solidariedade pode levar as pessoas a ajudar-se ou socorrer-se umas às outras; mas é duvidoso que caiba elevar esse dever à categoria de dever jurídico, com a consequência da obrigação de reparar os danos no caso da omissão correspondente. Tal dever importaria uma tal restrição à liberdade individual, tolheria de tal modo a vida de cada um, que não parece que deva estabelecer-se de uma maneira global e ilimi- tada" [383]. Por isso propõe o autor que tal dever só exista em caso de perigo grave, em que o autor esteja consciente desse perigo, e não tenha motivo sério para se abster, contrariando esta abstenção a consciência social [384].

Não nos esclarece, contudo, o autor a respeito do problema da definição do âmbito de aplicação de cada um dos casos em que se prevê o dever jurídico de agir [385].

---

[381] A consagração, na proposta do Professor VAZ SERRA, destas últimas fontes do dever jurídico de agir, surge na sequência de ampla exposição sobre o tratamento do tema nos Direitos alemão, italiano, suíço e português de então (veja-se *Obrigação de Indemnização*, in *BMJ* n.º 84, III, 1959, págs. 109 a 122).

[382] Veja-se *supra*, págs. 149 e segs..

[383] ADRIANO VAZ SERRA, *ob. cit.*, pág. 119.

[384] ADRIANO VAZ SERRA, *ob. cit.*, págs. 120 e 126.

[385] Uma palavra final ainda para a parte final do § 5.º onde se admite a fixação discricionária dos prejuízos a indemnizar por parte do juiz, que VAZ SERRA justifica da seguinte maneira: "Mas a responsabilidade em tais casos parece também que não deve ir rigorosamente ao ponto de abranger todos os danos causados pelo facto que, devido à omissão, se não evitou. Esse facto é que, em rigor, causou os danos; a omissão apenas fez com que estes não tivessem sido evitados. E, como o dever de agir pode ser mais ou menos premente conforme as circunstâncias (variando com a gravidade do perigo, o menor ou maior risco

de intervenção, etc.), afigura-se dever deixar-se ao juiz a faculdade de calcular a indemnização segundo o seu prudente arbítrio, tendo em conta a gravidade do perigo, o maior ou menor risco da intenção, o dano, a situação económica e social do prejudicado e do autor da omissão, a maior ou menor intensidade do dever de agir, de acordo com as circunstâncias, a maior ou menor culpa do autor da omissão (ADRIANO VAZ SERRA, *ob. cit.*, pág. 121. Nota-se, porém, que não se trata aqui, em rigor, da matéria da ilicitude da omissão (veja-se *supra*, pág. 126).

Trata-se, está-se a ver, da atribuição de um poder ao juiz da mesma índole daquele que o Código Civil actual lhe faculta no artigo 494.º para o caso de danos provocados por negligência.

O que não nos convence na argumentação de Vaz Serra, é que essa faculdade atribuída ao juiz assenta na circunstância de ter sido o facto não evitado "que em rigor causou os danos", e que "a omissão apenas fez com que estes não tivessem sido evitados" (ADRIANO VAZ SERRA, *ob. cit.*, pág. 121). Discordamos que juridicamente as coisas se passem assim. Naturalisticamente, sim, é o facto não evitado que causa danos. Mas o conceito jurídico de causalidade, conforme repetidas vezes temos dito ao longo deste trabalho, não coincide com o conceito meramente naturalístico. E, dado o conceito jurídico de causalidade, não é correcto dizer que a omissão apenas faz com que os danos não tivessem sido evitados. Pelo contrário, é perfeitamente rigoroso afirmar que **a omissão causou os danos**.

Já nos parece aceitável a parte da justificação de Vaz Serra, que refere a maior ou menor gravidade do risco de intervenção, a maior ou menor gravidade do perigo, e situações análogas, como razão de ser da atribuição ao juiz do tal poder discricionário de fixação dos prejuízos. À luz da lei actual seria porém difícil de a admitir, fora do quadro das omissões negligentes, pois que para casos de danos causados dolosamente não reconhece o legislador tal faculdade ao juiz, e então a admissibilidade dessa faculdade para as omisssões dolosas em discrepância com o que sucede com as acções dolosas, assentaria em princípio na inexistência de rigorosa causalidade, razão, que como vimos, cremos não ser de partilhar.

6. *Breve precurso por alguns ordenamentos jurídicos estrangeiros*

Passemos seguidamente em revista alguns ordenamentos jurídicos e respectiva doutrina.

SECÇÃO I. Direito francês

No Direito francês a teoria da responsabilidade civil é construída a partir da noção de "fraude civile", isto é, delito civil. O preceito fundamental sobre a matéria da responsabilidade civil é o artigo 1382.º Do Código Civil francês, que estabelece o seguinte:
  "Todo o facto do homem, que cause um prejuízo a outrem, obriga aquele de cujo delito o prejuízo resultou, a repará-lo."

Não existe, no entanto, preceito específico sobre a omissão enquanto pressuposto da responsabilidade civil [386].

1. *Tese de JOSSERAND e de GAUDEMET*

Já com JOSSERAND (1930) se admitia que o delito fosse constituído por uma omissão e não propriamente por uma acção [387].

---

[386] Existem, contudo, no Código Civil francês alguns preceitos sobre situações específicas que relevam para a matéria da omissão, enquanto pressuposto da res-*ponsabilidade civil, como os § 2.º, 4.º e 5.º do artigo 1384.º (que estabelecem a responsabilidade civil do proprietário e dos detentores de certos bens, dos pais e dos omitentes), o § 1.º do artigo 1137.º (que estabelece a responsabilidade civil do devedor pela coisa devida).*

Outras disposições se referem à figura da omissão, mas não já enquanto pressuposto da responsabilidade civil, mas, pelo contrário, como modalidade de dar cumprimento a uma obrigação — a prestação de facto negativo (artigos 1142.º e segs. do Código Civil francês).

[387] LOUIS JOSSERAND, *Cours de Droit Positif Français Conforme aux Programmes Officiels des Facultés de Droit*, II vol., pág. 201.

Porém, havia quem entendesse, como GAUDEMET (1937), que "a pura abstenção não pode acarretar responsabilidade", "por falta de nexo de causalidade" [388]. A abstenção apenas fundamentaria a responsabilidade no caso de violação de obrigação positiva de agir, "mas a responsabilidade sanciona aqui mais a inexecução de uma obrigação anterior do que a abstenção em si" [389].

Não compreendemos bem o alcance desta última frase, pois as abstenções, tal como as acções, não são sancionadas por si, mas sim por serem conformes ou desconformes com a ordem jurídica, consistindo a inexecução de um contrato, quer através da acção, quer através da abstenção ou omissão, um dos casos de desconformidade das condutas com a ordem jurídica.

De qualquer modo, GAUDEMET acaba por não explicar como é possível que nestas hipóteses, em que existe a "obrigação positiva de agir", a "abstenção" acarretar responsabilidade, se a abstenção, conforme o autor afirma, não tem eficácia causal [390]. Não explica também o autor, quais os casos em que existe esta obrigação positiva de agir, embora pareça resultar do contexto que são casos excepcionais e pouco numerosos.

2. *Tese de* PAUL EISMEN

Com PAUL EISMEIN (1951) já é claramente levantado o problema da responsabilidade por omissão. Este autor depois de referir que "o delito por negligência e imprudência no decurso de uma actividade que se revelou prejudicial, é frequentemente um delito por

---

[388] EUGÉNE GAUDEMET, *Théorie Génerale des Obligations*, pág. 306.

[389] EUGÉNE GAUDEMET, *ob. cit.*, pág. 306.

[390] O autor equaciona, contudo, o nexo de causalidade da abstenção ou omissão, embora depois negue, na seguinte passagem: "Uma pessoa recusa ajuda a outra. Esta sofre um prejuízo, que teria sido evitado se o socorro houvesse sido oferecido. Não há responsabilidade por falta de nexo de causalidade" (local e obra citadas).

Omissão e Dever de Agir em Direito Civil   179

omissão", reconhece que "a responsabilidade é mais facilmente admitida nos casos da pura e simples abstenção" [391].

Observou este autor que "até data recente, duvidava-se que pudesse ser declarado responsável aquele que, em presença de uma pessoa em situação de perigo, que não tivesse provocado, se abstém voluntariamente de lhe prestar socorro, fácil e sem risco para ele ou para terceiros" [392].

O autor é contudo, de opinião que o artigo 63.º do Código Penal francês dá cobertura à omissão como pressuposto da responsabilidade civil [393].

3. Tese de PLANIOL e RIPERT

Para PLANIOL e RIPERT (1954) o delito ("faute") pode consistir num acto positivo (...) ou num acto negativo (...)" [394].

Observam também estes autores, tal como PAUL EISMEIN [395], que as omissões acompanham frequentemente actos positivos, "compreendem uma grande parte das negligências e imprudências que se prolongam durante o curso da actividade comercial e industrial, e da vida quotidiana" [396].

---

[391] AUBRY e RAU, *Droit Civil Français*, Tomo II, por Raul Eismen, pág. 430.

Já atrás referimos que as abstenções na acção não têm o tratamento de verdadeiras omissões (veja-se *supra*, pág. 94).

[392] PAUL EISMEN, *ob. cit.*, pág. 430.

[393] O artigo 63.º do Código Penal francês prevê a figura o dever geral de socorro ou auxílio.

[394] MARCEL PLANIOL e GEORGES RIPERT, *Traité Pratique de Droit Civil Français*, tomo IV, pág. 69.

Os autores referem o célebre caso de Branly, em que se verificou a condenação do autor (socialista) de um livro sobre a história da TSF por ter *omitido* a referência a Branly, sábio católico, notoriamente na origem da invenção, muito embora se não tivesse provado a intenção maliciosa na omissão (o silêncio ter-se-á devido a animosidade política).

[395] Veja-se *supra*, ponto anterior do texto.

[396] Marcel Planiol e Georges Ripert, *ob. cit.*, pág. 691, nota 1. Não se trata aqui de omissões em sentido próprio, conforme já se referiu.

Estes autores admitem igualmente a remissão para a lei penal, para fundamentar a responsabilidade civil por omissão, ("la faute pénale est également une faute civile")[397] e assinalam também não existir no campo civil os obstáculos que surgem no campo penal por imposição do princípio "nulla poena sine lege"[398]. Referem ainda a existência do dever de dar conselho por parte dos notários, dever de criação jurisprudencial[399].

4. *Tese de* SAVATIER

SAVATIER (1951) no seu *Tratado de Direito Civil* pronunciando--se sobre a omissão, afirma que esta, ao contrário da acção, embora danosa é em princípio lícita, só não o sendo se existir o dever de agir, que pode resultar da lei, dos contratos e, até, da moral[400].

Savatier enumera alguns casos em que existe o dever de agir:

1.º — Dever de agir posterior ao acto. "Aquele que pratica, precedentemente, um acto positivo, contrai, simultaneamente, o dever de tomar as precauções necessárias para que esse acto não possa, subsequentemente, prejudicar outrem".

Assim, por exemplo, aquele que leva a cabo trabalhos num local público, deve assinalá-los à noite, a fim de evitar acidentes[401].

2.º — Dever de agir anterior ao acto. Aqui a situação é inversa.

---

[397] Autores e obra citada, pág. 693.

[398] Autores e obra citada, pág. 692.

[399] Autores e obra citada, págs. 718 e segs.

[400] RENÉ SAVATIER, *Traité de la Responsabilité Civile en Droit Français Civil, Administratif, Professionel, Procedural*, tomo I, págs. 56 e 57.

[401] RENÉ SAVATIER, *ob. cit.*, pág. 56. O autor refere vários acórdãos responsabilizando situações deste tipo. Mas conforme já observámos, estas situações não se reconduzem à figura de omissão propriamente dita (veja-se *supra*, pág. 94).

É o caso do médico, que antes de intervir deve assegurar-se do diagnóstico [402].

3.º — O dever de vigilância do detentor da coisa.

4.º — O dever de esclarecer ou de informar que incide sobre determinadas pessoas, dever esse resultante da lei, contrato ou de acto positivo.

Em todos estes casos a omissão, prejudicial é, segundo Savatier, fonte de responsabilidade civil [403-404].

Savatier refere ainda uma outra hipótese em que a omissão é fonte de responsabilidade civil: o caso da "abstenção maliciosa", consistente na abstenção de uma conduta com a intenção de prejudicar alguém.

Em conclusão, Savatier admite que a omissão fundamenta a responsabilidade civil se o dever de agir resultar da lei ou do contrato, se a abstenção for maliciosa ou, ainda, se a abstenção se combinar com uma acção para a produção do dano [405]. O dever de agir, segundo Savatier, pode resultar da lei penal.

Esta remissão para a lei penal traduz-se na responsabilização civil nas seguintes hipóteses:

— Hipótese em que a pessoa se abstém voluntariamente de impedir uma agressão física, quando isso não envolve risco para a sua pessoa ou de terceiro.

— Hipótese em que a pessoa se abstém voluntariamente de ajudar ou solicitar ajuda a uma pessoa em perigo, quando isso não envolve risco para a sua pessoa ou de terceiro.

---

[402] RENÉ SAVATIER, *ob. cit.*, págs, 57 e 58. Ainda aqui estamos perante omissões na actividade.

[403] RENÉ SAVATIER, *ob. cit.*, págs. 58 e 59.

[404] Conforme temos vindo a observar, nas duas primeiras hipóteses não é a omissão que é propriamente o pressuposto da responsabilidade, mas a actividade em que se integra.

[405] Nesta última hipótese, repita-se, a omissão não constitui pressuposto autónomo da responsabilidade civil.

— Hipótese em que a pessoa se abstém voluntariamente de testemunhar a inocência de uma pessoa preventivamente incarcerada por crime ou delito.

As restrições da lei penal não têm, contudo, aplicação aos casos de responsabilidade civil. Assim, se é certo que a lei penal exclui a responsabilidade para a última hipótese, no caso do testemunho espontâneo tardio, e no caso da abstenção ser praticada pelo autor do crime pelo qual o inocente foi equivocamente encarcerado, por co-autor, cúmplice, parentes ou afins até ao quarto grau, estas situações não excluem a responsabilidade no âmbito civil.

No domínio da responsabilidade civil, é igualmente de admitir a aplicação analógica desses preceitos, que não comportam esse tipo de integração para a responsabilização penal [406]. Assim, responderá aquele que se abstém voluntariamente de evitar o desenvolvimento de um incêndio, muito embora a lei penal imponha o dever de agir apenas na hipótese de perigo para alguém e não de perigo para coisa [407].

O essencial desta posição é reafirmado por SAVATIER no seu *Théorie des Obligations en Droit Privé Economique* (1979) [408] e ainda por parte da actual doutrina civilista francesa.

Assim, PHILIPPE LE TOURNEAU (1988), considera que a omissão só é ilícita se existir obrigação de agir, fundada na lei (inclusive a lei penal), em convenção ou norma profissional, ou ainda, se a abstenção for maliciosa [409].

---

[406] Embora SAVATIER não o refira, esta proibição da aplicação analógica resulta do princípio "nula poenae sine lege".

[407] RENÉ SAVATIER, *ob. cit.*, págs. 61 e 62. Já nos referimos a esta opinião *supra*, págs. 146.

[408] RENÉ SAVATIER, *Théorie des Obligations en Droit Privé Economique*, págs. 284 e segs.

[409] PHILIPE LETOURNEAU, *La Responsabilté Civile*, págs. 658 e 659. O autor refere em seguida várias decisões da jurisprudência na matéria (abstenções do proprietário, do empregador, etc. — *vide* págs. 661 e seg.).

Aparece, contudo, já perfeitamente clara a distinção entre omissão na acção e omissão pura e simples [410].

5. Tese de MAZEAUD e CHABAS

Num outro sentido se pronunciam MAZEAUD e CHABAS. Depois de verificarem que no domínio da responsabilidade civil a questão não se deve pôr exactamente nos mesmos termos em que é colocada para a responsabilidade criminal, uma vez que no domínio da responsabilidade civil não vigora o princípio "nulla poena sine lege", os autores opinam que "afirmar, em nome da liberdade individual, que um indivíduo não pode estar obrigado a agir, é afirmar uma absurdidade", e sugerem a posição da Cour de Cassation, que entende que "uma abstenção pode ser faltosa quando constitua a inexecução de uma obrigação de agir. Para se saber se existe a obrigação de agir, o juiz procurará qual a conduta que, nas mesmas circunstâncias, teria adoptado um indivíduo normal" [411].

Verificamos, pois, que nesta perspectiva, a existência do dever de agir não depende basicamente de um elenco de fontes formais (lei, contrato), mas resulta antes da constatação de que um indivíduo normal teria agido naquele contexto. Trata-se, pois, de um conceito aberto de natureza eminentemente substancial.

6. Tese de AYNÉS e MALAURIE

Já LAURENT AYNÉS e PHILIPE MALAURIE seguem uma técnica diversa. Estes autores criticam que a ilicitude da omissão fique dependente do dever de agir, como fazem tradicionalmente a doutrina

---

[410] PHILIPE LETOURNEAU, *ob. cit.*, págs. 657 e 658.

[411] HENRI, Léon, JEAN MAZEAUD e FRANÇOIS CHABAS, *Leçons de Droit Civil*, tomo II, 1.º vol., págs. 475.

e a jurisprudência, pois tal técnica é logomática, uma vez que o dever de agir só surge depois da abstenção, ou seja, "aprés coup".

O único problema que se coloca, para apreciar da ilicitude da abstenção, é o de verificar se, quando da abstenção, o agente podia ou não prever e evitar o prejuízo. Na hipótese afirmativa a abstenção é "faltosa" (ilícita) [412].

Por outras palavras, dizemos nós, estes autores são da opinião de que não existe nenhuma diferença ao nível da ilicitude, entre a acção e a omissão, pois que, para que esta seja considerada ilícita ("fautive"), basta que o prejuízo fosse possível e evitável pelo sujeito, tal como sucede para a acção [413].

Pensamos que esta posição confere uma latitude excessiva à ilicitude da omissão, pois no fundo traduz-se em impor a obrigação de agir em todos os casos em que o prejuízo é previsível e evitável.

Repare-se que a posição de MAZEAUD e CHABAS, dada a abertura com que é equacionada, embora formalmente diversa da de AYNÉS e MALAURIE, numa interpretação rigorosa, pode conduzir a uma solução na prática semelhante à deste autor.

7. *Tese de* GENEVIÈVE VINEY

Refira-se, para finalizar, a posição de GENEVIÈVE VINEY.

Esta autora ocupa-se da omissão a propósito dos deveres extra-contratuais não explicitados por nenhuma disposição escrita [414]. Depois de afirmar que o "delito de abstenção" ("faute d'abstention") pode

---

[412] LAURENT AYNÉS e PHILIPE MALAURIE, *Cours de Droit Civil. Les Obligations*, pág. 37.

[413] Em rigor, a ilicitude da omissão não depende da previsibilidade e evitabilidade do prejuízo, mas da previsibilidade e evitabilidade da violação do direito ou interesse juridicamente protegido de outrem (que conforme vimos, pode não se traduzir num dano − veja-se *supra*, págs. 50 e segs. e 69 segs..

[414] GENEVIÈVE VINEY, *Les Obligations. La Responsabilité: Conditions* in *Traité de Droit Civil*, sob a direcção de Jacques Guestin, págs. 539 e segs.

Omissão e Dever de Agir em Direito Civil

resultar da violação das disposições legislativas regulamentárias que se impõem aos particulares no exercício das diversas actividades [415] e da violação de normas penais, pronuncia-se acerca da existência de um poder de iniciativa do juiz para declarar a ilicitude das omissões.

A autora começa por referir a tese da enumeração das fontes de dever de agir, inicialmente a lei e o contrato, cita o caso Branly como o primeiro em que se manifestou a vontade de admitir um papel de iniciativa à jurisprudência neste domínio [416], acabando por concluir que "parece legítimo abolir toda a diferença entre delito por omissão e delito por comissão quanto ao poder dos tribunais para o definir" [417].

Não já na sede privativa da omissão, mas sob o título *O Exercício pela Jurisprudência do seu Poder de Definir os Deveres Extracontratuais*, encontramos referências que se bem que interessem aos delitos por acção, interessam igualmente aos delitos por omissão. A autora refere então deveres impostos pela boa-fé, lealdade, honestidade, respeito pelo próximo (deveres directamente tradutores de imperativos morais) [418], pela eficácia (deveres inspirados principalmente por considerações de utilidade social).

A matéria respeitante aos *Deveres e Obrigações do Contrato ou Enxertados Neste* [419] também nos interessa, pois conforme já constatámos, a violação de obrigações contratuais faz-se, normalmente, por omissão. Aí também a autora destaca o papel dos tribunais na determinação dos deveres e obrigações relacionadas com o contrato,

---

[415] Já observámos que nestas hipóteses o que se verifica não é propriamete uma omissão na acção. A autora, aliás, refere este aspecto mais adiante, onde escreve que "é frequentemente impossível (...), dissociar a acção e a abstenção", o que explica que, na apreciação do carácter ilícito ou não de uma "abstenção na acção", os tribunais procedam da mesma maneira que para julgar um acto positivo" (pág. 544).

[416] Geneviève Viney, *ob. cit.*, págs. 541 a 543.

[417] Geneviève Viney, *ob. cit.*, pág. 543.

[418] Geneviève Viney, *ob. cit.*, págs. 567 a 573.

[419] Geneviève Viney, *ob. cit.*, págs. 577 e segs..

referindo a existência de obrigações segurança (que podem nascer de contratos como o de transporte, contrato de um estabelecimento de ensino, mesmo contratos de espectáculos) [420], e de informação, como obrigação acessória de uma prestação de serviços (que impende sobre o notário, o arquitecto, etc.) [421] ou como acessória de um contrato de gozo de coisa (como a locação) [422].

8. *Balanço*

1. Este percurso pela doutrina francesa, permite-nos concluir que a ilicitude da omissão, admitida em termos muito limitativos, foi tendo o leque das respectivas fontes progressivamente ampliado, ao ponto de actualmente os critérios de apreciação da ilicitude da omissão serem praticamente os mesmos que vigoram para a acção. Será talvez uma posição excessiva, em qualquer caso e em nossa opinião, sem apoio na ordem jurídico-civil portuguesa.

2. No Direito Penal francês sempre se entendeu, tanto ao nível doutrinário, como ao nível jurisprudencial, que os crimes omissivos impróprios não eram admissíveis face ao princípio da legalidade. Escrevem MERLE e VITU: "Quando a lei penal, ao descrever o elemento material de uma infracção penal, incrimina factos positivos, gestos, palavras ou escritos não se pode, sem violar a regra "nullum crimen sine lege", estender a incriminação às simples abstenções" [423].

Um dos primeiros passos no sentido da admissibilidade da penalização de omissões materiais terá sido dado pela publicação da lei de protecção da infância que modificou o art. 312.º do Código Penal

---

[420] Autora e obra citadas, págs. 597 e segs..
[421] Autora e obra citadas, págs. 606 e segs..
[422] Autora e obra citadas, págs. 615 e segs..
[423] ROGER MERLE e ANDRÉ VITU, *Traité de Droit Criminel*, pág. 564.

francês, a "Ordenance" de 19 de Abril de 1898 (retomada pela lei de 13 de Abril de 1954) "que pune quem tiver voluntariamente ferido ou desferido golpes num rapaz de menos de quinze anos ou quem o tiver voluntariamente privado de alimentos ou tratamento, de modo a comprometer a sua saúde".

Outro passo terá sido constituído pela célebre sentença do Tribunal de Relação de Poitiers, no caso Monnier. Um indivíduo vinha acusado de ter abandonado a irmã, alienada mental, durante largos anos, sem tratamento e de forma a comprometer a sua saúde, e pedia-se a sua condenação com base no art. 311.º do Código Penal francês ("violência e vias de facto"). O Tribunal julgou, porém, que "não se compreenderia um delito de violência e vias de facto sem violência", negando, pois, a susceptibilidade de ser perpetrado por omissão [424]. Contudo, o comportamento reprovável sob o ponto de vista moral, fez com que vários autores se debruçassem sobre o assunto e criticassem o conteúdo da sentença de Poitiers, merecendo destaque o jurista GARÇON [425].

A evolução veio a culminar no quadro actual que é o seguinte:

Por um lado a lei penal procura contemplar vários casos de crimes omissivos próprios, de entre os quais destacamos, pela sua ampla previsão, o art. 63.º do Código Penal francês, que sanciona criminalmente aquele que, "podendo impedir com a sua acção imediata, sem risco para si ou para terceiro, um crime ou um delito contra a integridade corporal de uma pessoa, se abstém de o fazer", e aquele que "se abstém voluntariamente de prestar a uma pessoa em perigo, a assistência que, sem risco para si ou para terceiros, poderia prestar, seja com uma acção pessoal, seja procurando um socorro".

Com preceitos deste género a jurisprudência francesa consegue a punição de condutas omissivas que são sancionadas pela via do

---

[424] Sentença de 20 de Novembro de 1901, in *Sirey, Recueil Général des Lois et Arrêts*, 1902, II, págs. 305 e segs.

[425] ÉMILE GARÇON, *Code Pénal Anoté*, Paris 1901/1906.

crime omissivo impróprio, em ordens jurídicas onde a figura é geralmente admitida.

Por outro lado, admite-se em França a existência dos crimes omissivos impróprios negligentes, pois entende-se geralmente que o princípio da interpretação estrita que impede a admissibilidade da omissão imprópria não é aplicável no âmbito dos crimes negligentes [426].

Quanto aos crimes omissivos de resultado, continua a entender-se, em geral, que só são puníveis se estiverem estabelecidos na lei. "O princípio da interpretação estrita proíbe toda a assimilação de uma abstenção à acção apenas prevista pela lei. Uma infracção só se pode cometer por omissão se a atitude estiver prevista, pelo tipo legal, no elenco dos modos de perpetração" [427].

SECÇÃO II. Direito espanhol

1. O Código Civil espanhol dá guarida à figura da omissão como pressuposto da responsabilidade civil nos artigos 1902.º e 1903.º [428].

O primeiro destes artigos contempla a cláusula geral sobre responsabilidade civil (extra-obrigacional), que dispõe o seguinte:

"Aquele que por acção ou omissão causa dano a outrem, intervindo culpa ou negligência, fica obrigado a reparar o dano causado."

---

[426] ROGER MERLE e ANDRÉ VITU, *ob. cit.*, págs. 564 e 565.

[427] ANDRÉ DECOCQ, *Droit Pénal Général*, pág. 159. Escrevem BOULOC, LEVASSEUR e STÉFANI: ""Qui peut et n'empêche, pêche", dizia Loysel, mas esta máxima estava longe de ser observada de modo geral." (BERNARD BOULOC, GEORGES LEVASSEUR e GASTON STÉFANI, *Droit Pénal Général*, pág. 208). Recordem-se as palavras de ROGER MERLE e ANDRÉ VITU, referidas no início da exposição sobre as opiniões de penalistas franceses — pág. 186.

[428] Como modalidade de prestação a figura vem prevista no art. 1088.º: "Toda a obrigação consiste em dar, fazer ou não fazer alguma coisa."

No artigo 1903.º, prevêem-se os casos de "responsabilidade por actos de outrem", e estabelece-se que "a obrigação que impõe o artigo anterior é exigível, não apenas pelos actos ou omissões próprias, mas também por aqueles das pessoas por quem se deve responder". Trata-se fundamentalmente de casos de culpa "in vigilando".

Os artigos seguintes (1905.º a 1910.º) têm igualmente algo a ver com a figura, pois contêm igualmente casos de "culpa in vigilando" (responsabilidade por animais e outras coisas).

No que respeita à responsabilidade obrigacional regem os artigos 1098.º e seguintes deduzindo-se da lei que, a omissão é a fonte-regra da responsabilidade obrigacional (arts. 1098.º e 1099.º).

2. As especificidades da omissão, designadamente a questão da ilicitude, não têm merecido a atenção dos civilistas espanhóis. A generalidade dos autores admite a existência de responsabilidade por omissão, mas a problemática específica não é, por regra, objecto de análise [429].

Pelo contrário, o assunto está largamente tratado pelos penalistas espanhóis. Um breve apanhado da situação da doutrina penal espanhola sobre o tema da ilicitude da omissão é o que tentámos fazer nas páginas seguintes.

1. *Tese de* RODRIGUEZ DEVESA

RODRIGUEZ DEVESA adopta a tese tradicional, recorrendo à ideia de garante e à enumeração de fontes formais. Escreve este autor: "Tem o dever de actuar, e por isso a sua omissão equipara-se ao "fazer activo", aquele que com referência ao ordenamento jurídico esteja constituído como garante de que o resultado se não produza.

---

[429] Assim LUIS DIEZ PICASSO, *Fundamentos del Derecho Civil Patrimonial*, vol. I, pág. 673; JOSÉ PUIG BRUTAU, *Fundamentos de Derecho Civil*, tomo II, vol. II, págs. 80 e 81.

Não basta o incumprimento de um dever moral (...). A assunção de uma posição de garante pode resultar da lei, de um acto pelo qual se assuma o dever de actuar, ou da precedente produção de uma situação de perigo (a chamada "ingerência") [430].

2. *Tese de* JUAN DEL ROSAL

Já JUAN DEL ROSAL, admite um elenco muito mais vasto de fontes de dever de agir, a saber:
- A lei;
- Um actuar anterior;
- A condição do sujeito;
- As circunstâncias especiais;
- A prévia aceitação de uma relação contratual;
- A criação, embora sem culpa, de uma situação de perigo;
- As relações de "fidelitas".

Em relação à lei, o autor escreve que a lei não tem de ser a lei penal, referindo nomeadamente os artigos do Código Civil espanhol que estabelecem deveres entre cônjuges e pais e filhos.

Quanto ao actuar anterior do sujeito, refere o autor o exemplo clássico do indivíduo que fecha outrem na biblioteca e do alpinista que abandona os seus clientes.

A condição do sujeito impõe-lhe, por sua vez, deveres deontológicos, profissionais ou regulamentares (o médico, o advogado, etc.).

"Por circunstâncias especiais, nascidas com o amparo de determinadas ocorrências fácticas, o sujeito compromete-se a levar por diante determinados empenhos".

Quanto à aceitação de relação contratual, é óbvia a sua eficácia como fonte do dever de agir, pelo que, conforme nota o próprio JUAN DEL ROSAL, não se torna necessário esclarecimento adicional.

---

[430] JOSÉ MARÍA RODRIGUEZ DEVESA, *Derecho Penal Español. Parte General*, págs. 372 e 373.

Já no que respeita à criação de uma situação de perigo, cremos que se impunha um esclarecimento entre a diferença destes casos e dos referidos por Juan del Rosal em segundo lugar (actuar anterior), pois se não vislumbra bem como estabelecê-la.

As relações de fidelidade reconduzem-se às relações de amizade ("a amizade forma um laço de mútua fidelidade e um sentimento"), que podem fundamentar também o dever de agir [431].

Encontramos, pois, com Juan del Rosal, um elenco mais amplo que o tradicional, mas resultante de uma reunião, que nos parece menos aconselhável, de critérios formais e substanciais.

3. *Tese de* HUERTA TOCILDO

SUSANA HUERTA TOCILDO pronuncia-se pela rejeição da equiparação da omissão à acção. Analisando as várias propostas que têm sido feitas para fundamentar tal equiparação, a autora chega à conclusão de que nenhuma ultrapassa sem dano o princípio inderrogável "nula poena sine lege". Mesmo "naqueles ordenamentos que, como o alemão, o austríaco, o português ou o italiano, gozam de uma cláusula geral da equivalência", apenas se evita o choque formal com o princípio, uma vez que a indeterminação da cláusula põe-o substancialmente em causa [432]. A autora acaba por sugerir que a solução consiste em tipificar na parte especial do Código Penal os diversos crimes omissivos de resultado [433].

Ora esta posição, que é defensável no campo do Direito Penal, nada contribui para o tema da omissão na responsabilidade civil, pois a tese defendida pela autora assenta num princípio e em preocupações privativas do Direito Criminal, que não vigoram no âmbito da responsabilidade civil.

---

[431] JUAN DEL ROSAL, *Tratado de Derecho Penal Español*, vol. I, págs. 667 e segs.

[432] SUSANA HUERTA TOCILDO, *Las Posiciones de Garantia en el Tipo de Comission por Omission*, in *Problemas Fundamentales de los Delitos de Omision*, pág. 136.

[433] SUSANA HUERTA TOCILDO, *ob. cit.*, págs. 160 e segs.

192   Pedro Pitta e Cunha Nunes de Carvalho

Secção III. Direito italiano

1. No Direito italiano as matérias da responsabilidade civil obrigacional e extra-obrigacional vêm tratadas, respectivamente, nos artigos 1218.º e segs. e 2043.º e segs.. Também o Código Civil italiano desconhece preceito geral sobre a omissão como pressuposto da responsabilidade civil. A figura tem guarida nos preceitos que se ocupam da responsabilidade civil obrigacional (onde, como se sabe, a omissão é a forma mais comum de incumprimento) e nos artigos 2048.º e segs. onde se estabelecem os casos de "culpa in vigilando" (de certas pessoas, de animais, de imóveis).

Na falta de texto legal, interessa-nos aqui, especialmente, a situação da doutrina civilista italiana quanto à existência do dever jurídico de agir.

A nossa pesquisa levou-nos à conclusão de que o assunto não tem merecido grande atenção da parte dos civilistas italianos.

Reconhece, a doutrina porém, que, para que exista responsabilidade civil por omissão, tem de existir o dever jurídico de agir[434], havendo mesmo quem afirme que "a omissão não pode ser causa de responsabilidade quando se está no campo da responsabilidade aquiliana, a qual pressupõe a violação de um direito independente de qualquer vínculo preexistente"[435].

1. *Panorama no Direito Civil. Algumas teses*

Quagliariello (1957), defendia que o dever de agir, como expressão do "neminem leadere", pudesse resultar não apenas da lei e do negócio jurídico, mas dos princípios e normas éticas, pois "há imperativos éticos cuja inobservância prejudica a vida social e que não podem, portanto, ser ignorados pelo direito"[436].

---

[434] Neste sentido, por exemplo, Francesco Galgano, *Diritto Privato*, pág. 340.

[435] Roberto de Ruggiero, *Istituzioni di Diritto Civili*, vol. III, pág. 496. Sobre este ponto veja-se *supra*, págs. 141 e segs..

[436] Quagliariello, *Responsabiltá dal Illicito nel Vigente Codice Civile*, § 7.º,

Para Barassi a enumeração lei e contrato, resultante das ideias liberais é "incompleta", pois "as circunstâncias podem ser tais ao ponto de tornar repugnante e inconciliável com os mais elementares cânones da mais ténue solidariedade social um comportamento inerte e negativo" [437].

O autor acaba, porém, por concluir que em princípio, quando um terceiro sofre um dano "por causa que nos é completamente estranha ou à esfera jurídica na qual se move a nossa personalidade, não estamos obrigados a socorrê-lo, a diminuir-lhe o dano. É uma lei de egoísmo que até um certo ponto se compreende que o direito positivo sancione" [438].

Tal regra sofre contudo excepções, a saber:

— Obrigação de prestar assistência ou de avisar as autoridades, em caso de encontro de corpo humano que esteja ou pareça inanimado ou de pessoa ferida ou por outra razão em perigo (obrigação decorrente do art. 593.º do Código Penal italiano).

— Obrigação de restituir ao proprietário coisa encontrada, ou, no caso deste não ser encontrado, de consigná-la (artigo 927.º do Código Civil italiano).

— Obrigação de evitar danos de terceiros "por causa que resulte da nossa personalidade jurídica, compreendendo o nosso património, e se trate de uma causa que tenhamos posto em movimento nós mesmos, com a nossa iniciativa, para satisfazer escopos egoísticos" [439]. Tal obrigação tem fundamento no princípio do abuso do direito [440].

---

citado por Adriano Vaz Serra, *Obrigação de Indemnização...*, in *B.M.J.* n.º 84, 1959, págs. 115 e 116, nota 232.

[437] Ludovico Barasi, *La Teoria Generale delle Obbligazioni*, vol. II, *Le Fonti*, pág. 461.

[438] Ludovico Barasi, *ob. cit.*, pág. 461.

[439] Ludovico Barasi, *ob. cit.*, pág. 464. Convenhamos que a fórmula utilizada pelo autor nos parece muito pouco rigorosa quando se refere a "causa que resulte da nossa personalidade jurídica, compreendendo o nosso património". Não nos parece igualmente aconselhável, por imprecisa, a referência a "escopos egoísticos".

[440] Ludovico Barasi, *ob. cit.*, pág. 465.

A atestar a pouca atenção que o assunto tem merecido da parte dos civilistas italianos, registe-se que TRABUCCHI, nas suas *Instituições de Direito Civil*, se limita a registar que "o facto pode consistir no "fazer" ou no "não fazer", isto é, em comportamentos comissivos ou omissivos (estes últimos relevantes apenas quando exista uma precisa obrigação jurídica de agir) [441].

Sem se pronunciar expressamente sobre o assunto, DE CUPIS admite a existência de deveres resultantes da boa-fé e do princípio da correcção no trato, tanto nas relações contratuais como nas pré--contratuais. Porém, "fora das relações entre sujeitos individuais, quando se trata apenas de satisfazer exigências gerais de convivência humana, (...) a boa fé, a correcção, não pode encontrar análogo campo de aplicação, porque falta aquela particular instância de colaboração que justifica a sua imposição" [442].

"Só quando o carácter subjectivamente genérico da relação se atenua, em vez de uma indiscriminada generalidade de sujeitos, a uma categoria especial, pode suceder que se apresente uma instância moral de correcção, baseada na pertinência a essa especial categoria". O autor dá o exemplo das relações entre empresários [443].

Quanto ao princípio de solidariedade, o autor entende que cede frente à ideia de liberdade, que de outro modo seria tolhida por um "exorbitante controlo judicial" [444-445].

---

[441] ALBERTO TRABUCHI, *Istituzioni di Diritto Civili*, pág. 208.

[442] ADRIANO DE CUPIS, *El Daño. Teoria General de la Responsabilidad Civil*, tradução de Angel Martins, pág. 147.

[443] ADRIANO DE CUPIS, *ob. cit.*, pág. 148.

[444] ADRIANO DE CUPIS, *ob. cit.*, pág. 149.

[445] Com opiniões semelhantes, EMILIO BETTI, *Teoria General de las Obligaciones*, tradução de José Luis Mojos, Tomo II, pág. 176.

Sobre o princípio da solidariedade, RODOTÁ, *Il Problema della Responsabilitá Civile*, Milão 1967, págs. 84 a 97.

2. Panorama no Direito Penal

É no Direito Penal que vamos encontrar maior número de reflexões sobre o assunto em apreço.

Assim, nos penalistas italianos, a matéria das fontes da posição de garante aparece geralmente tratada a propósito do nexo de causalidade, e não da ilicitude. Tal resulta fundamentalmente da opção legislativa sobre a matéria, que consta do artigo 40.º, segundo parágrafo, do Código Penal Italiano.

O preceito reza o seguinte: "Não impedir um evento que se tem o dever jurídico de impedir, equivale a ocasioná-lo."

Assim, por exemplo, GRASSO considera que a violação de um dever jurídico, constitui condição essencial de atribuição de relevância jurídico-causal à omissão [446]. Nas palavras de GRISPIGNI "(...) é somente a existência do dever de agir que torna causal o não impedimento" [447].

No mesmo sentido se pronunciam FIANDACA e MUSCO: "Para que a causação e o não impedimento de um evento resultem penalmente equivalentes, não basta estabelecer o nexo de causalidade hipotética entre o evento e a conduta omissiva. O menos que a causalidade hipotética possui relativamente à causalidade real, deve, com efeito, ser compensado de um certo elemento. Tal ulterior elemento consiste, segundo o artigo 40 cpv do C.P., na violação de um dever jurídico de impedir o evento" [448].

Escreve GRASSO: "(...) a falta de cumprimento da acção de impedimento de um evento não tem significado se não é posta em relação com uma situação factual que, sob a base das valorações próprias do ordenamento jurídico, tornam obrigatória a realização

---

[446] GIOVANNI GRASSO, *Il Reato Omissivo Improprio*, pág. 109. No mesmo sentido que cita SABATINI, *L'obbligo di Far Rispettare La Lege*, págs. 331 e 332.

[447] FILIPPO GRISPIGNI, *L'Omissione nel Diritto Penale*, pág. 39.

[448] GIOVANNI FIANDACA e ENZO MUSCO, *Diritto Penale. Parte Generale*, págs. 332 e 333.

daquela acção (...) é a situação de garantia que entre os infinitos comportamentos que poderiam ter impedido o evento, consente individualizar um (...)" [449].

Neste trabalho já abordámos esta questão, que se suscita pelo facto de, sempre que alguém toma uma dada atitude, ou não adopte nenhum comportamento juridicamente relevante, se poder afirmar que está a omitir todas as condutas que tivesse a possibilidade de adoptar [450]. E assim, analisada a questão por outra perspectiva, verificado um dado evento dir-se-ia que seria causado pela omissão de todos aqueles comportamentos que tivessem podido evitar esse evento.

Ora esta questão pode ser resolvida de várias formas:

— Ou se entende, pura e simplesmente, que todos aqueles que poderiam ter evitado o resultado são causadores do mesmo, com a sua omissão.

— Ou se procede a uma limitação, como nos parece ser correcto, uma vez que o primeiro conceito de omissão não nos parece ter interesse, pelo menos para o Direito.

Essa limitação pode ser conseguida pela via sugerida por GRASSO e GRISPIGNI: só podem ser tidas por causa do evento as omissões que se traduzam na violação de uma obrigação de agir. Esta ideia surge na sequência lógica da concepção de omissão que seguem estes autores, segundo a qual só existe omissão quando se viola um dever jurídico de agir.

Mas, conforme se viu, não é esta a nossa posição. Entendemos que há que proceder a uma limitação no que respeita às omissões que devem ser tidas por causa de um evento, mas essa limitação não deve decorrer de uma norma que imponha um dever de agir, mas do facto de a acção omitida ser (socialmente) esperada [451]. Do nosso

---

[449] GIOVANNI GRASSO, *ob. cit.*, págs. 132 e 133.

[450] Veja-se *supra*, págs. 95 e 96 e 113.

[451] O que se ajusta à nossa concepção, de que admitimos a figura da omissão enquanto comportamento fora dos casos em que se traduz na violação de um

Omissão e Dever de Agir em Direito Civil

ponto de vista, a questão de saber se a omissão se traduz na violação de um dever jurídico, é problema que respeita não à causalidade da omissão (enquanto conduta), mas à ilicitude da omissão (enquanto facto voluntário).

ANTOLISEI alinha por este prisma, e acentua que não se devem confundir dois problemas diversos: o problema da causalidade com aquele da ilicitude da omissão, problemas que devem ser mantidos distintos, porque uma coisa é a conexão axiológica entre a conduta omissiva e o evento, e outra é a contradição da conduta com a norma jurídica" [452]. Esta mesma ideia encontramos em CARNELUTTI que, referindo-se ao já citado artigo 40 do Código Penal Italiano, afirma que a fórmula legal tem um defeito: confunde dois problemas diversos (...) a existência de um dever jurídico de impedir não é uma condição para que exista causalidade, mas para que o ter ocasionado constitua um facto punível" [453].

2.1. *Tese de* CARACCIOLI *e de* GRISPIGNI

Porém, seja qual for a sede em que a problemática se encontre versada, a verdade é que é largamente dominante, tanto na doutrina como na jurisprudência italiana, a utilização de um critério puramente formal para a determinação da posição de garante.

Assim, CARACCIOLI admite que a posição de garante apenas pode derivar da lei, do contrato e dos chamados "quase-contratos"

---

comando jurídico (embora reconheçamos que resulta normalmente da frustração de uma "esperança" social, e portanto, de uma norma, que não é forçosamente jurídica) – veja-se *supra*, págs. 115 e segs..

[452] FRANCESCO ANTOLISEI, *L'Omissione di Impedire l'Evento*, in *Revista Italiana di Diritto Penale*, 1936, pág. 123.

[453] FRANCESCO CARNELUTTI, *Illicità Penale della Omissione*, in *Annali di Diritto e Procedura Penale*, Ano II, 1933, XII, pág. 3. Cremos que talvez fosse melhor falar em "facto ilícito" e não em "facto punível", pois o nexo de causalidade também é condição para que o facto seja punível.

(exemplificando esta categoria com a hipótese do médico que, sem celebrar contrato algum, assume um doente a seu cargo) [454].

Para GRISPIGNI o dever de agir tem de derivar de uma norma jurídica, mas "pode derivar de outra norma que não uma norma penal, inclusive do direito público (constitucional, administrativo, processual) e do direito privado, especialmente na parte que constitui o direito de família. Por outro lado, a fonte do dever pode derivar seja de uma disposição do direito escrito, seja do direito consuetudinário; assim como de uma ordem de autoridade ou disposição do juiz" [455-456].

"E pode derivar também de um dever voluntariamente assumido, seja por meio de contrato (ex.: guarda nocturno que não impede um furto; enfermeiro que vigia o doente), seja por meio de quase-contrato ("negotium gestio"), como, p. ex., um médico que tenha assumido um tratamento de um doente sem consentimento, estando este em estado de inconsciência, e que depois não lhe preste os tratamentos necessários pelo que este vem a morrer" [457].

Finalmente, para GRISPIGNI, o dever de agir pode derivar da conduta precedente do sujeito [458].

Posição semelhante é igualmente a de PISAPIA, para quem o dever de actuar pode ser imposto pela lei e pelo costume e "pode derivar inclusivamente de uma própria actividade precedente, que

---

[454] IVO CARACCIOLI, *L'Omissione (Diritto Penale)*, in *Novissimo Digesto Italiano*, vol. XI, pág. 897. Este autor ocupa-se da matéria a propósito do nexo de causalidade.

[455] FILIPPO GRISPIGNI, *L'Omissione nel Diritto Penale*, in *Revista Italiana di Diritto Penale*, Ano VI, 1934 (XII), pág. 48.

[456] Assinale-se a referência ao Direito consuetudinário como fonte do dever de agir, referência que encontramos também, por exemplo, em REMO PANNAIN (*Manuale di Diritto Penale I. Parte Generale*, pág. 383) e em GIAN DOMENICO PISAPIA (*Istituzioni di Diritto Penale*, pág. 68), apesar do artigo 8.º do Código Civil Italiano. Refira-se que Pannain só cita como fonte do dever de agir "o direito objectivo, seja escrito seja também consuetudinário" (*Ob. cit.*, pág. 383).

[457] FILIPPO GRISPIGNI, *ob. cit.*, pág. 49.

[458] FILIPPO GRISPIGNI, *ob. cit.*, pág. 49.

revista os extremos da imprudência, da negligência ou da imperícia" [459]. Verificamos, porém, que este autor, ao contrário de GRISPIGNI, só aceita a relevância da conduta precedente como fonte de garante, no caso desta ser culposa [460].

2.2. *Tese de MARISCO e de BOSCARELLI*

Alguns autores, sentindo a insuficiência destas enumerações, procuram alargá-las, sem contudo se afastarem de um critério essencialmente formal. MARISCO, depois de admitir que as normas jurídicas e as consuetudinárias, e os actos de vontade, incluindo a gestão de negócios, fundamentam o dever de agir, escreve que "bastará que o sujeito com qualquer facto ponha uma condição da qual derivou uma relação de solidariedade social implicando a limitação da liberdade pelo respeito dos direitos de outrem (deveres de convivência jurídica, que são deveres jurídicos)" [461].

Também BOSCARELLI opina que "se é verdade que (...) não seria realista a imposição de um dever geral de agir incondicional de actuar (...) para impedir o prejuízo de outrem, é também verdade que quando a natureza do sacrifício seja sensivelmente inferior à do prejuízo em causa, a licitude jurídica no não impedimento do prejuízo de outrem contradiz os postulados de solidariedade social e economicidade que mereceriam ser reconhecidos [462].

2.3. *Teses de FIANDACA e MUSCO e de GRASSO*

Outros autores, porém, como FIANDACA e MUSCO, propõem um critério funcional para a determinação da posição de garante.

---

[459] GIAN DOMENICO PISAPIA, *Istituzioni di Diritto Penale*, págs. 68 e 69.

[460] Sobre este ponto veja-se *infra*, págs. 224 e segs..

[461] ALFREDO MARISCO, *Diritto Penale. Parte Generale*, págs. 98 e segs..

[462] MARCO BOSCARELLI, *Compendio di Diritto Penale. Parte Generale*, pág. 130.

As situações que podem fundamentar a posição de garante são agrupáveis em dois conjuntos:

- Posição de protecção, que "tem por escopo preservar determinados "bens jurídicos" de todos os perigos que possam ameaçar a sua integridade, seja qual for a fonte de que derivam" [463].
- Posição de controlo, "que tem, ao invés, por escopo neutralizar "determinadas fontes de perigo", de modo a garantir a integridade de todos os bens jurídicos que possam resultar ameaçados" [464-465].

Por outro lado, os autores distinguem as posições de garante, tanto as de protecção como as de controlo, em originárias e derivadas. As primeiras nascem com um determinado sujeito (por exemplo, a posição dos progenitores face aos filhos), as seguintes transferem-se do titular originário para um sujeito diverso, "maxime", por contrato.

A propósito do contrato como fonte do dever de garante, referem os autores que é de exigir a intervenção no acto do próprio titular do bem jurídico a proteger ou do garante a título orignário, para que nasça do contrato a posição de garante. Assim, se *A*, filantropo, pagar determinada quantia a *B*, pescador, para que com o seu barco socorra os participantes de uma corrida de natação que tem lugar num rio e que estejam em dificuldade, mas este não o fizer, nem por isso poderá ser responsabilizado por omissão pela eventual morte de algum nadador, pois o contrato não cria para *B* o dever de garante" [466].

---

[463] GIOVANI FIANDACA e ENZO MUSCO, *Diritto Penale. Parte Generale*, pág. 337.

[464] GIOVANI FIANDACA e ENZO MUSCO, *ob. cit.*, pág. 338.

[465] No mesmo sentido GIOVANNI GRASSO, *Il Reato Omissivo Improprio*, págs. 256 e 291 e segs..

[466] GIOVANI FIANDACA e ENZO MUSCO, *ob. cit.*, pág. 338.
No mesmo sentido Giovanni Grasso, *il Reato Omissivo Improprio*, pág. 264.

Por outro lado, o que releva é não o contrato em si, mas a situação de confiança criada por este (dada a ideia de que a fonte é material não formal).

Daqui decorrem duas consequências:

— Em primeiro lugar decorre que, para que se constitua a posição de garante, se torna necessário um acto de assumpção concreta da função que fundamenta a posição de garante. Assim por exemplo, se *A* se obriga perante os pais de *B* a tomar conta da sua criança enquanto aqueles vão ao cinema, mas *A* não comparece, e os pais de *B* vão mesmo assim ao cinema deixando a criança sozinha em casa, vindo esta a sofrer um acidente, *A* não deverá ser responsabilizado por omissão pelo acidente em causa [467].

No mesmo sentido se pronuncia GRASSO [468], que refere o caso da vizinha que assume com os pais o encargo de ministrar determinado remédio à criança doente e a certas horas, nas quais os pais não estão em casa, não providenciando a vizinha à administração combinada vindo a criança a falecer. Nesta hipótese, opina Grasso, já poderá responsabilizar-se a vizinha pela morte da criança, o que pressupõe a existência do dever da garante [469].

Pois na nossa opinião, o que está aqui em causa é a existência ou não da causalidade da omissão em relação ao resultado morte. Na primeira hipótese não nos parece que se possa dizer que a morte seja consequência previsível da omissão (não cumprimento do contrato de "baby-sitter") pois em condições normais, os pais, na falta da "baby-sitter", não sairiam, mas já o poderá ser na segunda hipótese dada a particularidade conhecida do sujeito omitente de os pais não estarem em casa. A questão em apreço é, pois, de causalidade da omissão e não da ilicitude da mesma, pelo que, em nossa opinião, é prévia à problemática da posição de garante, que se suscita em sede de ilicitude [470].

---

[467] GIOVANNI FIANDACA e ENZO MUSCO, *ob. cit.*, pág. 339.

[468] GIOVANNI GRASSO, *ob. cit.*, pág. 265.

[469] GIOVANNI GRASSO, *ob. cit.*, págs. 265 e 266.

[470] Veja-se *supra*, pág. 72, nota 141.

GIOVANNI GRASSO, que tem o mérito de analisar este assunto com indiscutível profundidade, refere a corrente defendida designadamente por GLASSER, segundo a qual a posição de garante existiria nos casos em que a vítima se tivesse colocado na situação de perigo em consequência da especial confiança que lhe teria inspirado o compromisso celebrado [471]. Assim, se o nadador só tivesse participado na competição em virtude da presença do pescador *B*, este deveria ser considerado garante da situação e, caso este se afogasse e *B* não o socorresse, *B* deveria ser responsabilizado pela sua morte.

Opina Grasso que a condição de Glasser não lhe parece de seguir, pois entre as hipóteses do nadador participar apenas em função da presença do pescador e independentemente desta presença, não existe distinção entre o significado social do compromisso do pescador, pelo que não deve também ser diverso o regime. E sendo assim, como na hipótese de o nadador ter participado independentemente do pescador, o autor considera que aquele não responde, também aqui não deve responder.

Pela nossa parte pensamos que se pode dizer que a questão centra-se não no "significado social" do compromisso de *B* (pescador), mas no sentido em que, tendo-se ele obrigado, a sua omissão se apresenta aí como idónea, numa apreciação em termos gerais do contrato concreto (e estaria aqui o tal "significado social"), para ser considerada como causa do afogamento do nadador. O problema é, pois, insistimos, de causalidade. E por isso não interessa a especial confiança que o compromisso tenha criado concretamente no nadador (e neste ponto acompanhamos Grasso), mas a previsibilidade para *B* do afogamento pela omissão de socorro. E então concluímos, contrariamente a Grasso, que *B* poderia ser chamado à responsabilidade pela morte do nadador, em princípio, em ambos os casos.

Um outro aspecto que refere Grasso (e que, pensamos, constitui mais um sinal de que a problemática em rigor, não respeita à

---

[471] J. GLASER, *Abhandlungen aus dem Oesterreichischen Strafrecht*, 1.º vol., Viena, 1858, pág. 313.

posição de garante, e portanto à ilicitude, mas à questão prévia do nexo da causalidade entre a conduta omissiva e o evento), é o de que, para que se conclua pela existência da posição de garante, seja necessário que o bem jurídico afectado constitua o objecto imediato da obrigação de agir [472]. O autor exemplifica a sua ideia com a hipótese de alguém ter contrato de seguro contra incêndio de determinado prédio com uma empresa seguradora, e de se dar o incêndio deste com culpa do segurado. Ora, o contrato de seguro comporta a obrigação para o segurado de prevenir perigos para a coisa assegurada. Mas se alguém for vítima desse incêndio, não se poderá invocar a obrigação emergente do contrato para fundar uma responsabilidade do segurado pela morte dessa pessoa, pois, no entender de Grasso, a finalidade da obrigação é proteger a seguradora e não o público em geral [473].

Outro exemplo é o do guarda nocturno do edifício que não fecha uma janela como é sua obrigação, e alguém vem a cair à rua através dessa janela, o que não sucederia se estivesse fechada. Não caberia aqui também qualquer responsabilidade do guarda pela morte dessa pessoa, uma vez que a obrigação de fechar as janelas tem por finalidade evitar a entrada de ladrões e não a queda de pessoas à rua [474].

Pois, em nosso entender, não cremos novamente que tenhamos aqui uma questão específica da posição de garante, mas um problema de causalidade da omissão relativamente ao evento (a morte da pessoa que ardeu ou da pessoa que caiu). A questão deve ser resolvida nos termos gerais, com recurso à ideia de adequação, o que equivale a dizer que o aspecto do objecto da norma, ou seja, da esfera de protecção da norma, não tem valor autónomo, antes interessa enquanto elemento que permite apurar a existência ou não da referida adequação [475].

---

[472] GIOVANNI GRASSO, *ob. cit.*, págs. 259 e 260.
[473] GIOVANNI GRASSO, *ob. cit.*, pág. 260.
[474] GIOVANNI GRASSO, *ob. cit.*, págs. 253.
[475] Veja-se *supra*, págs. 72, nota 141 e págs. 201 e segs..

É claro que a existência da posição de garante pressupõe a existência do nexo de causalidade. Mas a questão do nexo de causalidade consiste numa **etapa diferente e relativamente prévia** ao problema da posição de garante.

– Em segundo lugar, (como corolário da ideia de que o que releva é a confiança criada e não o contrato celebrado) [476] a invalidade do contrato não prejudica o surgimento da posição de garante, desde que se tenha verificado de facto a tal assumpção da função, que cria a efectiva situação de confiança.

Diversamente, Grasso com base na diferença de regime das modalidades de invalidade do contrato, a nulidade e a anulabilidade que "se apresentam em termos bastante diversos" [477] conclui que a nulidade do contrato provoca a "sua inidoneidade para dar vida a uma posição de garante" [478], ao contrário do contrato anulável que pode fundamentar a posição de garante, desde que o bem jurídico tenha efectivamente sido confiado [479].

Do nosso ponto de vista, não vemos razão para esta diferenciação. Se se entende que o que está na base da posição de garante é a relação de confiança e não o contrato em si, não cremos que a nulidade possa prejudicar este aspecto.

Para concluir refiram-se as considerações que FIANDACA e MUSCO tecem a propósito de uma típica fonte da posição de garante, que cremos ter verdadeiro interesse.

Assim, quanto à posição de garante emergente da relação entre pais e filhos, opinam os autores que esta só existe por parte dos progenitores, pois "tem a sua "ratio" na incapacidade natural dos segundos para se defenderem das situações de perigo" [480].

Discordamos totalmente desta limitação. Em primeiro lugar porque esta incapacidade natural dos filhos apenas existe nos primei-

---

[476] Veja-se *supra*, pág. 200.

[477] GIOVANNI GRASSO, *ob. cit.*, pág. 270.

[478] GIOVANNI GRASSO, *ob. cit.*, pág. 270.

[479] GIOVANNI GRASSO, *ob. cit.*, pág. 272.

[480] GIOVANNI FIANDACA e ENZO MUSCO, *ob. cit.*, pág. 340.

ros anos de vida, e pode existir também nos progenitores, "maxime" quando atinjam idades avançadas. Em segundo lugar porque pensamos não ser a incapacidade natural de nenhuma dessas pessoas o fundamento lógico do dever de auxílio, mas a proximidade natural entre as pessoas, proximidade essa que obviamente é mútua, pelo que o dever não pode, em nossa opinião, deixar de impender tanto sobre os progenitores como sobre os filhos.

Secção **IV**. Direito alemão

1. *Panorama no Direito Civil*

No Direito Civil alemão não existe também preceito de carácter geral sobre a figura da omissão enquanto pressuposto de responsabilidade civil[481]. Além dos artigos que se ocupam da responsabilidade civil obrigacional (parágrafo 249 e seguintes), que, conforme se tem repetidamente afirmado, assenta na maioria dos casos numa omissão, a omissão como fonte de responsabilidade civil aparece contemplada nos parágrafos 832 e seguintes, que estabelecem casos de responsabilidade por violação do dever de vigilância, que existe em casos pontuais (vigilância de pessoas – § 832, animais – §§ 833 a 835, edifícios – § 836 a 838).

1.1. *Teses de* Enneccerus *e* Lehmann

Enneccerus e Lehmann admitem que o dever jurídico de agir pode resultar "da opinião geral do tráfico, já que manda regular certas relações da vida de maneira a que se evitem danos para os

---

[481] A figura da omissão é contemplada, porém, como modalidade de prestação (prestação de facto negativo) no § 241: "Em virtude da relação obrigacional o credor está autorizado a exigir do devedor uma prestação. A prestação pode também consistir numa omissão."

demais; em particular, semelhante dever há-de supor-se que existe a cargo daquele que tenha provocado esse perigo, ainda que por acto não culposo, ou a cargo daquele em cuja esfera de senhorio surge uma situação produtora de riscos cuja eliminação só se pode esperar dele" [482].

Verificamos, pois, que este autor admite a opinião geral do tráfico como fonte do dever jurídico de agir. Da exposição resulta, contudo, que esse dever jurídico não surgirá em regra com autonomia, antes andará associado às chamadas omissões na actividade, que são absorvidas no seio desta, carecendo de relevância própria [483].

Os autores consideram, pois, as seguintes situações:

— A hipótese do sujeito provocar uma situação de perigo.
— As situações de senhorio.

No primeiro caso estamos perante a já nossa conhecida figura da ingerência. Assinale-se que o autor admite o surgimento do dever de agir ainda que o perigo tenha sido provocado "por acto não culposo" do sujeito [484]. No segundo caso deparamos com as também já nossas conhecidas situações de senhorio e monopólio.

1.2. *Tese de* LARENZ

49. Para LARENZ a responsabilidade civil por omissão só se pode verificar quando o sujeito estava obrigado a evitar o dano. "Não existe um dever geral de defender outrem de danos possíveis. Se durante um banquete observo que o comensal que está junto a mim toma mais comida ou bebida que a conveniente, não é meu dever avisá-lo; ele veria nisso uma intromissão inadquueada" [485].

---

[482] LUDWIG ENNECCERUS, HEINRICH LEHMANN, *Tratado de Derecho Civil*, tomo II, *Derecho Obligaciones*, vol. I, pág. 76.

[483] Veja-se *supra*, pág. 94.

[484] LUDWIG ENNECERUS, HEINRICH LEHMANN, *ob. cit.*, pág. 76.

[485] KARL LARENZ, *Derecho de Obligaciones*, tomo I, tradução de Jaime Santos Briz, pág. 592 e *Lehrbuch des Schuldrechts*, vol. I, *Allgemein Teil*, pág. 423.

Omissão e Dever de Agir em Direito Civil

O dever de agir existe, na óptica de Larenz, quando for imposto por lei ou contrato. Observa, porém, o autor que "a jurisprudência desenvolve o princípio de que, aquele que cria ou mantém no tráfico uma fonte de perigos (...) está obrigado a adoptar as precauções que sejam necessárias para evitar perigos aos participantes no mesmo tráfico ("dever de segurança no tráfico") [486].

"Igualmente responde o titular de um armazém, loja, hotel nos seus locais e acessos, responsabilidade que surge em face dos clientes como consequência da "relação negocial" e que pode ser exigida segundo os princípios da responsabilidade derivada da negociações contratuais ("culpa in contrahendo") quer elas tenham começado, quer não". A ideia é a de que o proprietário ou o possuidor é responsável pelo estado ameaçador da coisa, embora só se dominar o perigo [487].

Encontramos, assim, também em LARENZ, a referência ao perigo criado ao tráfico e às situações de senhorio.

Esclarece o autor, porém, que a responsabilidade só existe se a actuação destinada a evitar ou diminuir o prejuízo que era previsível, fosse objectivamente possível. Trata-se da questão do nexo de causalidade, que o autor reconhece não ter natureza física, mas tratar-se antes de uma realidade meramente pensada [488].

1.3. *Tese de* ESSER *e de* DEUTSCH

50. Extremamente actualizada é a referência de ESSER sobre o tema na 6.ª edição do seu manual de *Direito das Obrigações* (1984), influenciado pelas doutrinas mais recentes sobre a questão no âmbito do Direito Penal.

Este autor começa por assinalar que a omissão, embora sendo um nada e, portanto, nada podendo causar, é contudo juridicamente

---

[486] KARL LARENZ, *obs. cits.*, respectivamente págs. 592 e 424.

[487] KARL LARENZ, *Derecho de Obligaciones*, Tomo I, pág. 593.

[488] KARL LARENZ, *Lehrbuch des Shuldrechts*, vol. I, *Allgemeiner Teil*, pág. 423.

relevante, desde que o comportamento alternativo pensado pudesse ter evitado a lesão jurídica ou contratual e desde que existisse o dever de actuar [489].

Quando existe esse dever de actuar?

Numa sociedade que está dependente da cooperação não deve ser admitido que a observação passiva da lesão de outrem na sua integridade permaneça sem sanção. Porém, para que essa sanção opere, necessário se torna que exista uma fonte do dever de garante dos direitos e bens jurídicos alheios [490].

Esser faz derivar a posição de garante de dois tipos de fontes, na linha da mais recente doutrina penalista: a posição relativamente a determinados bens jurídicos (a assunção voluntária, a vinculação natural, por exemplo) e a abertura de fontes de perigo (onde se destaca a ingerência) [491].

Observa o autor que a existência do dever não basta porém para que surja a indemnização. Torna-se ainda necessário que o comportamento alternativo fosse possível e com possibilidade de sucesso (por exemplo, com uma bóia não se pode salvar o indivíduo que se está a afogar no meio de um lago) e que o perigo fosse conhecido do sujeito [492]. Cabe aqui referir que, em rigor, ficam fora da ilicitude da omissão, antes se situam, ao nível da omissão enquanto comportamento humano ou "facto voluntário", e do nexo de causalidade (trata-se da figura da prógnose).

Na mesma linha de ESSER, vai a exposição de DEUTSCH, que faz intervir as ideias de garante, capacidade de acção e conhecimento do perigo [493].

---

[489] JOSEF ESSER, *Schuldrecht*, vol. I, pág. 354.

[490] JOSEF ESSER, *ob. cit.*, pág. 354.

[491] JOSEF ESSER, *ob. cit.*, págs. 354 e 355.

[492] JOSEF ESSER, *ob. cit.*, págs. 356 e 357.

[493] ERWIN DEUTSCH, *Fahrlässigkeit und erforderliche Sorgfalt*, pág. 232.

Semelhante posição encontramos em WOLFANG FIKENTSCHER, *Schuldrecht*, págs. 620 e 621.

2. Panorama no Direito Penal

1. No Direito Penal germânico, a regulamentação expressa dos crimes omissivos impróprios só foi introduzida em 1975, com a segunda alteração do Código Penal [494].

O texto fundamental (§ 13 do Código Penal alemão – StGB) sobre a questão rege o seguinte:

"Quem omite o impedimento de um evento que faça parte da previsão de uma norma penal, é punido, segundo tal norma, apenas quando deva garantir juridicamente que o evento se não verifique e quando a omissão corresponda à realização, com uma acção, da previsão legal. A pena pode ser atenuada com base no § 49 1.º."

A técnica pela qual optou o legislador alemão foi, pois, a já conhecida técnica da posição de garante, não tendo contudo o legislador alemão estabelecido o elenco de fontes dessa posição.

Assim cabe à doutrina elaborar a indicação das fontes da posição de garante.

Advirta-se, porém, que a figura dos crimes omissivos impróprios já era defendida doutrinariamente na Alemanha antes da introdução do preceito referido, predominando nos primeiros anos do século as orientações que partiam da indicação de fontes formais para firmar a posição de garante.

2. Estas orientações começaram a ser postas de lado, por incompatíveis com a ideologia nacional-socialista. Defendia-se então que, para fundamentar uma responsabilidade por omissão, "basta a violação de um dever que resulte da ordem ética do povo ("Völkische Sittenordnung"), ainda quando este dever não resulte de nenhuma positiva determinação jurídica" [495].

---

[494] Josef Esser, *Schuldrecht*, vol. I, pág. 354.

[495] Schaffstein, *Die unechten Unterlassungsdelikte im System des neuen Strafrechts*, in *Gegenwartsfragen des Strafrechtswissenschaft, Fetschrift für Graf Gleispach*, Berlim-Leipzig, 1936, pág. 96, citado por Giovanni Grasso, *Il Reato Omissivo Improprio*, pág. 17, nota 6.

Assim, na sentença do BGH de 5 de Dezembro de 1954, afirmou-se que o vendedor de bebidas alcoólicas se constituía na obrigação de impedir a partida de automóvel do cliente embriagado [496].

Actualmente, porém, dominam largamente na Alemanha as teorias das fontes materiais da posição de garante.

3. Já Welzel defendia uma indicação de fontes materiais da posição de garante, considerando existirem "deveres imprescindíveis para a vida em comum, quer estejam ou não cobertos por normas legais". Tais deveres assentariam numa especial relação de confiança, que legitima a esperança do afastamento de determinados perigos. Nesta perspectiva indicava os seguintes deveres:

— Dever de protecção do corpo e da vida derivado da estrita comunhão de vida (a admissibilidade deste dever permite resolver adequadamente a situação a que já fizemos referência do avô que vê o neto de tenra idade a afogar-se e nada faz em seu auxílio) [497].

— Dever de evitar certos actos desonestos, derivado da comunidade de casa, para o respectivo chefe.

— Dever de aclaração nas relações comerciais (por exemplo nas relações bancárias) [498].

O catálogo de fontes de posição de garante actualmente mais divulgado, é aquele que assenta na distinção entre fontes de posição de garantia tendo por objecto certos bens jurídicos, e fontes de garantia tendo por objecto o controlo de determinadas fontes de perigo. No primeiro grupo incluem-se hipóteses como o vínculo natural, a estreita relação comunitária, a assunção voluntária, no segundo

---

[496] *BGH* de 5 de Dezembro de 1974, in *Monetsschrift für Deutsches Recht*, 1975, págs. 327 e 328.

[497] Hans Welzel, *Derecho Penal. Parte General*, págs. 208 e 209.

[498] Veja-se *supra*, pág. 185 e seg..

Omissão e Dever de Agir em Direito Civil

destacam-se as situações de ingerência ou actuar precedente perigoso [499]. Este elenco já é nosso conhecido [500].

4. Em que sede se suscita a problemática do dever de garante, é ponto sobre o qual não existe confluência de opiniões: para uns parece tratar-se de um aspecto da causalidade da omissão [501], para outros trata-se de um problema de ilicitude [502].

Todos estão, porém, de acordo que "a base de um dever de impedir o resultado só pode ser um dever jurídico e não um dever moral ou ético" [503].

---

[499] Neste sentido ARMIN KAUFMANN, *Die Dogmatik der Unterlassungsdelikte*, págs. 283 e segs.; HANS HEINRICH JESCHECK, *Tratado de Derecho Penal (Parte General)*, tradução de Mir Puig e Muñoz Conde, págs. 854 e segs.; REINHART MAURACH, *Tratado de Derecho Penal*, tradução de Juan Cordoba Roda, vol. II, págs. 286 e segs.; JOHANNES WESSELS, *Direito Penal. Parte Geral (Aspectos Fundamentais)*, tradução de Juarez Tavares, págs. 162 e segs.; GUNTHER STRATENWERTH, *Derecho Penal. Parte General . El Hecho Punible*, tradução de Gladys Romero, págs. 293 e segs..

Combinando fontes formais com fontes materiais, WILHELM SAUER, *Derecho Penal (Parte General)*, tradução de Juan del Rosal y José Cerezo, págs. 151 e segs.. Este autor indica como fontes de posição de garante, a lei, o direito consuetudinário, o contrato, o compromisso tácito semelhante ao contrato.

Assinala este autor que o decisivo é "investigar as relações sociais entre os participantes, especialmente entre o omitente e o lesado, (...) e do proveito e do dano (...)". "O perigo deve ser relevante para os ameaçados; mas o dano possível pode também não ser igualmente relevante para o omitente ou ainda maior. (...) De primeira importância é sempre saber se o perigo foi causado pelo omitente e até que ponto o tenha sido. O seu dever aumenta quando o perigo é produzido também por ele (...)" (WILHELM SAUER, *ob. cit.*, págs. 153 e 154).

[500] Veja-se *supra*, págs. 199 e segs..

[501] HANS HEINRICH JESCHEK, *ob. cit.*, pág. 855; GUNTHER STRATENWERTH, *ob. cit.*, págs. 293 e segs..

[502] REINHART MAURACH, *ob. cit.*, págs. 280 e 281, e também WILHELM SAUER, *ob. cit.*, pág. 151.

[503] JOHANNES WESSELS, *ob. cit.*, pág. 162. No mesmo sentido, por exemplo, REINHART MAURACH, *ob. cit.*, pág. 283.

Questão que tem merecido a atenção dos penalistas alemães, é a do alcance da chamada "cláusula de equivalência contida no § 13 do STGB (aí, exige-se, além da posição de garante, que "a omissão corresponda à realização com uma acção da "fattispecie" legal). Trata-se sem dúvida de uma questão interessante, mas que respeita fundamentalmente ao Direito Penal (a cláusula tem a ver com o princípio "nullum crimen sine lege"), pelo que não nos vamos aqui ocupar dela [504].

Uma palavra ainda para a figura do dever geral de socorro, que vem previsto no § 330 do Código Penal alemão [505].

---

[504] Sobre esta problemática, GIOVANNI GRASSO, *Orientamenti Legislativi in Tema di Omesso di Impedimento dell'Evento: Il Nuovo § 13 del Codice Penale della Repubblica Federale Tedesca*, in *Rivista Italiana di Diritto e Procedure Penale*, ano XXI, 1978, pág. 872 e segs..

[505] Sobre esta figura, veja-se *infra*, págs. 233 e segs..

7. *Tomada de posição*

1. Feito este percurso pela doutrina, nacional e estrangeira, cremos que nos encontramos já em condições de tomar posição sobre a problemática em apreço.

Assim, em nossa opinião, o legislador português optou pelo sistema formal de definição das fontes do dever de garante, no que respeita à ilicitude da omissão como pressuposto da responsabilidade civil. Foi essa, com efeito, a técnica que o nosso legislador empregou na elaboração do artigo 486.º do Código Civil, ao referir-se às duas fontes formais mais típicas do dever de agir — a lei e o contrato —, e apenas a elas.

Dir-se-á que a enumeração das fontes formais inclui a ingerência. Mas tal inclusão só se verificou a partir de dada altura, a formulação inicial das fontes formais abrangia apenas a lei e o negócio jurídico, conforme se pode verificar em FEUERBACH [506].

Temos, pois, para nós, que, bem ou mal, o nosso Código Civil consagrou um critério formal de determinação das fontes do dever de agir e, dentro deste, a sua formulação inicial.

2. Temos, porém, consciência das críticas de que tal solução pode ser alvo.

Segundo a mais recente doutrina das fontes materiais da posição de garante, a solução do nosso Código Civil será considerada uma solução insuficiente e actualmente ultrapassada, sendo-lhe extensivas as críticas que dirige à concepção formal, podendo ainda apontar-se o defeito de deixar de fora a ingerência.

A posição legal seria tanto mais censurável, quanto é certo que, na época em que foi consagrada, a doutrina se encontrava já muito

---

[506] FEUERBACH, *Lehrbuch*, 3.ª edição, § 24, citado por HANS-HEINRICH JESCHECK, *Tratado de Direito Penal. Parte General*, pág. 827.

mais evoluída. A atestá-lo está o facto de VAZ SERRA, autor do anteprojecto sobre o assunto, ter apresentado uma regulamentação muitíssimo mais detalhada, conforme se viu [507].

De qualquer forma será sempre de aplaudir o facto de termos um preceito legal que se ocupa da questão, o que é quase inédito em termos de Códigos Civis, conforme já foi examinado [508].

3. Pela nossa parte, pensamos que a não inclusão da ingerência entre as fontes formais é uma opção justificável, pois a inclusão desta categoria entre as fontes formais é de coerência altamente duvidosa. Conforme nota GIOVANNI GRASSO, "o "fare pericoloso" não corresponde a uma efectiva procura de um dado formal (norma ou princípio de direito positivo) sobre a base do qual um tal instituto possa encontrar colocação numa posição rigorosamente ancorada na jurisdicidade da fonte" [509].

Para além disso, cremos que o artigo 486.º do Código Civil, se bem que contenha regulamentação algo lacónica sobre a questão, reúne, contudo, as pistas indispensáveis para que se consiga uma justa composição da matéria.

Desde logo a referência à lei como fonte do dever de garante, deve entender-se como referência a toda a ordem jurídica, e não apenas à lei civil, o que vem permitir a admissão como fontes do dever de agir no campo civil, de normas que imponham acções noutros ramos do Direito, "maxime" no Direito Penal. Já atrás discorremos sobre este ponto, relativamente ao qual existe comunhão de opiniões entre os nossos civilistas, pelo que remetemos para o que aí expusemos [510].

4. Há um ponto, contudo, que cremos merecer mais detalhada atenção.

---

[507] Veja-se *supra*, págs. 173 e segs..
[508] Veja-se *supra*, págs. 177 e segs..
[509] GIOVANNI GRASSO, *Il Reato Omissivo Improprio*, pág. 195.
[510] Veja-se *supra*, págs. 144 e segs..

Conforme já se referiu, a lei penal vigente estabelece um tipo aberto para os crimes omissivos impróprios, não indicando quais são as fontes do dever da garante. Tal abertura permite que parte da doutrina defenda, não um critério formal, mas um critério material para a determinação das fontes de dever de garante no campo do Direito Penal.

A ser assim, isto é a admitir-se em vigor para o campo penal um critério material de determinação das fontes do dever de garante, mas ao entender-se, por força da redacção do artigo 486.º do Código Civil, que a lei civil consagra um critério formal de enumeração das fontes de dever de garante, encontrar-nos-emos perante um choque de regulamentações, por força da referida **remissão** para a lei penal (que daria abertura a um critério material).

Ora, do nosso ponto de vista, o choque das regulamentações é meramente aparente. O artigo 486.º regula a problemática das omissões como pressuposto da responsabilidade civil. Sendo assim, será legítimo falar-se numa certa prioridade das disposições do Direito Civil no sentido de que a remissão para os outros sectores da ordem jurídica tem de considerar-se subordinada aos princípios estabelecidos para a matéria do Direito Civil, e, portanto, a lei penal pode aplicar-se apenas no quadro fornecido pelo Direito Civil.

Ora, em nosso entender a lei civil consagra (bem ou mal) um critério formal da enumeração das fontes do dever de garante. Isto significa que, a admitir-se embora que a lei penal acolha um critério material para a composição da questão, nessa medida a lei penal não pode ser aplicada, pois existe regulamentação específica noutro sentido na lei civil.

Além disso, não é de todo pacífico que o critério a seguir, no campo penal, seja o critério material. Vários autores entre nós aderem ainda a um critério formal de indicação das fontes da posição de garante, conforme observámos atrás [511].

---

[511] Veja-se *supra*, págs. 155 e segs..

5. O problema que então fica de pé é o da aparente insuficiência do regime consagrado no artigo 486.º do Código Civil.

Ora, a referência contida no artigo 486.º, se é certo que é extensiva a outros ramos do direito que não o Direito Civil, começa justamente pelo Direito Civil, conforme se viu.

No Direito Civil vamos então encontrar vários preceitos onde se prevêem hipóteses concretas em que existe o dever de actuar[512]. Mas, segundo cremos, a remissão para a lei civil é global, não se restringe a estas hipóteses, abrange o conjunto de princípios gerais consagrados e subjacentes à lei civil.

Pensamos que o recurso a um desses princípios, o princípio do abuso do direito, possibilita uma adequada regulamentação da matéria e permite ultrapassar as principais críticas que são movidas à tese das fontes formais.

A figura do abuso do Direito está prevista no artigo 334.º do Código Civil, que dispõe o seguinte:

"É ilegítimo o exercício de um direito, quando o titular exceda manifestamente os limites impostos pela boa fé, pelos bons costumes ou pelo fim social ou económico desse direito."

Não cabe no âmbito deste trabalho desenvolver o tema do abuso do direito, tema sem dúvida complexo e de real interesse, que tem merecido a atenção da doutrina, mas apenas registar os aspectos da figura que possam contribuir para a questão da omissão enquanto pressuposto da responsabilidade civil[513].

---

[512] Sobre algumas dessas disposições, veja-se *infra*, págs. 232 e segs..

[513] Sobre o abuso do direito existe significativa bibliografia entre nós. citamos aqui algumas obras sobre o assunto: JORGE COUTINHO DE ABREU, *Do Abuso do Direito*; TITO ARANTES, *Do Abuso do Direito e sua Repercussão em Portugal*; ANTÓNIO FERRER CORREIA e VASCO LOBO XAVIER, *Efeito Externo das Obrigações; Abuso de Direito; Concorrência Desleal*, in *Revista de Direito e Economia*, ano V, págs. 3 e segs.; MÁRIO JÚLIO ALMEIDA COSTA, *Direito das Obrigações*, págs. 51 e segs; TEÓFILO DE CASTRO DUARTE, *O Abuso do Direito e as Deliberações Sociais*; AUGUSTO PENHA GONÇALVES, *O Abuso de Direito*, in *Revista da Ordem dos Advo-*

Nesta perspectiva interessa referir que a expressão "direito" utilizada no artigo 334.º do Código Civil deve ser entendida num

---

gados, ano 41 (1981), tomo II, págs. 475 e segs.; Fernando Cunha de Sá, *Abuso de Direito*; Adriano Vaz Serra, *Abuso do Direito (em matéria de Responsabilidade Civil)*, in *Boletim do Ministério da Justiça*, n.º 85, 1959, págs. 243 e segs.; João Antunes Varela, *Das Obrigações em Geral*, vol. I, págs. 514 e segs.; e fundamentalmente António Menezes Cordeiro, *Da Boa Fé no Direito Civil*, vols. I e II, em especial vol. II, págs. 661 e segs.. Para mais bibliografia nacional e bibliografia estrangeira, ver por todos esta obra de Menezes Cordeiro.

A teoria do abuso do direito deve-se largamente à jurisprudência e ao jurista Josserand.

Apesar da definição tendencialmente absoluta da propriedade contida no artigo 544.º do Código Civil francês ("A propriedade consiste no direito de gozar e dispor das coisas da **maneira mais absoluta**, desde que se não prove um uso proibido pelas leis e regulamentos"), nos fins do século passado e inícios deste século, duas sentenças ficaram célebres na doutrina francesa, por se inspirarem na teoria do abuso do direito:

— A sentença do tribunal da 1.ª Instância de Colmar de 1855, que condenou o proprietário de uma casa que construíra uma chaminé de enorme altura, sem retirar do facto utilidade alguma, apenas com a intenção de prejudicar o vizinho, a proceder à sua demolição.

— A sentença do tribunal de 1.ª Instância de Clément-Bayard de 1913, que condenou o proprietário de um terreno que, com a mera intenção de prejudicar a evolução dos dirigíveis do seu vizinho, construiu imensas armaduras de madeira sobrepujadas de barras de ferro com pontas aceradas, a destruir as armaduras e a indemnizar o vizinho pela perda de um dirigível.

Louis Josserand, autor da obra *De l'Esprit des lois et de Leur Relativité. Théorie dite de l'Abus des Droits* (1925), com apoio nas decisões dos tribunais franceses, construiu uma teoria do abuso do direito destacando os critérios de que a jurisprudência se ia servindo para detectar a figura. Em sua óptica esses critérios são em número de quatro:

— O critério intencional, assente na intenção de prejudicar;

— O critério técnico, assente no exercício incorrecto de um direito;

— O critério económico, assente na prossecução de interesses ilegítimos;

— O critério social, funcional ou finalista, assente na função do direito subjectivo.

Na opinião dos autores, estes critérios não se devem ter por estanques, até porque, apenas o último permite a compreensão integral da figura do abuso do

sentido muito amplo de qualquer posição jurídica activa, seja, ela qualificada como direito subjectivo, como faculdade ou liberdade.

---

direito, consistindo os outros em meras faces parciais da teoria (LOUIS JOSSERAND, *De l'Esprit des Lois*, págs. 341 e segs. e 363 e segs.).

Entre nós, conforme já se assinalou no texto, a figura do abuso do direito tem merecido a atenção da doutrina.

Segundo a perspectiva dita entre nós tradicional, (pois parece não ser a mais antiga, *vide* ANTÓNIO MENEZES CORDEIRO, *Da Boa Fé em Direito Civil*, vol. II, pág. 862) a figura do abuso do direito tem a ver com o exercício dos direitos, e não com a sua extensão ou conteúdo (porque não situa a questão do abuso no domínio do conteúdo do direito subjectivo, antes ao nível do seu exercício, esta posição também se diz externa).

Tal é, designadamente o ensinamento de Castro Mendes, nas suas lições de *Teoria Geral de Direito Civil*, de onde extraímos a seguinte passagem: "Os limites intrínsecos do direito permitem representar uma série de categorias de actos que a lei considera em princípio lícitos, e que são determinados pelas suas características materiais ou jurídicas – usar, fruir, dispor. Mas o **exercício** do direito é ainda sujeito pela lei a outra ordem, diferente de limites – limites extrínsecos – pela qual só se consideram admissíveis os actos de exercício de direitos, mesmo que, integrados nas categorias, quando obedeçam a estas três condições:

– Não estarem em colisão com direito a que devam ceder;

– Respeitarem ordens normativas e valores primordialmente não jurídicos, mas recebidos pelo direito;

– Adequarem-se ao fim para o qual o direito foi concebido.

Estas três condições referidas por Castro Mendes, reconduzem-se a duas figuras previstas na nossa lei: a figura da colisão de direitos e a figura do abuso de direito.

A figura da colisão de direitos vem prevista no artigo 335.º. Aí se estabelecem os princípios gerais de resolução das situações de conflito ou colisão de direitos, prevendo-se duas situações:

– Situação em que os direitos são iguais ou da mesma espécie, em que o legislador determina que os titulares devem ceder na medida do necessário para que todos os direitos produzam igualmente o seu efeito sem maior detrimento para qualquer deles (n.º 1). Assim, por exemplo, se dois sujeitos tiverem sobre o mesmo prédio direito a servidões de passagem iguais, por um caminho que só permite a passagem de um deles de cada vez, deverão exercer os respectivos direitos de modo a que ambos a possam utilizar em igual medida.

– Situações em que os direitos já desiguais ou de espécie diferente, em que

Pois pensamos que aqueles casos em que mais flagrantemente repugnaria admitir a inexistência de um dever jurídico de agir, que

"prevalece o direito que deve considerar-se superior" (n.º 2). Castro Mendes dá o seguinte exemplo: se um incêndio ameaçar duas propriedades, entre as quais corre um ribeiro, e só existir água suficiente para salvar uma delas, e numa se encontrarem pessoas e noutra apenas culturas, é evidente que é ao primeiro que a ordem jurídica considera lícito aproveitar-se das águas (veja-se JOÃO DE CASTRO MENDES, *Teoria Geral do Direito Civil*, vol. I, 1983, págs. 354 e 355). O exemplo não nos parece, porém, feliz, pois os direitos com colisão (de aproveitamento de águas) são iguais, diferentes são os valores a proteger.

As duas últimas condições de admissibilidade do exercício de direitos integra-as CASTRO MENDES na categoria do abuso do direito referida no artigo 334.º do Código Civil Português.

O nosso legislador estabelece aí que "é legítimo o exercício do direito quando o titular exceda manifestamente os limites impostos pela boa fé, pelos bons costumes ou pelo fim social ou económico desse direito".

Castro Mendes analisa esta noção em duas hipóteses, que integram assim o conceito amplo de abuso de direito. São elas:

1.º A violação da boa fé e dos bons costumes, isto é, a violação de ordens e valores primordialmente não jurídicos.

2.º A violação do fim social ou económico do direito.

Já se vê que a primeira hipótese corresponde à segunda condição de

admissibilidade do exercício de direitos referidos por Castro Mendes, e que a segunda hipótese corresponde à terceira dessas condições.

Castro Mendes destaca, então, a segunda situação de abuso de direito, que consiste no exercício do direito com violação do seu fim social ou económico, que qualifica como abuso do direito em sentido restrito (*Teoria Geral do Direito Civil*, vol. I, págs. 255 e segs.).

Às posições externas contrapõem-se as teorias internas.

MARCEL PLANIOL no seu *Traité Élémentaire de Droit Civil*, qualifica a figura do abuso do direito como logomáquica. Escreve este autor: "Esta nova doutrina repousa inteiramente numa linguagem insuficientemente estudada e a sua fórmula "uso abusivo do direito" é uma logomaquia, porque se eu uso o meu direito, o meu acto é lícito; e quando é ilícito, é porque ultrapassa o meu direito e ajo sem direito (...)". E um pouco adiante esclarece que "o direito cessa onde o abuso começa". Mas acrescenta Planiol: "No fundo toda a gente está de acordo, somente

são fundamentalmente aqueles em que o omitente poderia facilmente e sem risco para si ou para outrem (ou outro motivo atendível),

---

onde uns dizem: "Há uso abusivo dum direito" outros dizem: "Há um acto exercido sem direito". Defende-se uma ideia correcta com uma fórmula falsa" (*Traité Elementaire de Droit Civil*, tomo II, págs. 298 e 299).

Cremos ser difícil não dar razão a Planiol: apesar da ideia de abuso do direito estar enraizada e ser, até, sugestiva. Com efeito é, sem dúvida, pouco lógico e será mesmo paradoxal, a ideia de que um acto pode simultaneamente ser conforme com determinado direito subjectivo e desconforme com o direito em geral, conclusão a que conduz a teoria do abuso do direito.

Por outro lado, conforme assinala MENEZES CORDEIRO, "todos os limites efectivos ao conteúdo dos direitos exigem uma determinação do caso concreto. As teorias externas seriam pois uma impossibilidade técnica: a actuação por elas pressuposta dar-se-ia sempre no plano interno". Por outras palavras,"por imperativos técnicos", os limites subjectivos são todos reduzidos a limites internos (ANTÓNIO MENEZES CORDEIRO, *Da Boa Fé no Direito Civil*, vol. II, pág. 876).

Assim, entendemos que o acto ilícito pode revelar-se por diversas formas: nuns casos o ilícito é ostensivo, é patente a violação dos limites do direito subjectivo, noutros o ilícito está como "camuflado", "não se vê à vista desarmada", existindo aparência de exercício de direito subjectivo e consequentemente de licitude, pois é respeitado o quadro jurídico-formal do direito subjectivo, mas não o seu quadro substancial.

Por outras palavras, o conteúdo do direito subjectivo é delimitado também

---

pela sua função e assim fora da sua função já não há direito. Aquilo que se apresenta como o exercício abusivo de um direito consiste afinal numa actuação em direito.

Neste sentido se pronuncia, por exemplo, OLIVEIRA ASCENSÃO (*Direito Civil. Reais*, pág. 187).

Depois de qualificar a fórmula abuso de direito de logomáquica e de perfilhar uma concepção finalista de direito subjectivo, afirma o autor que quando o "sujeito pretende obter finalidades diversas das legais não pode falar-se em abuso do direito, pois só *aparentemente* (sublinhado meu) haverá exercício deste. Ultrapassa-se ainda um limite do direito, neste caso relativo à função em atenção à qual ele foi concebido" (*ob. cit.*, pág. 189).

Neste quadro deve ser entendida a afirmação de OLIVEIRA ASCENSÃO, segundo a qual há retrocesso relativamente à evolução das doutrinas da função social dos direitos subjectivos, *maxime* do direito de propriedade, na utilização da figura

Omissão e Dever de Agir em Direito Civil

ter removido o perigo para um dado bem jurídico, são casos que merecem a qualificação de abuso de liberdade.

---

técnica do abuso do direito. Mas o retrocesso esgota-se aí, "o retrocesso está só na figura técnica adoptada" (*ob. cit.*, pág. 195), pois, da "roupagem técnica infeliz" utilizada é possível extrair todas as consequências da função social dos direitos subjectivos.

Oliveira Ascensão enuncia nos seguintes termos o princípio da função social: "O seu titular [do direito subjectivo] não pode, na mira das suas particulares conveniências, contrariar interesses sociais relevantes".

Esclarece, contudo, Oliveira Ascensão, que "o princípio não deve ser mal entendido, chegando-se por exemplo à conclusão de que a propriedade se esgota toda nesta função social, como pretendia DUGUIT. A garantia da autonomia pessoal é, logicamente, o objecto primário da atribuição dos bens em termos reais: e essa faltaria se a conduta do sujeito fosse minuciosamente determinada pelos órgãos públicos, sob a alegação da garantia da função social. O que se pretende antes de mais é a colaboração com a liberdade dos indivíduos: as intervenções em nome da função social devem ser prudentes, prevendo os casos em que os titulares se desviaram flagrantemente das necessidades gerais, ou em que estas se apresentem de modo premente (*Direito Civil. Reais*, pág. 197).

Opinião semelhante é a que exprime CASTANHEIRA NEVES: "um comportamento que tenha a aparência de ilicitude jurídica – por não contrariar a estrutura formal-definidora (legal ou conceitualmente) de um direito, à qual mesmo externamente corresponde – e, no entanto, viole ou não cumpre, no seu sentido concreto-materialmente realizado, a intenção normativa que materialmente fundamenta e constitui o direito invocado ou de que o comportamento realizado se diz exercício, é o que juridicamente se deverá entender por exercício abusivo de um direito (*Questão de Facto, Questão de Direito ou o Problema Metodológico da Juridicidade*, págs. 523 e 524).

MENEZES CORDEIRO explica a figura do abuso do direito, com recurso à ideia de disfuncionalidade, baseada na teoria da acção de TALCOTT PARSONS. Talcott Parsons distingue acções funcionais, conformes com as normas, acções não funcionais, desconformes com as normas, e *acções disfuncionais*, conformes com as normas mas desconformes com o sistema. Segundo esta teoria, o sistema social postula uma interacção de acções em termos ordenados e com certa persistência, integrando-se o indivíduo no sistema pela prática de acções, no sentido referido. A actuação desviada do sistema é qualificada de disfuncional (TALCOTT PARSONS, *Social Systems and the Evolution of Action Theory*, Nova Iorque e Londres, 1977, citado por ANTÓNIO MENEZES CORDEIRO, *De Boa Fé no Direito Civil*, vol. II, pág. 880). Assim, Menezes Cordeiro vem explicar que o sistema jurídico "supera

Ora, a lei qualifica o exercício abusivo de um direito como ilegítimo (no sentido de ilícito, segundo opinião generalizada na doutrina) e por isso, se alguém exerce abusivamente um direito deve, em princípio, ser tratado como se não o tivesse[514].

Sendo assim, como os casos extremos (em que repugnaria fortemente admitir a inexistência de um dever de agir) são casos qualificáveis como casos de abuso de liberdade por parte do omitente, de acordo com a regra geral para a figura do abuso do direito (no sentido amplo de prerrogativa privada), devem ser tratados como situações em que a liberdade não existe. Não existindo liberdade,

---

o somatório simples das normas que o originam" (*ob. cit.*, pág. 882) pelo que é possível que o exercício do direito embora conforme com as normas jurídicas, contradiga o sistema, verificando-se assim disfuncionalidade. Então aí verificar-se-á abuso de direito (*ob. cit.*, pág. 882).

Menezes Cordeiro acaba, portanto, por aderir ao esquema de Talcot Parsons.

Arriscaríamos ir um pouco mais longe, dizendo que nas situações de "abuso do direito" existe verdadeira contrariedade à norma jurídica, embora essa contrariedade só se revele depois de adequada e integrada interpretação da norma jurídica.

Com efeito, a primeira leitura ou interpretação de uma norma tende a ser literal, os restantes elementos hermenêuticos vão-se revelando ao intérprete sucessivamente. As situações de abuso apenas se conformam com os quadros formais ou literais das normas jurídicas, que são aqueles de que o hermeneuta dispõe em primeiro lugar. As dissonâncias apenas são detectadas mais tarde, com a recepção e aplicação de outros elementos interpretativos.

Assim, finalmente, a disfuncionalidade é uma verdadeira não funcionalidade, camuflada ou encapotada, no sentido de que apenas é detectável num segundo ou terceiro momento interperativo.

Conclui-se portanto, que a figura do abuso do direito é o resultado de uma análise menos correcta de um fenómeno que consiste antes numa actuação que se processa fora do exercício de qualquer direito, porque a actuação se processa dentro dos seus quadros formais, mas essa actuação é apenas aparente, pois verifica-se para além dos seus limites funcionais ou substanciais.

[514] Veja-se, por exemplo, ANTÓNIO MENEZES CORDEIRO, *Da Boa Fé no Direito Civil*, vol. II, págs. 898 e segs.; MÁRIO JÚLIO ALMEIDA COSTA, *Direito das Obrigações*, pág. 56; FERNANDO CUNHA DE SÁ, *Abuso do Direito*, págs. 57 e segs..

há, necessariamente imposição, no caso, imposição de agir, que é o necessário reverso da medalha [515].

Pois esta construção está em condições de resolver adequadamente uma série de casos para os quais, segundo os críticos da teoria das fontes formais, esta não daria resposta satisfatória [516].

Pense-se no caso de escola do avô que vê o neto de tenra idade a afogar-se numa banheira e nada faz para o socorrer, sendo certo que o socorro era facílimo e não envolvia risco para a sua pessoa. Os críticos da teoria formal diriam que esta teoria levaria a concluir pela inexistência do dever de agir nesta situação (pois não existiria preceito legal, nem negócio jurídico que impusesse o dever de actuar, nem a situação foi sequer criada pelo omitente) o que fere os sentimentos mínimos de justiça.

Pense-se no outro caso de escola, do indivíduo que vê um outro amarrado à linha do comboio e nada faz, ou do indivíduo que vê um outro a afogar-se num lago, sendo certo que o salvamento deste é fácil e sem risco, para a sua pessoa. Todas estas situações, que segundo os críticos da teoria das fontes formais não estariam na origem de um dever jurídico de agir, são afinal fontes desse dever, pois o critério das fontes formais, tal como resulta do artigo 486.º do nosso Código Civil, assim o prevê, pela remissão para o princípio geral do abuso do direito.

Não nos parecem de seguir aquelas teses que interpretam restritamente a cláusula de abuso do direito, restringindo-se a sua aplicação a casos de exercício de direitos subjectivos em sentido técnico. Reduzindo as potencialidades da figura, os defensores de tais teses sentem, depois, a necessidade de equacionar esquemas alter-

---

[515] Que o abuso do direito pode conduzir à imposição de comportamentos, é ideia geralmente aceite. O abuso de direito pode levar "seja à comissão de abstenção, seja à imposição de deveres" (ANTÓNIO MENEZES CORDEIRO, *Da Boa Fé no Direito Civil*, vol. II, pág. 879).

[516] Afinal não andará longe a nossa solução daquela que perfilha MENEZES CORDEIRO (veja-se *supra*, pág. 167 e segs.), e defendia CUNHA GONÇALVES à luz da lei civil anterior (pág. 169 e segs.).

224 Pedro Pitta e Cunha Nunes de Carvalho

nativos, que nos parecem supérfluos. É um pouco como ir de Lisboa ao Porto por Madrid: eventualmente agradável mas dispendioso e desnecessário.

6. Já atrás assinalámos que o artigo 486.º do Código Civil não prevê expressamente a ingerência como fonte do dever de agir[517]. Também já assinalámos que a inclusão da ingerência no quadro das fontes formais, nos parece carecer de coerência[518], pelo que, nesta perspectiva, até terá andado bem o nosso legislador, que optou por um critério básico de fontes formais, em não a referir.

Parece-nos, contudo, que a ingerência não pode deixar de ser considerada como fonte de dever de agir. Como conciliar então esta ideia, com o disposto no artigo 486.º do Código Civil, onde não encontramos nenhuma referência a esta figura?

Cremos que, dada a taxatividade da enumeração das fontes do dever jurídico de agir, prevista no artigo 486.º do Código Civil, será ainda na referência do preceito à "lei" como fonte desse dever que a própria ingerência deverá ir buscar apoio para relevar como tal.

Conforme já se viu, a ingerência, como fonte da posição de garante, traduz a ideia de que, se alguém com o seu comportamento, criar perigo para certo bem jurídico, fica investido no dever jurídico de o remover.

Ora, o dever jurídico de remover a situação de perigo criada, consiste numa obrigação que resulta da imputação de um facto (abrangendo o resultado da actuação — a situação de perigo) a alguém, e, portanto, no fundo, numa situação de responsabilidade civil, pois trata-se de tornar alguém indemne de uma situação prejudicial criada. Não temos dúvidas de que a situação de perigo representa já de si um dano (desvalorizando o bem relativamente a bens idênticos que não estejam em perigo)[519].

---

[517] Veja-se *supra*, págs. 147 e segs..

[518] Veja-se *supra*, pág. 214.

[519] Que o perigo é, já por si um prejuízo, é ideia defendida designadamente por ADRIANO DE CUPIS, *El Daño*, pág. 91.

Constituindo a responsabilidade civil uma figura prevista pela lei como fonte de obrigações, concluímos que será ainda na referência à "lei" como fonte do dever jurídico de agir, que a ingerência irá beber a sua relevância nesse sentido [520].

Tal visão da questão permite-nos desde já dar resposta a um problema que costuma ser equacionado pelos penalistas a propósito da ingerência, que é o de saber se, para que se fale de ingerência como fonte de dever jurídico de actuar, tem de existir ou não uma conduta precedente ilícita e culposa.

Parece ter sido com STÜBEL, no domínio do Direito Penal, que se começou a defender que as posições de garantia podiam derivar do "actuar precedente perigoso" [521].

Exigia este autor que a acção perigosa fosse anti-jurídica. Contudo, parte da doutrina penalista admite que a anti-juridicidade da acção é dispensável para que se fale em ingerência [522].

---

[520] Um outro caminho, que nos parece possível, para admitir a relevância da ingerência como fonte do dever jurídico de agir, sem reconduzir a figura à categoria da responsabilidade civil, seria a de apelar novamente para a figura do abuso do direito. Dir-se-ia, então, que tendo um sujeito criado certa situação de perigo para dado bem jurídico, a não remoção do mesmo se apresentaria como um abuso da sua liberdade, concluindo-se assim pela existência do dever de actuar. Cremos, contudo, que o recurso à figura geral do abuso do direito não é, neste caso, necessário.

[521] STÜBEL, *Über die Teilnahme meherer Person en an einem Verbrecht*, Dresden, 1928, págs. 61 e segs..

[522] Estranhamente no campo do Direito Penal, a maioria da doutrina admite que a ingerência como fonte do dever jurídico de agir não tem de constituir uma conduta ilícita e culposa. Estranhamente, dizemos, porque é no campo penal onde se impõem as maiores restrições ao nível das fontes da responsabilidade.

A explicação encontrar-se-á, porventura, na alegada insuficiência do critério de fontes formais, insuficiência essa que os autores procuram ultrapassar desta forma. Quanto a nós a questão deve ser resolvida por outra via, tal como indicamos no texto.

Deixa-se em seguida a indicação de alguns textos de penalistas, que se referem ao assunto. Pronunciando-se acerca da desnecessidade de ilicitude e culpa, KISSIN, *Die Rechtspflicht zum Handeln bei den Unterlassungsdelikten. Zeleich ein Beitrag*

Pois não cremos que esta última posição seja de seguir. Se o dever jurídico de remover a situação criada se trata no fundo de uma situação de responsabilidade e se só existe responsabilidade civil independentemente da ilicitude e culpa, nos casos excepcionalmente especificados na lei, não nos parece coerente admitir que se constitua a obrigação de remover o perigo pela imputação objectiva (independentemente da culpa) de um facto ao sujeito. Isto pelo menos no quadro da nossa ordem jurídica. Pensamos, pois, que à luz do Direito português vigente, só faz sentido falar em **ingerência como fonte do dever de agir**, se a situação de perigo foi ilícita e culposamente criada pelo sujeito.

Isto não significa, porém, que o dever de agir não surja em hipóteses em que o facto que criou a situação de perigo não foi

---

zur Lehre von der materiellen Rechtswidrigkeit, in *Strafrechliche Abhandlugen Helf 317*, Breslau, 1933, págs. 101 e segs. (para quem o indivíduo é obrigado a evitar todos os perigos que derivam da sua conduta); NAGLER, *Die Problematik der Begehung durch Unterlassung*, in G.S., III, pág. 1 e segs., (para quem todo aquele que põe em marcha uma cadeia causal dirigida à produção de um resultado, é obrigado a actuar a fim de o impedir); VOGT, *Das Pflich problem der Kommisiven Unterlassung*, in *Zst 67*, 1951, págs. 399 e segs. (que introduz a noção de "ordem social estrita", situação resultante do actuar precedente perigoso, que investe o sujeito no dever de actuar de forma a evitar que se concretize o perigo nas pessoas pertencentes a essa "ordem social estrita); FILIPPO GRISPIGN, *L'Omissione nel Diritto Penale*, in *Rivista Italiana di Diritto Penale*, ano VI, 1934, XII, pág. 40; JUAN DEL ROSAL, *Tratado de Derecho Penal Español*, vol. I, pág. 667; HANS WELZEL, *Derecho Penal*, pág. 208. No Direito Civil, é a opinião de ENNECERUS-LEHMANN, *Tratado...*, Tomo II, pág. 76.

Em sentido oposto citam-se RUDOLPHI, *Die Gleichstallungsproblematik der unechten Unterlassungsdelikte un der Gedanke der Ingerenz*, Güttingen, 1966, págs. 182 e segs.; HANS HEINRICH JESCHEK, *Tratado de Derecho Penal. (Parte General)*, tradução de Mir Puig e Muñoz Conde, pág. 859; GONZALO RODRIGUEZ MOURULLO, *El Delito de Omisión de Auxilio a la Vitima y el Pensamiento de la Ingerencia*, in *Anuario de Derecho Penal y Ciencias Penales*, 1973, págs. 501 e segs.; E. BACIGALUPO, *Delitos Improprios de Omisión*, in *Anuario de Derecho Penal y Ciencias Penales*, 1970, pág. 726; SUSANA HUERTA TOCILDO, *Ingerencia y Articulo 489 bis, 3.º, C.P.*, in *Problemas Fondamentales de los Delitos de Omision*; JOHANNES WELSSELS, *Direito Penal. Parte Geral*, pág. 164; GIAN DOMENICO PISAPIA, *Istituzioni di Diritto Penale*, pág. 68.

Omissão e Dever de Agir em Direito Civil 227

ilícito e culposo. Assim, por exemplo, se *A*, ao limpar a sua arma, tomando todas as cautelas exigíveis, fizer com que ela mesmo se dispare e atinja *B*, que fica gravemente ferido, sem mais ninguém para o ajudar, pensamos que se impõe considerar que *A* tem o dever jurídico de o socorrer. Simplesmente, **a fonte do dever jurídico de agir não é o facto de** *A*, que não é culposo (não é portanto a ingerência), mas **a situação independentemente do facto de** *A*, pois que, estando *B* numa situação de perigo grave e tendo de *A* a possibilidade de o auxiliar sem sacrifício relevante ou minimamente comparável, a omissão desse auxílio apresenta-se como um abuso de liberdade à luz dos critérios para que remete o artigo 334.º do nosso Código Civil. Poder-se-á eventualmente dizer que a fonte de dever de agir é a proximidade, mas nunca a ingerência, que, em nosso entender, pressupõe a culpa.

7. Uma palavra ainda para a conexão da matéria da ilicitude da omissão com o tema das chamadas "relações de facto". Já atrás fizemos referência a esta aproximação, que é destacada por ALMEIDA COSTA no seu manual de *Direito das Obrigações* [523].

A expressão "mero facto" ou "relação do facto" pode ser utilizada para designar fenómenos estranhos ao Direito, irrelevantes para o Direito. Contudo a doutrina tem vindo a utilizar a expressão num outro sentido. Assim, "relações de facto" são relações que, embora não estando expressamente reguladas numa norma jurídica, não consistindo numa "fattispecie" típica (e por isso designada "de facto") podem revelar-se, quase contradizendo a sua qualificação e origem, como produtoras de efeitos jurídicos [524]. Conforme nota FRANCESCHELLI, "são situações que recordam as situações de direito, sem se identificar com estas por falta de um elemento ou por um vício, genético ou funcional" [525]. Trata-se de fenómenos que numa

---

[523] MÁRIO JÚLIO ALMEIDA COSTA, *Direito das Obrigações*, pág. 367. Veja-se *supra*, pág. 166.

[524] *Vide* VINCENZO FRANCESCHELLI, *Rapporti di Fatto. Ricostruzione della Fattispecie e Teoria Generale*, pág. 9.

[525] VINCENZO FRANCESCHELLI, *ob. cit.*, pág. 10.

fase inicial são considerados irrelevantes para o Direito, se não mesmo pelo Direito combatidos (como o concubinato, por exemplo), acabando, em geral, por serem por ele recebidos. Põe-se, porém, a questão da sua regulamentação até à fase do seu acolhimento no seio do Direito, sendo certo que constituem realidades que se entende não deverem ser consideradas como juridicamente indiferentes [526]. Conforme nota CARBONNIER, "le droit ne peut s'epuiser à lutter indéfiniment contre le fait" [527].

Como corolário desta ideia, verifica-se que o aspecto funcional, ou fase de execução, é indispensável para a existência das "relações

---

[526] VINCENZO FRANCESCHELLI, *ob. cit.*, pág. 12.

Franceschelli nota que a todo o momento surgem novas relações deste tipo, pelo que se pronuncia pela necessidade de elaboração de uma teoria geral das "relações de facto", tarefa que leva a cabo na obra aqui referida.

Franceschelli começa por examinar autonomamente uma série de "relações de facto", que pela frequência com que são referidas e estudadas pela doutrina, se podem dizer "típicas" nesse sentido (ainda que a designação soe um pouco a paradoxo). Refere o autor, relações dessa índole no campo comercial (as situações do administrador de facto, do agente do facto, das sociedades do facto), no campo familiar (as situações de separação de facto, do concubinato, da família de facto, do poder paternal e tutela de facto) no campo laboral e no próprio domínio público (as situações do governo de facto e do funcionário do facto).

Seguidamente o autor inicia a exposição da sua teoria geral, com a elaboração de classificações. Aí o autor propõe o afastamento da classificação tradicional que distingue entre relações de facto que nascem de negócio nulo e relações de facto que nascem de comportamentos de facto, pois, em sua opinião, as relações de facto não derivam nunca dos actos inválidos, mas sempre dos comportamentos adoptados. Assim, por exemplo, no que respeita à sociedade de facto, escreve Franceschelli que "a rede de relações entre as partes e com terceiros não tem, pois, fundamento no contrato, que, enquanto nulo, é estéril, e não pode produzir efeitos, mas tem a sua fonte apenas numa nova relação que nasce e se renova através do exercício em comum da actividade económica" (*ob. cit.*, pág. 194). "E assim, os dois grupos de relações de facto, aqueles que nascem da execução e aqueles que parecem ter origem num negócio nulo, revelam-se, pois, como pertencentes a uma categoria unitária" (*ob. cit.*, pág. 195).

Esta ideia adequa-se à opinião expressa no texto de que a génese e existência das relações de facto assentam na execução.

[527] JEAN CARBONNIER, *Droit Civil*, vol. I, pág. 182.

Omissão e Dever de Agir em Direito Civil

de facto". Conforme nota RODIÈRE, "il y a des mariages blancs, il n'y a pas de concubinats blancs" [528]. É a execução que substitui, na relação de facto, a estrutura formal da relação do direito [529].

A expressão "relações de facto", está amplamente consagrada e é altamente sedutora. Mas é equívoca. Com efeito, as relações em questão são verdadeiras relações jurídicas. "De facto", pode dizer-se que são as fontes dessas relações, não tipificadas na lei enquanto fontes de obrigações (sendo, portanto, fontes de obrigações atípicas).

A admissibilidade da produção de efeitos jurídicos das chamadas relações de facto resulta fundamentalmente da tutela de que são merecedoras a confiança e legítimas expectativas das pessoas [530]. Será, pois, ainda nos princípios da boa fé e do abuso do direito que se deverá ir beber o fundamento legal para tal posição [531].

A categoria introduzida inicialmente por HAUPT [532-533] tem agita-

---

[528] RODIÈRE, *Le Ménage de Fait Devant la Loi Française*, pág. 61, citado por VINCENZO FRANCESCHELLI, *ob. cit.*, pág. 226.

[529] Para FRANCESCHELLI, aliás, a execução não pode ser instantânea, tem de perdurar no tempo (VINCENZO FRANCESCHELLI, *ob. cit.*, pág. 232).

[530] VINCENZO FRANCESCHELLI, *ob. cit.*, pág. 260.

[531] Quanto ao regime aplicável a estas situações, opina FRANCESCHELLI que "há que encontrar uma posição de equilíbrio entre a tutela da relação de direito e a tutela da relação de facto", pelo que se terá de começar por detectar o esquema normativo do instituto típico correspondente contido na norma da referência ("norma de riferimento") − *ob. cit.*, pág. 266.

[532] HAUPT incluía igualmente na categoria das relações contratantes de facto, as prestações de fornecimento público como gás, electricidade e transporte, em que a relação se estabeleceria não em função de um contrato mas de um comportamento social típico. Cremos que, pelo menos à luz do nosso ordenamento jurídico, é perfeitamente defensável a posição de que o "comportamento social típico" consiste numa manifestação de vontade tácita, ou mesmo expressa, ainda que não por palavras (o significado típico elevaria o comportamento à categoria do meio directo de manifestação de vontade) e que, portanto, na base da relação, teríamos um verdadeiro contrato. Tal constatação está na base do cepticismo com que a figura da relação contratual de facto tem sido recebida entre nós (veja-se nota 534).

Repare-se que a inclusão das situações referidas nas relações contratuais de facto levaria à conclusão de que estariam vinculados negocialmente, por exemplo,

do intensamente a doutrina alemã, e não é pacificamente admitida entre nós [534].

Parece-nos, porém, perfeitamente adequado invocar a figura, tal como aparece referida por FRANCESCHELLI, no domínio do dever de agir, para aquelas situações em que o dever de agir não resulta, nem do negócio jurídico, nem do preceito legal específico, nem de conduta culposa anterior, até porque o fundamento da eficácia jurídica da situação está nos princípios da boa fé do abuso do direito, que é o que sucede no campo das "relações de facto".

---

o passageiro clandestino e o ladrão de energia (WOLFGANG FIKENTSCHER, *Schuldrecht*, pág. 57).

Sobre este tema veja-se SALVATORE ROMANO, *Osservazioni sulle Qualifiche "di Fatto" e "di Diritto*, in *Scritti Giuridiche in Onore di Santi Romano*, vol. IV, Pádua, 1940, págs. 127 e segs.; L. RICCA, *Sui Cosidetti Rapporti Contratuali di Fatto*, Milão, 1965; N. LIPARI, *Rapporti di Cortesia, Rapporti di Fato, Rapporti di Fiducia*, in *Studi in Onore di G. Scaduto*, vol. II, Pádua, 1977; A. CHACCINI, *Rapporti con Vincolanti e Regule de Corretezza*, Pádua, 1977; STELLA RICHTER, *Contributo all Studio di Rapporti di Fatto nell Diritto Privato*, in *Rivista Trim. Diritto Processuale Civili*, 1977, pág. 151.

[533] HAUPT, *Über Faktische Vertragsverhällnisse*, in *Fetschrift für Siber*, 1941.

[534] Pronunciando-se abertamente contra a necessidade da figura, JOÃO ANTUNES VARELA, *Das Obrigações em Geral*, vol. I, pág. 228.

ALMEIDA COSTA, considerando em princípio desnecessidade da figura em face do nosso Direito, admite, contudo, que possa ter interesse em certos casos (MÁRIO JÚLIO ALMEIDA COSTA, *Direito das Obrigações*, pág. 163). Já MOTA PINTO escreve que "não parece possível renunciar a uma consideração separada dos dois tipos de manifestação da autonomia privada: o negócio jurídico e a relação contratual de facto" (CARLOS ALBERTO DA MOTA PINTO, *Cessão da Posição Contratual*, pág. 256).

8. *Referência a algumas previsões legais específicas do dever jurídico de agir*

1. Algumas breves palavras sobre alguns preceitos dos quais é possível extrair a obrigação de agir. Pronunciamo-nos pela taxatividade desses preceitos, pois só essa ideia se coaduna com a excepcionalidade da responsabilidade civil por omissão, ditada pelo artigo 486.º do Código Civil [535-536].

2. No Código Civil merecem destaque desde já os artigos 491.º, 492.º e 493.º, que estabelecem a responsabilidade por danos causados por outrem, por danos causados por animais e outras coisas e por danos causados no exercício de actividade.

Estas previsões assentam na ideia de culpa (embora presumida) na vigilância dessas pessoas, animais e outras coisas, que normalmente se traduzirá numa omissão desse dever de vigilância (por exemplo, se uma telha caiu do prédio sobre um automóvel de alguém e o danificou, o dono do prédio responde porque a lei presume que o mau estado do prédio que proporcionou a queda da telha resultou da omissão do dever de conservação do mesmo).

Quanto à responsabilidade por danos causados no exercício de actividades, esta assenta na ideia de culpa no exercício das mesmas. Assim, estamos aqui perante a já conhecida figura da omissão na acção ou na actividade, onde a omissão não tem autonomia, sendo assimilada à actividade.

---

[535] Daqui decorre a insusceptibilidade de integração analógica destes preceitos (artigo 11.º do Código Civil).

[536] O que, de modo algum, desmente a ideia já expressa da abertura proporcionada pela norma geral do abuso do direito.

232   *Pedro Pitta e Cunha Nunes de Carvalho*

3. Outro preceito que cremos dar alguma contribuição para a questão é o artigo 253.º, n.º 2 do Código Civil.

Aí se dispõe que "não constituem dolo ilícito as sugestões ou artifícios usuais, considerados legítimos segundo as concepções dominantes no comércio jurídico, nem a dissimulação do erro, quando nenhum dever de elucidar o declarante resulte da lei, de estipulação negocial ou daquelas concepções".

"A contrario sensu", constituirá dolo ilícito a dissimulação do erro do declarante quando o dever jurídico de o elucidar resulte não só da lei ou de estipulação negocial, mas igualmente das **concepções dominantes do comércio jurídico**.

Daqui se pode concluir que a **omissão** de esclarecimento pode, em certas circunstâncias, ser considerada ilícita, ainda que nem a lei directamente, nem negócio jurídico a qualifiquem como tal [537].

A conjugação dos dois artigos 486.º e 253.º, n.º 2 resulta da directriz do artigo 9.º do Código Civil: aí se dispõe que o intérprete deve procurar reconstituir o pensamento legislativo a partir, designadamente, da unidade do sistema jurídico.

Seria, aliás, aberrante que a omissão de esclarecimento, quando imposta pelas concepções dominantes do comércio jurídico, pudesse ser qualificada como ilícita para efeitos de dolo e lícita para efeitos de responsabilidade civil.

4. Algumas palavras sobre a figura do dever jurídico de auxílio.

Já atrás se afirmou que o novo Código Penal português no que respeita a inovações no âmbito da teoria da omissão não se limitou a introduzir a categoria dos crimes omissivos impróprios. Além do preceito já referido e que consagra a figura da omissão imprópria,

---

[537] Em nossa opinião as concepções dominantes do comércio jurídico são aquelas que devem vigorar, segundo um critério minimamente ético, e não as práticas correntes. Só esta noção se coaduna com a natureza preceptiva das normas jurídicas. Assim, a fórmula dá abertura ao princípio da boa fé (em sentido diverso, porém, João de Castro Mendes, "Teoria Geral...", vol. III, 1979, p. 237.

contém o Código Penal português de 1982 um outro preceito de carácter geral e de grande contributo para a teoria da omissão.

Trata-se do preceito do artigo 219.º. Aí se estabelece o crime de omissão de auxílio, crime omissivo puro, crime formal[538], na linha do que fazem as legislações alemã[539] e francesa[540].

O crime de omissão de auxílio pressupõe um dever geral de auxílio.

Impõe-se, pois, saber em que casos existe o dever geral de auxílio. O artigo 219.º do Código Penal dá-nos essa indicação, podendo-se extrair desse artigo os seguintes pressupostos do dever geral de auxílio:

1.º Tem de existir um caso de grave necessidade que ponha em perigo a vida, saúde, integridade física ou liberdade de alguém (pressuposto que designaremos por situação de perigo).

2.º O auxílio tem de se revelar necessário ao afastamento do perigo (necessidade do auxílio);

3.º O auxílio tem de ser exigível, designadamente por não envolver grave risco para a vida ou integridade física do próprio (exigibilidade).

5. Algumas breves considerações sobre estes pressupostos.

1.º Situação de perigo.

A grave necessidade respeita apenas aos bens jurídicos especificados no artigo. No Anteprojecto não se fazia qualquer especificação, utilizando-se a expressão generalizante de "interesses de outrem", podendo, pois, a grave necessidade respeitar a quaisquer interesses juridicamente relevantes, inclusivamente interesses de natureza patrimonial. A Comissão Revisora acabou por deliberar restringir o tipo criminal neste ponto, pelo que nos parece legítimo afirmar que para

---

[538] Conceitos várias vezes referidos ao longo deste trabalho (páginas e segs.).

[539] § 330 do Código Penal alemão.

[540] Artigo 63.º do Código Penal francês.

a Comissão Revisora só a necessidade que respeita aos interesses especificados no artigo pode ser considerada verdadeiramente necessidade grave.

2.º Necessidade do auxílio.

Neste ponto levantam-se problemas de causalidade.

A primeira questão que se pode colocar é a de saber se o dever de auxílio surge apenas quando o auxílio **seja necessário** ao afastamento do perigo ou sempre que, embora não necessário, **se revele ou se apresente** necessário ao afastamento do perigo.

A letra da lei parece impor a conclusão de que a regra está na segunda interpretação (a expressão legal é "auxílio que se revele necessário"). Talvez até o facto de se tratar de um crime meramente formal possa servir de argumento neste sentido (não sendo indispensável a verificação da violação dos bens jurídicos referidos no preceito, pareceria também dispensável a efectiva necessidade do auxílio — censurar-se o "facto" e não o "resultado").

Não nos parece ser, contudo, esse o entendimento mais conforme com o espírito do preceito. A expressão "auxílio que se revele necessário" deve ser interpretada objectivamente e não subjectivamente, e que o "facto" do não auxílio só é censurável se se verificar este condicionalismo. Com efeito, os cuidados de que o legislador se rodeou na delimitação do dever de auxílio, designadamente especificando os interesses cuja situação de perigo é relevante para o efeito do surgimento deste dever, não nos parecem coadunar-se com a necessidade meramente putativa do auxílio para o afastamento do perigo.

De qualquer forma, a questão da necessidade putativa, teria apenas interesse no domínio do Direito Penal, para efeito da punição por omissão de auxílio, pois no domínio da responsabilidade civil o perigo tem sempre de ser real e operante, para provocar o prejuízo que é requisito indispensável desta responsabilidade.

Omissão e Dever de Agir em Direito Civil

3.º Exigibilidade.

Ao nível da exigibilidade do auxílio pode levantar-se a questão de saber se esta pode cessar por força do risco grave para interesses meramente patrimoniais do omitente. A resposta parece ser afirmativa, desde que esses interesses patrimoniais consistam em "motivo relevante" para o efeito [541]. Por outro lado, pode-se criticar a inclusão no tipo da figura da inexigibilidade, uma vez que a mesma decorreria desde logo dos princípios gerais. Acresce que a inclusão expressa da cláusula de inexigibilidade legitima a questão de saber se o estado de necessidade não opera no sentido de justificar a omissão de auxílio, uma vez que não vem expressamente consagrado – argumento "a contrario".

Quer-nos parecer, porém, que, pelo contrário, se justifica a inclusão da figura da inexigibilidade do artigo 219.º. Repare-se que a sua não inclusão (ver *Actas das Sessões da Comissão Revisora do Código Penal. Parte Especial*, in Separata do *BMJ*, Lisboa, 1979, pág. 223) poderia levantar a dúvida a respeito da sua admissibilidade como causa de justificação da omissão de auxílio (o argumento "a contrario" também funciona aqui) [542]. E quanto à questão de se saber se deve admitir o estado de necessidade como causa de justificação da omissão de auxílio, nada impede que se recorra à figura, quer invocando a interpretação extensiva, quer a analogia, pois não estamos perante uma "norma penal positiva", e só com relação a estas é que o recurso a estas figuras não é permitido.

---

[541] Aliás parece ter-se formado consenso no seio da Comissão Revisora nesse sentido, embora a solução não fosse consagrada expressamente (veja-se *Código Penal Português Anotado*, MANUEL MAIA GONÇALVES, Livraria Almedina, Coimbra, 1983, pág. 232, anotação n.º 3 ao artigo 219.º).

[542] Como frequentemente acontece, o argumento "a contrario" funciona como "faca de dois gumes".

6. Problema que tem merecido larga atenção dos penalistas é o de saber se a omissão de socorro pode fundamentar um crime de resultado por omissão, ou seja, se pode fundar uma posição de garante.

A doutrina tem-se pronunciado invariavelmente pela negativa, considerando que a esfera de protecção da norma não abarca a produção de um resultado, como a morte ou a lesão corporal.

Escreve GIOVANNI GRASSO: "A "fattispecie" omissiva imprópria pressupõe pois que a um sujeito seja atribuído pelo ordenamento jurídico a tarefa de representar "uma instância de protecção" de certos interesses, que possam ser individualizados na fonte da respectiva posição de garantia tanto directamente, através da referência ao seu titular (pense-se na posição de garantia do progenitor em relação à vida e integridade pessoal do filho menor), quando indirectamente, através da referência a uma fonte de perigo que o garante deve controlar ou um sujeito cujos delitos o garante deve impedir" [543].

E, mais adiante, acrescenta o autor: "Um segundo requisito, necessário para que a obrigação de actuar adquira o significado de obrigação de garantia, é constituído pelo carácter "especial" da própria obrigação, que deve impender sobre **alguns sujeitos** e não sobre a **generalidade** e resguardar apenas alguns bens e não todos os bens de todos os membros da sociedade" [544]. "É este critério que exclui que à "fattispecie" dos crimes omissivos próprios, realizáveis por qualquer pessoa, como a omissão de socorro, seja de ligar o nascimento de uma posição de garantia. De resto, como foi exactamente observado por TRAEGER, um dever de garantia referido à generalidade (prescindindo da existência de particulares requisitos de legitimação) representaria uma intolerável intromissão na esfera das liberdades individuais" [545-546].

---

[543] GIOVANNI GRASSO, *Il Reato Omissivo Improprio*, pág. 256.

[544] GIOVANNI GRASSO, *ob. cit.*, pág. 258.

[545] GIOVANNI GRASSO, *ob. cit.*, pág. 259.

[546] No mesmo sentido, GIOVANNI FIANDACA e ENZO MUSCO, *Diritto Penale. Parte Generale*, pág. 337; HANS-HEINRICH JESCHECK, *Tratado de Derecho Penal, Parte General*, pág. 855.

Em nossa opinião os tipos criminais omissivos próprios, designadamente o que prevê o crime de omissão de auxílio, podem por vezes investir os sujeitos na posição de garante para efeito de responsabilidade civil, embora isso não suceda obrigatoriamente.

Os tipos criminais que prevêem os crimes omissivos próprios impõem o dever de agir nas circunstâncias neles descritas, tornando consequentemente ilícita a abstenção nessas circunstâncias.

Ora, a posição de garante resulta de dois dados: da imposição do dever de agir (que, nestes casos resulta da lei) e da causalidade da abstenção relativamente ao resultado de que se é garante [547].

Do exposto resulta que o tipo criminal de crime omissivo próprio pode dar lugar à posição de garante de um certo resultado se a omissão constituir causa desse resultado, à luz do critério proposto para a determinação do nexo causal.

Apliquemos estas ideias no caso do crime formal de omissão de auxílio previsto no artigo 219.º do Código Penal.

A vai pela estrada e vê *B* caído na mesma, inconsciente e sangrando abundantemente (vamos admitir que se verifica o condicionalismo previsto no artigo 219.º do Código Penal, que gera a obrigação de auxílio). Ora *A*, apesar disso, continua o seu caminho, tendo perfeita consciência de que pelo curso normal das coisas *B* vai morrer.

Pois nós pensamos que, nesta hipótese, *A* fica investido na posição de garante da vida de *B*, pelo que se não o auxiliar responderá civilmente pela sua morte. E porquê? Porque dadas as regras da experiência e as circunstâncias conhecidas de *A*, o resultado (morte de *B*) era consequência previsível (neste caso previsto até) da sua abstenção, e dado o facto de a sua acção de auxílio ser apta à preclusão desse resultado (também vistas as condições concretas e os dados da experiência). Por outras palavras, a abstenção de *A* foi juridicamente causa (adequada) do resultado morte de *B*. Verificado o nexo causal, para que surja a posição de garante, em nosso entender, basta que a lei sancione a ilicitude da abstenção.

---

[547] Veja-se *supra*, págs. 201 e segs..

A ideia de que a esfera de protecção da norma não abrange o resultado e que, por isso, o dever de garante do resultado não pode resultar da mesma, cremos que não procede no nosso sistema onde a esfera de protecção da norma deve funcionar como mero auxiliar da apreciação da adequação [548].

Quanto à alegada ideia de que o dever de agir incidiria sobre a generalidade e que constituiria, por isso, numa intolerável intromissão na esfera de liberdade das pessoas, estamos em crer que as coisas não são bem assim.

O dever de auxílio não incide sobre a generalidade das pessoas "tout court", mas sobre a generalidade das pessoas que se encontrem em determinada situação (aquela que está descrita no artigo 219.º do Código Penal). O mesmo se passa com a figura do dever de garante dos progenitores em relação aos filhos. Tal dever incide sobre a generalidade de pessoas que se encontrem na situação prevista na norma (v.g., a situação de relação progenitor-filho — artigo 1874.º do Código Civil).

No que respeita à alegação de que tal consistiria numa intolerável intromissão na liberdade de cada um, não cremos que assim seja, pois tal dever só existe depois de estabelecido o nexo de causalidade jurídico entre a abstenção e o resultado, o que pressupõe a previsibilidade do mesmo, e a previsibilidade, em termos de razoável probabilidade, da sua não verificação com a acção omitida, tal dever só existe, pois, perante um condicionamento muito específico, pelo que não pensamos que exista intromissão **intolerável** na liberdade do sujeito.

Não vemos, então, com que fundamento se retiraria a posição de garante de uma norma e não de outra, (com a agravante daquela não ser uma norma integrada na legislação criminal). Aliás, a ser assim, a remissão para a lei (para quem defende a técnica de fontes formais) traduzir-se-ia numa remissão apenas para normas extra-penais que impusessem o dever de agir!!!

---

[548] Veja-se *supra*, páginas 62 e segs. e 202 e segs..

Que os tipos de crimes omissivos próprios podem investir o sujeito no dever jurídico de agir, relevantemente para a produção de um dado resultado, é ideia geralmente admitida pelos nossos civilistas [549].

7. Este entendimento vem a permitir reconduzir ao artigo 219.º do Código Penal inúmeros casos que só seriam qualificáveis como ilícitos com recurso ao princípio geral do abuso do direito. Pode-se, pois, afirmar que este artigo 219.º do Código Penal veio a retirar largo campo de aplicação ao princípio do abuso do direito em matéria de omissões enquanto pressuposto da responsabilidade civil. A figura conservará ainda interesse para aplicação subsidiária.

8. Uma outra questão que se pode levantar, mas que no Direito Civil terá interesse teórico, é a de saber se, numa situação de perigo como a descrita no artigo 219.º do Código Penal, em que o perigo tenha resultado da conduta do omitente, a obrigação de auxílio resulta do preceituado nesse artigo ou antes da figura da ingerência. Por outras palavras, a questão é a de saber se o artigo 219.º é aplicável aos casos em que o perigo foi provocado pelo próprio omitente.

Quanto a nós há que distinguir várias hipóteses:

— A conduta do sujeito que provocou o perigo era idónea (em termos da teoria da adequação) para a produção do resultado que ameaça produzir-se. Nesta hipótese existe nexo causal entre a acção e o resultado, se este se produzir deve ser tido como causa do mes-mo a própria acção, pois tem essa eficácia causal (e não a omissão).

---

[549] Veja-se *supra*, págs. 165 e segs. e as opiniões de ALMEIDA COSTA e ANTUNES VARELA e de JORGE RIBEIRO DE FARIA.

Recordem-se também as posições idênticas de PLANIOL e RIPPERT, SAVATIER e OERTMANN (veja-se *supra*, págs. 179 e segs.).

— A conduta do sujeito que provocou o perigo não tem eficácia causal para a produção do resultado, que ameaça produzir-se, mas foi ilícita e culposa. Nesta hipótese existe ingerência, tal como a concebemos [550], como fundamento a posição de garante.

— A conduta do sujeito que provocou a situação de perigo não era idónea para a produção do resultado, nem foi ilícita e culposa. Aqui não existe ingerência, tal como a concebemos.

— Há ainda a hipótese de a conduta do sujeito ter criado a situação de perigo em termos meramente naturalísticos, não existindo nexo de adequação entre a sua conduta e a situação de perigo. Nesta hipótese não existe ingerência mesmo para aqueles que admitem a figura independentemente de ilicitude e culpa.

Do exposto resulta que, do nosso ponto de vista, só a segunda hipótese pode configurar um caso de sobreposição (aparente) de previsões [551].

Ora nesta hipótese (segunda) suscita-se um problema de concurso (aparente) de previsões que deverá ser resolvido pela prevalência da previsão de ingerência, concluindo-se pelo carácter residual do dever jurídico de auxílio.

Passemos a palavra a FIGUEIREDO DIAS: "Razões históricas, teleológicas e de direito comparado, que estão na base da incriminação da omissão de auxílio (...) convergem no sentido de que uma tal incriminação tem uma função subsidiária, e de modo algum uma função principal perante os crimes de omissão impuros. Mais explicitamente: a omissão de auxílio só entra em questão onde não existe um dever de garante do agente pela não verificação de um resultado

---

[550] Veja-se *supra*, págs. 224 e segs..

[551] Para quem entender que a ingerência não exige uma conduta ilícita e culposa, o concurso de previsões também se suscita na terceira hipótese, só a última caindo no âmbito exclusivo da previsão do art. 219.º do Código Penal.

típico; de modo que é dos limites deste dever de garante que há--de partir-se para a delimitação do âmbito do dever de auxílio e não inversamente [552].

---

[552] JORGE FIGUEIREDO DIAS, *A Propósito da Ingerência e do Dever de Auxílio nos Crimes de Omissão*, in *Revista de Legislação e Jurisprudência*, n.º 3706, ano 116, pág. 55.

No mesmo sentido, à face da lei espanhola, onde o dever geral de auxílio se encontra previsto no artigo 489.º Bis, N.º 3, do Código Penal, GONZALO RODRIGUEZ MOURULLO, *El Delicto de Omisión de Auxilio a la Víctima y el Pensamiento de la Ingerencia*, in *Anuario de Derecho Penal y Ciencias Penales*, 1973, págs. 513 e segs.; SUSANA HUERTA TOCILDO, *Ingerencia y Artículo 489 Bis, 3, C.P.*, in *Problemas Fundamentales de los Delictos de Omission*, págs. 265 e seguintes. À luz do Direito argentino (onde se estabelece o dever geral de auxílio no artigo 106 do Código Penal) e no mesmo sentido, E. BACIGALUPO, *Conducta Precedente y Posicion de Garante en el Derecho Penal*, in *Anuario de Derecho Penal y Ciencias Penales*, págs. 43 e segs.. No Direito alemão (que prevê o dever geral de auxílio no § 330 do StGB) veja-se WILHELM GALLAS, *Zur Revision das § 330 c*, in *Juristenzeitung*, 1952, pág. 396, JOHANNES WESSELS, *Direito Penal. Parte Geral*, tradução de Juarez Tavares, pág. 161.

BIBLIOGRAFIA

— ABRANTES, José João
*A Excepção de Não Cumprimento do Contrato no Direito Civil Português —
Conceito e Fundamentos* (Coimbra, 1986)
— ABREU, Jorge Manuel Coutinho de
Do Abuso de Direito (Coimbra, 1986)
Actas das Sessões da Comissão Revisora do Código Penal, Parte Especial, in
Separata do Boletim do Ministério da Justiça (Lisboa, 1979)
— ALARCÃO, Rui de
Direito das Obrigações, lições policopiadas (Coimbra, 1973)
— ALBALADEJO, Manuel
Compendio de Direito Civil, 3.ª edição (Barcelona, 1976)
— ALPA, Guido / BESSONE, Mario
Atipicitá dell Illicito, 2.ª edição (Milão, 1980)
— ALTAVILLA, Enrico
Manuale di Diritto Penale (Nápoles, 1934)
*Teoria Soggettiva del Reato. Ricostruzione Dogmatico-Positivista del Codice
Penal* (Nápoles, 1933)
Inérzia ed Omissione nel Processo Causale, in "Rev. Fac. Direito", S.
Paulo, vol. XXXII, 1938, pág.481 e segs.
— AMIGO, Manuel Garcia
Instituciones de Derecho Civil, I Parte (Madrid, 1979)

Em regra, as indicações completas da bibliografia consultada e citada encontram-se
unicamente no final do trabalho. No texto citam-se apenas as obras pelo autor, título e
página.

Apenas em dois casos são dadas no próprio texto as indicações completas das obras
citadas: quando se tratem de obras sobre temas estranhos ao objecto do trabalho ou no caso
de obras não consultadas, citadas apenas por motivos didácticos.

Os preceitos legais mencionados sem qualquer referência reportam-se ao Código
Civil de 1966, se outra coisa não resultar do contexto em que são referidos.

— Andrade, José Carlos Vieira de
Os Direitos Fundamentais na Constituição Portuguesa de 1976 (Coimbra, 1983)
— Andrade, Manuel de
Noções Elementares do Processo Civil (Com a colaboração de Antunes Varela, edição revista e actualizada por Herculano Esteves. Coimbra, 1979)
Ensaio sobre a Teoria da Interpretação das Leis, 2.ª edição (Coimbra, 1963)
Teoria Geral da Relação Jurídica, Vols. I e II, Coimbra, 1960 (2.ª reimpressão, 1966).
Teoria Geral das Obrigações, 3.ª edição (Coimbra, 1966)
— Antolisei, Francesco
Manuale di Diritto Penale: Parte Generale, 10.ª edição (Milão, 1987)
— Arantes, Tito
Do Abuso do Direito e da sua Repercussão em Portugal (Lisboa, 1936)
— Ascensão, José de Oliveira
O Direito. Introdução e Teoria Geral — Uma Perspectiva Luso-Brasileira, 4.ª edição (Lisboa, 1987)
Teoria Geral do Direito Civil (Lições policopiadas, Associação Académica da Fac. de Dir. de Lisboa, 1983/4 e 1984/5)
Direitos Reais. Centro de Estudos do Direito Civil da Fac. de Dir. de Lisboa (Lisboa, 1971).
Direitos Reais, 4.ª edição refundida, reimpressão (Coimbra, 1987)
A Teoria Finalista e o Ilícito Civil, in "Revista da Fac. de Dir. da Universidade de Lisboa", Vol. XXVII, 1986, págs. 9 e segs.
Teoria Finalista e Nexo Causal (Lisboa, 1956)
Dissertação no Curso Complementar.
— Aynès, Laurent / Malaurie, Phillipe
Cours de Droit Civil: Les Obligations (Paris, 1985)
— Bacigalupo, E.
Conducta Precedente y Posición de Garante en el Derecho Penal, in "Anuario de Derecho Penal y Ciencias Penales", 1970, pág. 35.
— Barassi, Lodovico
Istituzioni di Diritto Civile, 4.ª edição (Milão, 1955)
La Teoria Generale delle Obligazioni (Milão)
Vol. II, *Le Fonte* (2.ª edição, 1968)
Vol. III, *L'Attuazione* (2.ª edição, 1968)

- BARATA, Alessandro
Crítica da Concepção Antropológica da Liberdade e da Concepção Finalista da Culpa (Trad. de João de Curado Neves) in "Direito Penal — Plano de Curso, Bibliografia e Textos de Apoio", Coordenador José de Sousa Brito, Ass. Acad. da F. D. L., Lisboa, 1977/78, págs. 495 e segs.
- BASTOS, Jacinto Rodrigues
Das Obrigações em Geral, segundo o Código Civil de 1966 (Viseu) 2.ª edição, Vols. I (1971), II (1972), V (1973), VI (1973).
Código Civil Português Anotado e Actualizado (7.ª edição, Coimbra, 1984).
- BATTAGLINI, Giulio
Teoria da Infracção Criminal (Trad. e notas de Augusto Victor Coelho e prefácio de Manuel Cavaleiro de Ferreira, Coimbra, 1961)
- BELEZA, Teresa P.
Direito Penal (Ass. Acad. da Fac. Dir. de Lisboa, 1980)
Vol. II, tomos I e II
- BETTI, Emilio
Teoria General de las Obligaciones (Trad. de José Luís Mozos, Madrid, 1969 — Tomo I — e 1970 — Tomo II)
Teoria Geral do Negócio Jurídico (Trad. de Fernando Miranda, Tomos I e II, Coimbra, 1969)
- BONNUCCI, Alessandro
L'Omission nel Sistema Giuridico, Vol. I, *L'Imperativo Giuridico di Omissione* (Perugia, 1911)
- BOSCARELLI, Marco
Compendio di Diritto Penale. Parte Generale, 5.ª edição (Milão, 1985)
- BOUCHON, Madeleine / CLARA, Jean / DUCROY, Pierre / FEUILLET, Pierre
L'Experience Judiciaire en Matière d'Abus de Droit de la Majorité, in "Revue des Sociétès, Ano 97, n.º 4, Paris, 1979
- BOULOC, Bernard / LAVASSEUR, Georges / STEFANI, Gaston
Droit Penal General, 12.ª edição (Paris, 1984)
- BRANLARD, J. P.
Droit Civil. Questions Resolues (Estrasburgo, 1982)
- BRAVO, Frederico de Castro y
El Negocio Jurídico (Madrid, 1985)
Derecho Civil de España (Madrid, 1984)
Temas de Derecho Civil (Reimpressão da edição de 1972)

- Brito, José Inácio Sousa
Estudos para a Dogmática do Crime Omissivo, Vol. I
(Dissertação do Curso Complementar, Lisboa, 1965)
- Caetano, Marcello
Manual de Direito Administrativo, Vol. I (Revisto e Actualizado por Diogo Freitas do Amaral, Coimbra, 1980)
- Caracciolo, Ivo
Omissione (Diritto Penale) in "Novissimo Digesto Italiano", Vol. XI, Turim, 1965)
Il Tentativo nei Deliti Omissivi (Milão, 1975)
- Carbone, Vincenzo
Il Fatto Dannoso nella Responsabiità Civile, in "Pubblicazioni delle Fascoltà Giuridica della Università di Napoli", 1969.
- Carbonnier, Jean
Droit Civil − Les Obligations, 10.ª edição (Paris, 1979)
- Cadoppi, Alberto
Il Reato Omissivo Proprio, I e II
(Pádua, 1988)
- Carnelutti, Francesco
Teoria Generale del Derecho (Trad. de Carlos Posada, Madrid, 1941)
Teoria Generale del Reato (Pádua, 1933)
Illicità Penale della Omissione, in "Annali di Diritto e Procedura Penale" (Diretto Arturo Rocco, Vincenzo Manzini e Carlo Saltelli), 1933, Turim
Eccesso di Potere nelle Deliberazioni Assembeari delle Anonime, in "Rivista del Diritto Commerciale e di Diritto Generale delle Obligazioni", Vol. XXIV, Parte I.
- Carvalho, Orlando
Direito Civil (Teoria Geral da Relação Jurídica) − Lições ao 2.º ano jurídico, Fac. de Dir. da Universidade de Coimbra, 1968/69.
Para uma Teoria da Relação Jurídica Civil − A Teoria Geral da Relação Jurídica, seu Sentido e Limites (Coimbra, 1981)
Direito Civil (Direito das Coisas) __ Lições ao 4.º ano jurídico da Fac. de Dir. da Universidade de Coimbra, 1969/70.
- Carvalho, Pedro Nunes de
Noções Elementares de Responsabilidade Civil − Sumários Desenvolvidos, Universidade Lusíada (Lisboa, 1987)

A Responsabilidade do Comitente, in "Revista da Ordem dos Advogados", Ano 48, I, Abril 1988, Lisboa
— CAVALLO, Vincenzo
Diritto Penale — Parte Generale, Vols. II e III, 1955, Nápoles
— CHORÃO, Mário Bigotte
Introdução ao Estudo do Direito (Lisboa, 1978/9, Universidade Católica Portuguesa)
Teoria Geral do Direito Civil, lições policopiadas (Lisboa, 1972/3)
— CICU, Antonio / MESSINEO, Francesco
Trattato di Diritto Civili e Commerciale
Vol. XVI, Tomo 2, *Il Comportamento del Debitore* (1984, Milão)
Vol. XXI — *Il Contrato in Genere* — Tomos I (1973, Milão) e II (1972, Milão)
— COELHO, Francisco Pereira
O Nexo de Causalidade na Responsabilidade Civil, in "Boletim da Fac. de Dir. da Universidade de Coimbra", supl. 9, págs. 65 e segs. (Coimbra, 1951)
O Problema da Causa Virtual na Responsabilidade Civil (Coimbra, 1955)
— CONTENTO, Gaetano
Istituzioni di Diritto Penale (Milão, 1974)
— CORDEIRO, António Menezes
Teoria Geral do Direito Civil, Vols. I e II (Ass. Acad. da Fac. de Dir. de Lisboa, 1987); Vol. I (2.ª edição revista e actualizada, 1987/88)
Direito das Obrigações, Vols. 1.º e 2.º (1.ª edição, 1980, reimpressão, Ass. Acad. Fac. Dir. de Lisboa, 1986)
Da Boa Fé no Direito Civil, Vols. I e II (Coimbra, 1984)
Direitos Reais, Vol. I, in "Cadernos de Ciência e Técnica Fiscal, Centro de Estudos Fiscais da D. G. das Contribuições e Impostos" (Lisboa, 1979)
Estudos de Direito Civil, Vol. I, (Coimbra, 1987)
— CORREIA, António Ferrer / XAVIER, Vasco Lobo
Efeito Externo das Obrigações; Abuso do Direito; Concorrência Desleal, in "Revista de Direito e Economia", ano V, págs. 3 e segs.
— CORREIA, Eduardo
Direito Criminal, vols. I e II (Coimbra, 1971)
Unidade e Pluralidade de Infracções, in "A Teoria do Concurso em Direito Criminal" (Coimbra, 1983)

- Costa, Mário Júlio de Almeida
Direito das Obrigações, 4.ª edição (Coimbra, 1984)
Responsabilidade Civil pela Ruptura das Negociações de um Contrato (Coimbra, 1984)
Noções Fundamentais de Direito Civil (Univ. Católica Portuguesa, Lisboa, 1977/78)
Noções de Direito Civil, 2.ª edição (Coimbra, 1985)
- Costea, Luis Martin-Ballestero
Introduccion Critica de Derecho Civil (Barcelona) S.D.
- Cristiani, Antonio
Istituzioni di Diritto e Procedura Penale (Milão, 1983)
- Cunha, Paulo Arsénio Veríssimo
Teoria Geral do Direito Civil (Lisboa, 1971/72)
Direito das Obrigações — Objecto da Relação Obrigacional (Apontamentos das lições de 1937/8, Lisboa, 1943)
- Dall Ora, Alberto
Condotta Omissiva e Condotta Permanente nella Teoria Generale del Reato (Milão, 1950)
- D'Amico, Paolo
Il Socorso Privato (Camerino, 1981)
- D'Acocq, André
Droit Penal General (Paris, 1971)
- Decupis, Adriano
El Daño. Teoria General de la Responsabilidad Civil (Trad. da 2.ª edição), Vol. I (66) e II (70), por Ange Martinez Sancion (Barcelona, 1985)
- De Leon, Giuseppe Ponz
La Causalita dell'Omissione nel Sistema Penale in "Publicazioni dell Istituto di Scienze Giuridiche Economiche, Politiche e Sociali della Universitá di Messina" (Milão, 1964)
- Delitala, Giacomo
Il Fatto nella Teoria Generale del Reato (Pádua, 1930)
- Del Rosal, Juan
Tratado de Derecho Penal Español, Vol. I (Madrid, 1972), Vol. II (Madrid, 1978)
- Demogue, René
Traité des Obligations en Général, I e II (Paris, 1923)

— DEMOLOMBE, C.
Cours du Code de Napoléon, XXIV (Paris, 1880)
— DEUTSCH, Erwin
Fahrlässigkeit und Enforderliche Sorgfalt (Bona, 1967)
— DEVESA, José Maria
Derecho Penal Español. Parte Generale, 8.ª edição (Madrid, 1981)
— DE RUGGIERO, Roberto
Istituzioni di Diritto Civile, Vols. II e III, 7.ª edição (Milão) S.D.
— DIAS, Jorge Figueiredo
Direito Penal. Lições policopiadas (Coimbra, 1975)
A Propósito da Ingerência e do Dever de Auxílio nos Crimes de Omissão, in "Revista de Legislação e Jurisprudência," n.º 3706, ano 116.
Pressupostos da Punição e Causas que Excluem a Ilicitude e a Culpa, in "Jornadas de Direito Criminal" (Centro de Estudos Judiciários, 1983, págs. 59 e segs)
— DIEZ-PICAZO, Luis
Fundamentos del Derecho Patrimonial, Vol. I, *Introduction — Teoria del Contrato — Las Relaciones Obligatorias* (2.ª edição, 2.ª reimpressão, Madrid, 1986)
— DIEZ-PICAZO, Luis / GULLON, Antonio
Sistema de Derecho Civil, I (2.ª edição, reimpressão de 1978) e II (1.ª edição, 2.ª reimpressão, de 1978, Madrid)
— DINIS, Maria Helena
Curso de Direito Civil Brasileiro, 2.º vol. *Teoria Geral das Obrigações* (S. Paulo, 1983)
— DUARTE, Teófilo de Castro
O Abuso do Direito e as Deliberações Sociais (Coimbra, 1955)
— DU JARDIN, Jean
La Jurisprudence e L'Abstention de Porter Secours, in "Revue du Droit Penal et de Criminologie", n.º 12, 1983
— ENNECCERUS, Ludwig / KIPP, Theodor / WOLFF, Martin
Tratado de Derecho Civil
Derecho de las Obligaciones, Vol. I, 1954, Vol. II, 1966 (revisto por Lehman)
— ENNECCERUS, Ludwig / HANS CARL NIPPERDEY
Allgemeiner Teil des Bürgerlichen Rechts, 15.ª edição (Tubingen, 1960)

- ESMEIN, Paul
  Droit Civil Français (Aubry / Rau, Tomo VI, Paris, 1951)
- ESSER, Josef
  Schudrecht, Vol. I, 6.ª edição (Heidelberg, 1984)
- FARIA, Jorge Leite Ribeiro de
  Direito das Obrigações, 1.º volume (Univ. Católica, Porto, 1987)
- FERNANDES, Luís Carvalho
  Teoria Geral do Direito Civil (Ass. Académica da Faculdade de Direito de Lisboa, 1983)
- FERRARA, Francesco
  Interpretação e Aplicação das Leis (Trad. de Manuel de Andrade, Coimbra, 1963)
- FERREIRA, Manuel Cavaleiro de
  Direito Penal Português, I volume (1981); II volume (1982, Lisboa)
  Direito Penal Português, vol. I (Lisboa, 1986)
- FIANDACA, Giovanni / MUSCO, Enzo
  Diritto Penale — Parte Generale (Bolonha, 1985)
- FIKENTSCHER, Wolfang
  Schuldrecht (Berlim / Nova Iorque, 1976)
- FLETCHER, George P.
  Criminal Omissions: Some perspectives, in "The American Journal of Comparative Law", Vol. 24, 1976 (Am. Ass. for the Comparative Study of Law), págs. 703 e segs.
- FRANCESCHELLI, Vincenzo
  I Rapporti di Fatto — Ricostruzione delle Fattispecie e Teoria Generale (Milão, 1984)
- GALGANO, Francesco
  Diritto Privato, 4.ª edição (Pádua, 1987)
- GAUDEMET, Eugène
  Théorie Génerale des Obligations (Paris, 1937)
- GHESTIN, Jacques / GOUBEAUX, Gilles
  Traité de Droit Civil, Vol. I, *Introduction Génerale* (Paris, 1977)
- GIL, António Hernandez
  Derecho de Obligaciones (Madrid, 1983)
- GIULIANI, Ubaldo
  Dovere di Socorro e Stato di Necessitá nel Diritto Penale (Milão, 1970)

- Gomes, Orlando
Contratos 9.ª edição, (Rio de Janeiro, 1983)
Obrigações 6.ª edição, Rio de Janeiro, 1981)
Transformações Gerais do Direito das Obrigações (2.ª edição aumentada, S. Paulo, 1980)
A Reforma do Código Civil (Bahia, 1965)
- Gonçalves, Augusto Penha
Teoria Geral do Direito Civil (Lições policopiadas, Univ. Livre de Lisboa, 1983; Univ. Lusíada, 1988)
Direitos Reais (Lições policopiadas, Univ. Livre de Lisboa, 1983; Univ. Lusíada, 1988)
O Abuso de Direito, in "Revista da Ordem dos Advogados", ano 41, 1981, Tomo II, págs. 475 e segs.
- Gonçalves, Luiz da Cunha
Tratado de Direito Civil, XII (Coimbra, 1938)
- Gonçalves, Manuel Maia
Código Penal Português na Doutrina e na Jurisprudência (5.ª ed., Coimbra, 1980)
Código Penal Português (1982) Anotado e Comentado (4.ª ed., Coimbra, 1988)
- Gouveia, Jaime de
Da Responsabilidade Contratual (Lisboa, 1933)
- Grasso, Giovanni
Orientamenti Legislativi in Tema di Omesso Impedimento dell Evento, in "Riv. Italiana di Diritto e Procedura Penale", n.º 31 (Milão, 1978)
Il Reato Omissivo Improprio (Milão, 1983)
- Grispigni, Filippo
Diritto Penale, 2.ª Ed., vols. I e II (Milão, 1947)
L'Evento come Elemento Costitutivo del Reato ("Annali di Diritto e Procedura Penale", 3, 1934), Turim
La Nuova Sistematica del Reato nella Piu Recente Dottrine Tedesca ("Scriti Giuridici in Onore di F. Carnelutti"), (Pádua, 1950)
L'Omissione nel Diritto Penale, in "Riv. Italiana di Diritto Penale", Ano 6 (Pádua, 1934)
- Grupo de alunos — *A Omissão*, in "Elementos de Apoio ao Curso de Direito Penal", 1.º Caderno, Univ. Católica Portuguesa (Lisboa, 1983)

- HEDENHANN, J. W. / LEHMANN, Heinrich
  Tratado de Derecho Civil, Vol. I, *Parte General*
  Tradução de José María Navas (Madrid, 1956)
  Tratado de Derecho Civil, Vol. III, *Derecho de Obligaciones* (Trad. Jaime Ruiz, Madrid, 1958)
- HENRIQUES, Manuel Leal / SANTOS, Manuel Simões
  Código Penal de 1982, Vol. I (Lisboa, 1986)
- ISASCA, Frederico
  Responsabilidade Civil e Criminal das Pessoas Colectivas — Conteúdo da Ilicitude (Lisboa, 1988)
- JESCHECK, Hans-Heinrich
  Tratado de Derecho Penal (Parte General), 3.ª edição (1978), tradução espanhola de Puig e Muñoz (Barcelona, 1981)
- JORDÃO, Levy Maria
  Comentário ao Código Penal, 1.º volume (Lisboa, 1853)
- JORGE, Fernando Pessoa
  Ensaio sobre os Pressupostos da Responsabilidade Civil, in "Boletim de Ciência e Técnica Fiscal da D. G. das Contribuições e Impostos, 1969.
  Direito das Obrigações, 1.º volume (Lisboa, 1975/76)
- JOSSERAND, Louis
  Cours de Droit Positif Fançais, vol. II, (Paris, 1930)
  De L'Esprit des Droits et de leur Relativité — Théorie Dite de l'Abus des Droits (Paris, 1927).
- KAUFFMANN, Armin
  Die Dogmatic der Unterlassungsdelikte (Gottingen, 1959)
- KELSEN, Hans
  Teoria Pura do Direito, 4.ª edição, Trad. de J. B. Machado (Coimbra, 1979)
- LATORRE, Angel
  Introduction al Derecho (Barcelona, 1985)
- LARENZ, Karl
  Derecho Civil — Parte General (Trad. e notas de M. Picavea, Madrid, 1978)
  Derecho de Obligaciones — Trad. de Jaime S. Briz, Madrid, 1958, (I) 1959, (II)
  Lehrbuch des Schuldrecht, vol. I, *Allgemeiner Teil*, 13.ª ed. (Munique, 1972)

- LECOMPTE, Henri
  Essai sur la Notion de Faculté en Droit Civil (Paris, 1930)
- LE TOURNEAU, Philippe
  La Responsabilité Civil, 3.ª ed. (Paris, 1982)
- LIMA, Fernando Pires / VARELA, João Antunes
  Noções Fundamentais de Direito Civil, vol. I (5.ª edição, Coimbra, 1961)
- LUNA, Evardo da Cunha
  Capítulos de Direito Penal, Parte Geral. Com Observações à Nova Parte Geral do Código Penal (S. Paulo, 1985)
- LOMAS, Roberto Toran
  Derecho Penal, Parte General, Tomo 2 (Buenos Aires), 1980
- LOS MOZOS, José Luís de
  El Negocio Juridico – Estudos de Derecho Civil (Madrid, 1987)
- MACHADO, João Baptista
  Introdução ao Direito e ao Discurso Legitimador (2.ª reimpressão, Coimbra, 1987)
- MACHADO, Miguel Pedrosa
  Sobre Cláusulas Contratuais Gerais e Conceito de Risco, in "Revista da Faculdade de Direito de Lisboa", (Lisboa, 1988)
- MAIORCA, Carlo
  Fatto Giuridico – Fattispecie, in "Novissimo Digesto Italiano", VII, págs. 111/33 (Turim)
- MANTOVANI, Fernando
  Diritto Penale, Parte Generale (Pádua, 1979)
- MANZINI, Vincenzo
  Istituzioni di Diritto Penale Italiano, Vol. I *Parte General* (Pádua, 1958)
- MARISCO, Alfredo
  Diritto Penale, Parte Generale (Nápoles, 1969)
- MARQUES, José Dias
  Introdução ao Estudo do Direito (Lisboa, 1979)
  Noções Elementares de Direito Civil, 5.ª edição (Centro de Estudos de Direito Civil da Faculdade de Direito de Lisboa, 1973)
  Teoria Geral do Direito Civil (Coimbra, 1959)
- MARTINS, Herlander / NETO, Abílio
  Código Civil Anotado, 3.ª edição (Lisboa, 1980)
- MASSARI, Eduardo
  Il Momento Esecutivo del Reato (Pisa, 1934)

- MAURACH, Reinhart
  Tratado de Derecho Penal vol. I e II (Trad. Juan Cordoba (Barcelona, 1962)).
- MAZEAUD, Henry / Leon, Jean
  Traité Théorique et Pratique de la Responsabilité Civile et Contractuelle, tomo II (1.ª ed. – 1970), tomo III, vol. 1.º (1.ª ed. – 1978), vol. 2.º (1985) – Paris.
- MAZEAUD, Henry / LEON, Jean / CHABAS, François
  Leçons de Droit Civile, tomo II, vol. 1.º, *Obligations – Théorie Générale* (7.ª ed., Paris, 1935).
- MENDES, João de Castro
  Teoria Geral do Direito Civil, vol. I – 1978, II e III – 1979 (Lisboa)
  Teoria Geral do Direito Civil, vols. I e II (reimpressão, 1983)
  Introdução ao Estudo do Direito, 1977 (Lisboa)
  Direito Comparado, 1982/1983 (Lisboa)
- MERLE, Roger / VITU, André
  Traité de Droit Criminel, tomo I – *Problèmes Généraux de la Science Criminelle. Droit Pénal Général* (3.ª Ed. – 1987) – Paris
- MESSICO, Francesco
  Manuale de Diritto Civile e Commerciale, vol. III (9.ª Ed. – 1959) (Milão)
- MILL, John Stuart
  A System of Logic Rationative and Inductive – 1893 (Londres/Nova Iorque)
- MIRANDA, Pontes de
  Tratado de Direito Privado. Parte Geral, tomo III – *Negócios Jurídicos*, tomo IV – *Eficácia Jurídica* – 1970 (Rio de Janeiro)
- MIRANDA, Jorge
  Direito Constitucional – (Lisboa, 1982)
- MONCADA, Luís Cabral de
  Lições de Direito Civil. Parte Geral, Vols. I e II, 2.ª Ed., (Coimbra, 1954)
- MONTEIRO, Washington de Barros
  Curso de Direito Civil, vol. IV – *Das Obrigações*, 18.ª Ed., (S. Paulo, 1983)
- MOREIRA, Guilherme
  Instituições de Direito Civil Português. Parte Geral, I – 1907 – *Das Obrigações*, II – (Coimbra, 1907)
- MOURULLO, Gonzalo Rodriguez
  Derecho Penal. Parte General, 1.ª Ed., (Madrid, 1970)
  Omission de Socorro en el Codigo Penal, (Madrid, 1966)

- MOURULLO, Gonzalo Rodriguez / Roda, Juan Cordoba
  Comentários al Codigo Penal, tomo I (1.ª Ed., reimpressão) (Barcelona/Caracas/México)
- MUÑOZ, A. Rodriguez
  La Dotrina de la Accion Finalista, 2.ª Ed. (Valência, 1978)
- MÜNZBERG, Wolfang
  Verhalten und Erfolg als Grundlagen der Rechtswidrickeit und Haftung (Frankfurt am Main, 1966)
- NEVES, António Castanheira
  Lições de Introdução ao Estudo do Direito (Coimbra, 1968/9)
- NEVES, João Curado
  Comportamento Lícito Alternativo (Lisboa, 1987)
  Intenção e Dolo no Envenamento (Coimbra, 1984)
- NUVOLONE, Pietro
  L'Omissione nel Diritto Penale Italiano. Considerazioni Generall Introduttive, in *L'Indice Penale*, Ano XVI (Pádua, 1982)
- OERTMANN, Paul
  Introduction al Derecho Civil (Trad. de Luis Sancho Seral) (Barcelona/Buenos Aires, 1933)
- OSÓRIO, Luís
  Notas ao Código Penal Português, 1.º vol. (Coimbra, 1921)
- PACCHIONI, Giovanni
  Diritto Civile Italiano, 1.ª Parte, vol. I – 1937; 2.ª Parte, Vol. I – 1942; Vol. II – 1939; Vol. III – 1932; Vol. IV – 1940 (Pádua).
- PANNAIN, Remo
  Manuale di Diritto Penale, Vol. I, *Parte Generale* (Turim, 1967)
- PENSO, Cirolamo
  Il Pericolo nella Teoria del Reato (Milão, 1976)
- PEREIRA, Caio da Silva
  Instituições de Direito Civil, Vol. II (5.ª Ed. – 1978); Vol. III (4.ª Ed. – 1978) (Rio de Janeiro)
- PERLINGIERI, Pietro
  Profili Istituzionale del Diritto Civile (Camerino, 1975)
- PHILIPPE, Catherine
  Le Devoir de Secours et d'Assistance entre Époux. Éssais sur l'État Conjugale (Paris, 1981)

- PINTO, Carlos A. Mota
  Teoria Geral do Direito Civil (3.ª Ed. – 1985) – Coimbra (1.ª Ed., 1976) –
  Coimbra
  Direito das Obrigações
  (Apontamentos conformes às lições – Coimbra, 1972)
  Cessão da Posição Contratual (Coimbra, 1982)
- PIOLETTI, Ugo
  Manuale di Diritto Penale, 2.ª Ed. (Nápoles, 1959)
- PISAPIA, Gian Domenico
  Istituzioni di Diritto Penale, 3.ª Ed. (Pádua, 1975)
- PLANIOL, Marcel / RIPERT, Georges
  Traité Pratique de Droit Civil Français, tomo VI, 1952; tomo VII, 1954
  (Paris)
- PRATA, Ana
  Dicionário Jurídico
  Direito Civil. Direito Processual Civil. Organização Judiciária (Lisboa, 1980)
  Cláusulas de Exclusão e Limitação da Responsabilidade Contratual (Coimbra,
  1985)
- RADBRUCH, Gustav
  Der Handslungsbegriff in seiner Bedeutung für das strafrechtssystem (Berlim,
  1904.
  Filosofia do Direito, 6.ª Ed. (Tradução de Cabral de Moncada) (Coimbra,
  1979)
- RAMOS, Luis Rodriguez
  Compendio de Derecho Penal (Madrid, 1986)
- RANIERI, Silvio
  Manuale di Diritto Penale, 2.ª Ed. (Pádua, 1962)
- RASSAT, Michèle-Laure
  Droit Pénal (Paris, 1987)
- RESIGNO, Pietro
  Manuale de Diritto Privato Italiano (Nápoles, 1981)
- RIPOLLES, António Quintano
  Tratado de la Parte Especial del Derecho Penal, tomo IV (Madrid, 1967)
- RITO, Sidónio Pereira
  Elementos da Responsabilidade Civil Delitual (Lisboa, 1946)
- ROCHA, Manuel Coelho da
  Instituições do Direito Civil Português, 8.ª Ed. (Lisboa, 1917)

Omissão e Dever de Agir em Direito Civil

— RODRIGO, A. Perez
Reflexiones sobre los Delitos de Omissión a la luz de la Constitucion y Ley Chilenas, in "Revista de Derecho" (Ano XLVI, n.° 167) (Concepcion, 1979)

— RODRIGUES, Sílvio
Direito Civil, vols. 3 e 4 (S. Paulo, 1983)

— ROMANO, Mario
Comentario Sistematico de Codice Penale, I (Milão, 1987)

— ROXIN, Claus
Strafrecht und Strafrechtreform (Trad. de Teresa Beleza), in "Direito Penal". Programa, Bibliografia e Texto de Apoio", págs. 35 e segs. 1977/78 — Ass. Ac. da F. D. de Lisboa

— SÁ, Fernando Augusto Cunha de
Abuso do Direito (Lisboa, 1972)

— SANCHEZ, J. M.ª Silva
El Delito de Omissión. Concepto y Sistema (Barcelona, 1986)

— SANTOS, José Beleza dos
Direito Criminal (Coimbra, 1936)

— SAUER, Wilhelm
Derecho Penal. Parte General (Barcelona, 1958)

— SAVATIER, René
Traité de la Responsabilité Civile en Droit Français, Civil, Administratif, Professionel, Procédural, tomo I, 2.ª Ed. (Paris, 1951)
La Théorie des Obligations en Droit Privé Economique, 4.ª Ed., Dalloz (Paris, 1979)

— SCHMIDT, Dominique
Les Droits de la Minorité dans la S. A. (Paris, 1969)

— SCHMIDT, Eberhard
Soziale Handlungslehre (Trad. de Castilho Pimentel), in "Direito Penal. Plano de Curso, Bibliografia, Texto de Apoio", págs. 409 e segs., 1977//78 — Ass. Ac. da F. D. de Lisboa.

— SCOGNAMIGLIO, Renato
Responsabilità Civile, in "Novissimo Digesto Italiano", Vol. XV, págs. 268 a 657 (Turim)

— SERRA, A. Vaz
Responsabilidade Civil Contratual e Extra-Contratual (in *B.M.J.*, n.° 85, Abril 1959)

Abuso de Direito (em Matéria de Responsabilidade Civil (in *B.M.J.*, n.° 85, Abril 1959)
Obrigação de Indemnização (in *B.M.J.* n.° 84, Março 1959)
— SERRA, Teresa
Problemática do Erro sobre a Ilicitude (Coimbra, 1985)
— SILVA, Manuel Gomes da
O Dever de Prestar e o Dever de Indemnizar, Vol. I (Lisboa, 1944)
— SOARES, Fernando Luso
A Responsabilidade Processual Civil (Coimbra, 1987)
— STARK, Boris
Droit Civil, Vol. 4, *Les Obligations* (9.ª Ed., Paris 1972)
— STRATENWERTH, Gunter
Derecho Penal. Parte General. El Hecho Punible (Trad., 2.ª Ed., Madrid, 1982)
— TAVARES, José
Os Princípios Fundamentais do Direito Civil (Coimbra, I, 2.ª Ed., 1930. II, 1.ª Ed., 1928)
— TELLES, Galvão
Direito das Obrigações (2.ª Ed., Coimbra, 1982)
Teoria Geral do Direito Civil — Sumários Universidade Livre (U. L. Lisboa, 1978)
— TESAURO, Alfonso
L'Omissione nella Teoria del Reato (Nápoles, 1938)
— TOBEÑAS, José Castan
Derecho Civil Español, Comun y Foral, tomo IV (11.ª Ed., Madrid, 1986)
— TOCILDO, Susana Huerta
Problemas Fundamentales de los Delitos de Omission (Madrid, 1987)
Sobre el Contenido de la Antijuridicidad (Madrid, 1984)
— TORIO, A
Aspectos de la Omisión Especial de Socorro, in "Anuário de Derecho Penale y Ciencias Penales", n.° 20, 1967
— TORRENTE, Andrea / SCHLESINGER, Pietro
Manuale di Diritto Privato (10.ª Ed., Milão, 1978)
— TRABUCHI, Alberto
Istituzioni di Diritto Civile (28.ª Ed., Pádua, 1986)
— VALDECASAS, Guilherme Garcia
Parte General del Derecho Civil Español (Madrid, 1983)

- VANNINI, Ottorino
  Istituzioni di Diritto Penale. Parte Generale (Florença, 1939)
- VARELA, J. Antunes
  Das Obrigações em Geral, Vol. I (3.ª Ed., Coimbra, 1980), (5.ª Ed., Coimbra, 1989)
  Código Civil Anotado, Vol. I, 1979; Vol. II, 1981; Vol. IV, 1985. Coimbra
- VASSALI, Filippo
  Trattato di Diritto Civili Italiano, Vol. VI, Tomo 2 *Il Contrato* (Turim, 1975)
- VERHAEGEN, Jacques
  Les Incertitudes de la Répression de l'Omission en Droit Pénal Belge (in "Révue de Droit Pénal et de Criminologie", n.º 1 de 1983)
- VINEY, Geneviève
  Traité de Droit Civil
  Les Obligations. La Responsabilité. Conditions (Paris, 1982)
- VON BELING, Ernst
  Di Lehre vom Verbrechen (Tübingen, 1906)
  Esquema de Derecho Penal
  La Doctrina del Delito-Tipo, (Tradução de Sebastian Soler, 1944), Buenos Aires
- VON LISZT, Franz
  Tratado de Derecho Penal, tomos I, II e III, (Tradução de L. Jimenez Asua e Quintiliano Saldaña), 3.ª Ed., S. d.
- VON TUHR, Andreas
  Derecho Civil. Teoria General del Derecho Civil Aleman, Vol. II e *Los Hechos Juridicos*, Trad. Castelhana (Buenos Aires, 1948)
  Tratado de las Obligaciones, Trad. de W. Roces, tomo I (Madrid, 1934)
- WELZEL, Hans
  Derecho Penal. Parte General, Tradução Castelhana, Buenos Aires, 1956
- WESSELS, Johannes
  Direito Penal, Parte Geral (Aspectos Fundamentais), Trad. de J. Tavares, Porto Alegre, 1976
- ZEPPIERI, Leone
  L'Omissione come Evento, in "Annali di Diritto e Procedura Penale" (Anno V, 1936. XV. Torino)

ÍNDICE GERAL

1.º VOLUME

Apresentação do tema e plano de exposição 9

I. Perspectiva geral sobre a dogmática da responsabilidade civil 13

Secção I. Conceito de responsabilidade 13

Secção II. Os pressupostos da responsabilidade civil 25
    1. O comportamento humano 29
        1.1. O facto jurídico 30
        1.2. O "facto voluntário" como pressuposto da responsabilidade civil 36
        1.3. O comportamento humano como tema de Direito Civil 38
        1.4. O estudo do comportamento humano no Direito Penal 40
        1.5. Tomada de posição 48
    2. A ilicitude 67
    3. Referência sumária aos restantes pressupostos da responsabilidade civil 77
        3.1. A culpa 77
        3.2. O dano 81
        3.3. O nexo de causalidade. Remissão 83

II. A omissão enquanto comportamento humano 85
    1. A primeira imagem de omissão 85
    2. A omissão no Direito 91

3. Ponto de partida para a construção do conceito de omissão	95
4. Algumas teses sobre o conceito de omissão	97
4.1. Tese mecanicista (ERNEST VON BELING)	97
4.2. Tese do "aliud facere" (HEINRICH LUDEN)	99
4.3. Tese valorativa (GUSTAV RADBRUCH)	104
4.4. Tese normativista (FILIPPO GRISPIGNI)	110
4.5. Tese finalista (HANS WELZEL)	111
5. Tomada de posição	115
– A omissão como abstenção de uma acção esperada	
– A admissibilidade de omissões lícitas	
– A significação social da omissão	
– A identidade essencial do nexo de causalidade na omissão e na acção	
6. Casos de qualificação duvidosa ou controvertida	131

III. **A ilicitude da omissão** 135

1. Ideias gerais sobre a ilicitude da omissão	135
2. O problema das fontes do dever jurídico de agir	139
3. Opiniões na doutrina penalista portuguesa	155
3.1. Tese de EDUARDO CORREIA	155
3.2. Tese de FIGUEIREDO DIAS	157
3.3. Tese de BELEZA DOS SANTOS	159
3.4. Tese de CAVALEIRO DE FERREIRA	160
3.5. Tese de MAIA GONÇALVES	161
4. Opiniões da doutrina civilista portuguesa à luz da lei vigente	165
4.1. Tese de ALMEIDA COSTA	165
4.2. Tese de ANTUNES VARELA	166
4.3. Tese de MENEZES CORDEIRO	167
4.4. Tese de RIBEIRO DE FARIA	168
5. Opiniões da doutrina civilista portuguesa à luz do Código Civil de 1867	169
5.1. Tese de CUNHA GONÇALVES	169
5.2. Tese de JAIME DE GOUVEIA	171
5.3. Tese de VAZ SERRA	172
6. Breve percurso por alguns ordenamentos jurídicos estrangeiros ...	177
SECÇÃO I. Direito francês	177
1. Tese de JOSSERAND e de GAUDEMET	177

Omissão e Dever de Agir em Direito Civil 263

2. Tese de PAUL EISMEIN 178
3. Tese de PLANIOL e RIPERT 179
4. Tese de SAVATIER 180
5. Tese de MAZEAUD e CHABAS 183
6. Tese de AYNÉS e MALAURIE 183
7. Tese de GENEVIÈVE VINEY 184
8. Balanço 186
SECÇÃO II. Direito espanhol 188
    1. Tese de RODRIGUEZ DEVESA 189
    2. Tese de JUAN DEL ROSAL 190
    3. Tese de HUERTA TOCILDO 191
SECÇÃO III. Direito italiano 192
    1. Panorama no Direito Civil. Algumas teses 192
    2. Panorama no Direito Penal 195
        2.1. Teses de CARACCIOLI e de GRISPIGNI 197
        2.2. Teses de MARISCO e de BOSCARELLI 199
        2.3. Teses de FIANDACA e MUSCO e de GRASSO ... 199
SECÇÃO IV. Direito alemão 205
    1. Panorama no Direito Civil 205
        1.1. Tese de ENNECCERUS e LEHMANN 205
        1.2. Tese de LARENZ 206
        1.3. Teses de ESSER e de DEUTSH 207
    2. Panorama no Direito Penal 209
7. Tomada de posição 213
  – A solução consagrada na lei civil
  – A pretensa insuficiência do regime consagrado na lei civil
  – O princípio do abuso do direito
  – A ingerência como fonte do dever jurídico de agir
  – Dever jurídico de agir e "relações de facto"
8. Referência a algumas previsões legais específicas do dever jurídico de agir 231
  – Casos de culpa "in vigilando"
  – O dolo omissivo
  – O dever geral de auxílio

BIBLIOGRAFIA 243

ÍNDICE GERAL 261